हिन्दुस्तानी भाषा और साहित्य
1850-1860

हिन्दुस्तानी भाषा और साहित्य
1850-1860

गार्सां द तासी

शोध, मूल फ्रेंच से अनुवाद

किशोर गौरव

वाणी प्रकाशन

वाणी प्रकाशन

4695, 21-ए, दरियागंज, नयी दिल्ली 110 002

फ़ोन : +91 11 23273167 फ़ैक्स : +91 11 23275710

शाखाएँ

अशोक राजपथ, पटना 800 004, बिहार

कॉफ़ी हाउस कैम्पस, महात्मा गांधी मार्ग, इलाहाबाद 211 001, उत्तर प्रदेश

महात्मा गांधी अन्तरराष्ट्रीय हिन्दी विश्वविद्यालय, वर्धा 442 001, महाराष्ट्र

सुल्तानिया रोड, मोतिया पार्क, भोपाल 462 001, मध्य प्रदेश

www.vaniprakashan.com
marketing@vaniprakashan.in
sales@vaniprakashan.in

Hindustani Bhasha Aur Sahitya : 1850-1860
by Garcin de Tassy
Translated from French Original by Kishor Gaurav

ISBN : 978-93-90678-84-6
Linguistics/History

पेपरबैक प्रथम संस्करण 2021

मूल्य : ₹ 295

आर. टेक ऑफ़सेट प्रिंटर्स, दिल्ली-110032 में मुद्रित

वाणी प्रकाशन का लोगो मक़बूल फ़िदा हुसेन की कूची से

अनुक्रम

प्रस्तावना

गार्सां द तासी हिन्दी–उर्दू में परिचय के मोहताज नहीं हैं। वे हिन्दुस्तानी साहित्य के पहले इतिहासकार के रूप में जाने जाते हैं। इसके अलावा उनके बारे हम बहुत कुछ नहीं जानते हैं। उनके अधिकांश लेख इंग्लिश और हिन्दी में अनुदित नहीं हुए हैं।

हिन्दुस्तान के औपनिवेशिक युग (उत्तर–उपनिवेशवाद के सन्दर्भ में) को जानने के दो स्रोत हैं, एक ब्रिटिश स्रोत, जो कि बहुत ही प्रत्यक्ष रहा है, दूसरा ग़ैर–ब्रिटिश यूरोपियन स्रोत। मैक्स मूलर, हेगेल, कार्ल मार्क्स आदि महत्त्वपूर्ण जर्मन स्रोत हैं। ये तीनों स्रोत क्रमशः संस्कृत, समाज–संस्कृति, इतिहास की परिकल्पना में हिन्दुस्तान की जगह और उपनिवेशवादी शोषण, आज़ादी के संघर्ष इत्यादि से सम्बन्धित रहे हैं। जहाँ तक फ्रांसिसी स्रोत का सन्दर्भ है तो, औपनिवेशिक युग पहले, शाहजहाँ, औरंगजेब के समय के दो फ्रांसिसी यात्रियों का जिक्र है, तवर्नियर और बर्नियर। बर्नियर की लेखनी ज़्यादा लोकप्रिय है क्योंकि उसकी लेखनी में यात्रा–संस्मरण के पेशेवर अंदाज से हम मुख़ातिब होते हैं, तवर्नियर के संस्मरण में इसका अभाव है।

अपनी यात्रा शुरू करने से पहले बर्नियर फ्रांसीसी एपिकुरियन दार्शनिक, वैज्ञानिक और गणितविद् पियरे गसेन्डी (1592–1625) के शागिर्द थे और उनकी लैटिन रचनाओं का फ्रांसीसी में अनुवाद कर चुके थे। दारा शिकोह के बनारस–अनुवाद परियोजना के करीब दस वर्ष बाद 1667 में बर्नियर अपने एक पत्र में बताते हैं कि संस्कृत और फारसी में पारंगत बनारस के पंडित के साथ उन्होंने किस

तरह चिकित्सा और दर्शन की अद्यतन जानकारियों को साझा किया, सबसे मजेदार बात यह कि बर्नियर ने पण्डित के लिए रेने देकार्त (1595–1650) और गसेन्डी की लेखनी को फारसी में अनुवाद किया। बर्निअर अपने पत्र क़ी शुरुआत कुछ इस तरह करते हैं, "आश्चर्यचकित मत होना कि बिना संस्कृत जाने संस्कृत की पुस्तकों से कुछ बातें तुझे बताऊँगा..." (गनेरी 2012 : 177–188)

देश–भाषा, संस्कृत–अध्ययन या अध्ययन के जिस वैश्विक परिप्रेक्ष्य, आदान–प्रदान का जिक्र बर्नियर कर रहे हैं, उसकी निरन्तरता बाधित होती है या कह सकते हैं उसका आयाम बदल (पैराडायम शिफ्ट) जाता है। इसकी सूचना गार्सां द तासी से हमें मिलती है। पहले संस्कृत से फारसी में या फ्रेंच (विदेशी भाषा) से फारसी में अनुवाद होते थे, तासी के समय अरबी–फारसी से हिन्दुस्तानी में होने लगे।

औपनिवेशिक हिन्दुस्तानी बौद्धिक–परिवेश के निर्माण पर मैकाले की शिक्षा–नीतियों के प्रभाव के 'दोष' मढ़ने वालों के लिए गार्सां द तासी द्वारा उपलब्ध कराये डिटेल्स 'सिर दर्द' के कारण बन सकते हैं। तात्पर्य यह कि अंग्रेज़ों के आने पहले की जो बौद्धिक गतिविधि थी, वह छीजते जाने के बावजूद गार्सा द तासी तक उसके वजूद देखने को मिल जाते हैं।

गार्सां द तासी द्वारा उपलब्ध कराये गये लेखकों, रचनाओं, प्रकाशनों आदि के डिटेल्स औपनिवेशिक युग के एक खास समय के पब्लिक स्फीयर का रेखांकन करते हैं। हिन्दी या हिन्दुस्तानी पब्लिक स्फीयर के अध्ययन–कर्ताओं के लिए ये डिटेल्स सहज–उपलब्ध हैं, ऐसी बात नहीं है। ये डिटेल्स अनुदित होकर उनतक अभी पहुँचे ही नहीं हैं। इन डिटेल्स की सुचना की उपलब्धता 170 साल बाद फिर से ठहर कर पीछे खंगालने को प्रेरित करेंगे। उस़ समय के कई–एक लेखक, कवि, कवयित्रियाँ, रचनाएँ आदि किन्हीं पुस्तकालयों, निजी संग्राहलयों इत्यादि में सैकड़ों साल के धूल तले दबी होंगी।

इसाई मिशनरियों के साथ अंग्रेज़ों के व्यवहार के सन्दर्भ में गार्सा द तासी के विवरण औपनिवेशिक इतिहास के प्रति तासी के दृष्टि की झलक देता है। जहाँ वे बताते हैं कि अंग्रेज़ (कोलोनियल) मिशनरी के प्रति उदार नहीं हैं, धर्म को स्टेट से अलग रखनेके (tactically) पक्षधर हैं। अंग्रेज़ों के चर्चों (प्रोटोस्टेंट) की तुलना में कैथोलिक चर्चों की संख्या बहुत ही ज़्यादा है। प्रोटोस्टेंलट जहाँ मुस्लिमों को इसाई बनाने पर जोर देते हैं, वहीं कैथोलिक हिन्दुओं को। 1857 के विजयोपरान्त दिल्ली के जामा मस्जिद को चर्च बनाने की अंग्रेज़ों की योजना का भी जिक्र करते हैं.

गार्सां द तासी के बारे में एक मज़ेदार तथ्य यह भी है कि वे, जर्मन–स्रोतों की तरह ही, कभी भारत नहीं आये और हिन्दुस्तानी समाज, संस्कृति, भाषा, साहित्य के साथ–साथ 1857 के विद्रोह के बारे में आधिकारिक तौर पर लिख–बोल रहे थे। वे एक ग़ैर ब्रिटीश यूरोपीय के उस खास नज़रिये को भी उद्धृत करते हैं कि पूरब के उपनिवेशों को देखने का 'तटस्थ' नज़रिया क्या हो सकता है!

–उदय शंकर

पीएच. डी.

भारतीय भाषा केन्द्र,

जेएनयू, नयी दिल्ली

• गनेरी, जोनार्डन, 2012, *दारा शिकोह एंड ट्रांसमिशन ऑफ़ उपनिषद टू इस्लाम,* (इन), *माइग्रेटिंग टेक्स्ट्स एंड ट्रेडिशन,* विलियम स्वीट (स.), यूनिवर्सिटी ऑफ ओटावा प्रेस, पृष्ठ : 177–188।

विषय-परिचय

गार्साँ द तासी का जीवन और कार्य

जोसेफ़ एलियोदोर साजेस वेरत्यु गार्साँ द तासी (Joseph Eliodore Sagesse Vertu Garcin de Tassy), संक्षेप में गार्साँ द तासी का जन्म फ़्रांस के मार्सेयी (Marseille) शहर में 20 जनवरी 1794 को एक मध्यम–वर्गीय परिवार में हुआ। तासी के पिता पूर्व से व्यापार करने वाले मार्सेयी बन्दरगाह में कार्यरत थे, जहाँ पूर्वी देशों से नावों और नाविकों का आना–जाना लगा रहता था। इसी वजह से उनका परिचय पूर्व के संसार से हुआ और बीस वर्ष की उम्र में वह बोलचाल की अरबी भाषा सीख रहे थे। परिवार की आय सीमित थी और उस ज़माने में फ़्रांस में पूर्व की समृद्धि, ख़ासतौर पर मुग़लों के वैभव की चर्चा ज़ोरों पर थी। अतः तासी ने पूर्वी भाषाओं का अध्ययन करने का मन बनाया–वैसे भी उस समय फ़्रांस में इन भाषाओं का अध्ययन ज़ोर पकड़ चुका था।

तासी ने पेरिस में यूनिवर्सिटी में अरबी, फ़ारसी और तुर्क भाषाएँ पढ़ीं, 1822 में यहीं से डिग्री पायी और आजीविका के लिए *कॉलेज द फ्रौंस* (Collège de France) में सेक्रेटरी बन गये। इस दौरान वह फ़्रांस की *एशियाटिक सोसाइटी* (Société Asiatique) की गतिविधियों में भी रुचि लेते रहे।

सन् 1795 में, यानी फ़्रांसीसी क्रान्ति के दौर में, *एकोल दे लॉन्ग ओरिओंताल विवौंत* (Trans: School Of Living Oriental Languages)

अनुवादक के कमेंट्स अनु. के द्वारा निर्दिष्ट हैं।

का गठन हुआ था। कुछ समय बाद सिल्वेस्त्र द सासी, जो कि पहले अरबी डिपार्टमेंट के मुख्य थे, इसके डायरेक्टर बने। एडवर्ड सईद अपनी किताब *ओरिएंटलिस्म* के दूसरे अध्याय में सिल्वेस्त्र द सासी के बारे में विस्तार से चर्चा करते हैं। बकौल सईद, सिल्वेस्त्र द सासी ने अपने लम्बे और विशिष्ट करियर में क्रान्ति के उपरान्त के फ़्रांस में ओरिएंटल स्टडीज़ को गढ़ने और उसकी दिशा तय करने में अहम भूमिका निभाई। *एकोल* के डायरेक्टर के बतौर सिल्वेस्त्र द सासी ने नये भाषा विभागों की शुरुआत की, ताकि मध्य–पूर्व और दक्षिण एशिया को इसकी ज़द में लाया जा सके। यह सिल्वेस्त्र द सासी ही गार्सां द तासी के गुरु थे और उन्होंने ही तासी को दक्षिण एशिया क्षेत्र की ज़िम्मेदारी सौंपी–तदुपरान्त तासी आजीवन फ़ारसी और उर्दू–हिन्दी भाषाओं के अध्ययन–अध्यापन से जुड़े रहे।

सिल्वेस्त्र द सासी ने अपने रुतबे का इस्तेमाल करते हुए सन् 1828 में हिन्दुस्तानी का विभाग खुलवाया और तासी को इसकी कमान सौंप दी। तासी अरबी, फ़ारसी और तुर्क भाषा के अच्छे जानकार तो थे ही, लेकिन हिन्दुस्तानी सीखनी उन्होंने कब शुरू की, यह कहना कठिन है। सम्भवतः अपने गुरु सिल्वेस्त्र द सासी की प्रेरणा से ही उनका ध्यान इस ओर आकर्षित हुआ। सोमवार 16 जून 1828 को पेरिस के अख़बार *ल मोनितर युनिवर्सल* में एक गुमनाम लेख छपा; इस लेख के पीछे सम्भवतः सिल्वेस्त्र द सासी ही थे। यह लेख हिन्दुस्तानी भाषा के महत्त्व, इस भाषा के अध्ययन के लिए नये विभाग की स्थापना की ज़रूरत और इसके अध्यक्ष पद के लिए तासी की योग्यता के सन्दर्भ में विचार रखता है (Hussain 1962:18 & 19)।

इस तरह गार्सां द तासी *एकोल स्पेस्याल दे लॉन्ग ओरीओनताल* (École Spéciale des Langues Orientales; अनु.: Special School of Oriental Languages) में भारतीय भाषाओं के प्रोफ़ेसर बने; वह मुस्लिम सभ्यताओं के अध्ययन में पारंगत थे। वैसे फ़्रांस में उस दौर में पश्चिम एशिया पर फोकस करने का चलन था, लेकिन तासी ने इस फ़्रांसीसी प्रवृत्ति के उलट भारत पर ध्यान दिया। वैसे ही, जबकि उस दौर में

योरोप में क्लासिकल भाषाओं को पढ़ने पर ही ज़ोर था, तब तासी ने अरबी और फ़ारसी के साथ–साथ उर्दू और हिन्दी का भी अध्ययन किया। तासी चौरासी वर्ष की उम्र तक अपने पद पर कार्यरत रहे।

तासी कभी भारत नहीं आये। मात्र तीन दफे वह इंग्लैंड गये जहाँ उन्होंने भारत सम्बन्धी प्रचुर कलेक्शन का अध्ययन किया। उनके हिसाब से ईस्ट इंडिया ऑफ़िस के पुस्तकालय का हिन्दुस्तानी पाण्डुलिपियों का संग्रह सर्वश्रेष्ठ था; इन जगहों से तासी को कई जीवनियाँ और मूल संकलन (जिन्हें तज़किरा कहते हैं) प्राप्त हुए। तासी ख़ुद कहते हैं कि, "अपने ग्रन्थ में बड़ी संख्या में ग़ैर–महत्त्वपूर्ण शायरों का उल्लेख करने की शिकायत आप मुझसे कर सकते हैं; लेकिन मैंने जिस भी शायर का ज़िक्र इन स्रोतों में पाया, उसके ऊपर, भले ही कुछेक शब्दों में ही सही, एक 'लेख' ज़रूर लिखा है" (Hussain 1962: 34)।

अपनी लेखनी में तासी हिन्दी–उर्दू के ख़ास और मौलिक पहलुओं पर प्रकाश डालते हैं; हालाँकि, हिन्दी–उर्दू को वह अपनी मातृभाषा फ़्रांसीसी के आधार पर ही समझते हैं। कई दफे वह बताते हैं कि भारतीय लेखक समुचित नाम, रिफ़रेन्स, तारीख़ आदि नहीं देते, जिससे उनका कालक्रमानुसार विवरण देना मुश्किल बन पड़ता है; तासी यथोचित उनकी साहित्यिक प्रतिभा की प्रशंसा करते हैं और भारतीय साहित्य को निकृष्ट बताने वाले योरोपीय अफ़सरों/विद्वानों की आलोचनाओं का जवाब भी देते हैं।

तासी ने अपने कार्यकाल में कई अकादमिक उपलब्धियाँ अर्जित की। वह सन् 1838 में फ़्रांस की विद्वत् अकादमी Académie des inscriptions et Belles-Lettres के सदस्य चुने गये, फिर सन् 1876 में पेरिस की एशियाटिक सोसाइटी (Société Asiatique de Paris) के प्रेसिडेंट नामित हुए, सन् 1837 में उन्हें फ़्रांस का प्रतिष्ठित Légion d'Honneur पुरस्कार प्रदान किया गया, और तदुपरान्त Chevalier of Imperial Order (Star of India) की उपाधि भी दी गयी। उन्हें Commander of the Order of Saint-Jacques of Portugal और Chevalier de l'étoile of Portugal की पदवी भी मिली थी।

वह कई अकादमिक संस्थानों के कौरसपौनडेंट सदस्य थे, जैसे कि कायेन (Caen), सेंट पीटर्सबर्ग, बर्लिन, म्युनिक, विएना, फ्लोरेंस और उपसाल (Upsal) की संस्थाएँ। वह लाहौर के अंजुमन और अमेरिकन ओरिएंटल सोसाइटी के सदस्य भी थे तथा *एथ्नोग्रफ़िक सोसाइटी ऑफ़ फ़्रांस* के वायस प्रेसिडेंट भी चयनित हुए।

तासी की मृत्यु 2 सितम्बर 1878 में पेरिस में 84 वर्ष की आयु में हुई। महत्त्वपूर्ण फ़्रांसीसी इतिहासकार अर्नेस्ट रनौं (Ernest Renan) ने *सोसिएते आज़िआतिक* (Société Asiatique) की 28 जून 1879 की वार्षिक रिपोर्ट में तासी के लिए पाँच पृष्ठों की ओबिच्युरी लिखी। यह ओबिच्युरी Journal Asiatique के जुलाई 1879 के अंक में प्रकाशित हुई; इसमें रनौं तासी के योगदान के बारे में विस्तार से चर्चा करते हैं। (Hussain 1962: 14-16)।

जहाँ तक हिन्दी भाषा की बात है, वार्ष्णेय जिन्होंने तासी के इस्त्वार ग्रन्थ के हिन्दी भाग का अनुवाद किया था, वह ख़ुद बताते हैं कि तासी हिन्दी में पारंगत थे, ख़ासतौर से हिन्दुस्तान से उसकी दूरी के बावजूद भी उनकी हिन्दी की समझ बढ़िया थी। सुरैया अपनी किताब में (प.39–40) कबीर के कुछ दोहों के उदाहारण देती हैं, जिसका अनुवाद तासी सन्तोषजनक तरीक़े से करते हैं।

हिन्दी–हिन्दुस्तानी का इतिहास–लेखन

तासी को मुख्यतः *इस्त्वार द ला लितेरात्युर एंदुई ए हिन्दुस्तानी* (Histoire de la Littérature Hindouie et Hindoustanie; अनु.: History of Hindouie and Hindustani Literature) नामक ग्रन्थ के लिए याद किया जाता है। यह तासी का अति महत्त्वपूर्ण और काफ़ी बृहद् काम है। इस ग्रन्थ में तासी उर्दू–हिन्दी में हाई और पोपुलर कल्चर में छपने वाले (मुखतः) पद्य और (कुछ) गद्य रचनाओं का सुव्यवस्थित विवरण देने का प्रयास करते हैं।

तासी, 4 दिसम्बर 1854 को दिये अपने वार्षिक व्याख्यान संख्या 5 में इस ग्रन्थ की रचना के सम्बन्ध में बताते हैं कि :

"1828 में, विख्यात गिलक्रिस्ट के व्याकरण में, एक मौलिक जीवनी के ज़िक्र ने, इस भाषा के इतिहास की ओर मेरा ध्यान आकृष्ट किया। शोध के ज़रिये मुझे सात भिन्न मौलिक जीवनी–कार्य प्राप्त हुए। सामग्री की कमी के बावजूद, 1839 में मैंने एक 'हिन्दुई और हिन्दुस्तानी साहित्य का इतिहास' प्रकाशित किया; जो कि, वास्तव में काफ़ी अपूर्ण कार्य है, लेकिन अपने क़िस्म का पहला प्रयास है। इस वजह से इसे हिन्दुस्तानी में अनूदित होने का सम्मान भी प्राप्त हुआ[1] और इसने इस विषय पर अंग्रेज़ प्राच्यवादी विद्वानों का उत्साह भी जगाया। गिलक्रिस्ट के शोध–कार्यों और तत्पश्चात मेरे शोध–कार्यों के सम्मिलित प्रयासों के नतीजतन, बड़ी संख्या में कई अन्य मौलिक जीवनियों का पता चला। इनमें से सिर्फ़ कुछ को ही मैं देख पाया, क्योंकि इनमें से कई ऐसे हैं जिन्हें मैं हासिल नहीं कर सका या जिनकी मुझे जानकारी नहीं थी। अन्य कुछ ऐसे हैं जिनके बारे में मैं सिर्फ़ इसलिए जानता हूँ क्योंकि केवल मूल लेखक ही इनके उद्धरण देते हैं। निस्सन्देह कई अन्य से मैं अभी भी बिल्कुल अनभिज्ञ हूँ। आसानी से समझा जा सकता है कि इस इतिहास के नये संस्करण के लिए मेरे पास कितनी नयी सामग्री है। लेकिन आज मैं संक्षिप्त रूप से यह बताने का प्रयास करूँगा कि इन मौलिक रचनाओं से, बायोग्राफ़ी और बिब्लिओग्राफ़ी के उपयोग हेतु, क्या बटोरा जा सकता है।"

इसके बृहद् ग्रन्थ के **दो संस्करण** तासी के जीवनकाल में छपे।

पहला संस्करण : पहले संस्करण का पहला वॉल्यूम (xvi+630 pages) 1839 में और दूसरा वॉल्यूम (xxxii+608 pages) 1847 में छपा। यह पहला संस्करण Oriental Translation Committee of Great Britain and Ireland के तत्वावधान में फ़्रांस के शाही छापाखाने से प्रकाशित हुआ। इसे तासी ने ब्रिटेन की महारानी को समर्पित किया। इस संस्करण के दोनों वॉल्यूम की शुरुआत में हम एच.एच. विल्सन

का एक उद्धरण (" "Mackenzie collection" की प्रस्तावना से लिया हुआ") पाते हैं :

"The Hindi dialects have a literature of their own and one of very great interest."

पहले वॉल्यूम का प्लान इस प्रकार है : सर्वप्रथम, एक लघु प्रस्तावना जिसमें हिन्दुस्तानी भाषा के इतिहास और प्रस्तुत ग्रन्थ के स्रोतों के बारे में चर्चा है। तदुपरान्त, यह पहला वॉल्यूम हिन्दुस्तानी लेखकों के कमोबेश दीर्घ जीवनियों को समर्पित है। यहाँ लेखकों का ज़िक्र उनके रचनाकाल या विषयवस्तु के हिसाब से नहीं बल्कि वर्णमाला–अनुक्रम (alphabetical order) के अनुसार हुआ है; तासी लेखक के नाम के तखल्लुस के हिसाब से उसका अनुक्रम निर्धारित करते हैं। इसके पश्चात् एक अपेंडिक्स है जो कि दरअसल ऐसी "हिन्दुई और हिन्दुस्तानी रचनाओं (प्रकाशित या पाण्डुलिपि) की एक लिस्ट है जिनकी चर्चा बिब्लिओग्राफ़िक हिस्से में न हो सकी" (सुरैया : प. 27)। यह लिस्ट भी वर्णमाला–अनुक्रम के हिसाब से बनी है। इसके पश्चात् दो टेबल हैं जिनमें लेखकों के नामों और रचनाओं के शीर्षकों का इस ग्रन्थ में सम्बन्धित पृष्ठ संख्या के साथ उल्लेख है।

पहले और दूसरे वॉल्यूम के प्रकाशन में काफ़ी अन्तराल हुआ। **दूसरे वॉल्यूम** का प्लान इस तरह है : पहले एक प्रस्तावना जो कि हिन्दुई और हिन्दुस्तानी गद्य व पद्य दोनों में प्रचलित भिन्न विधाओं (genres) की चर्चा करती है। तत्पश्चात तक़रीबन 600 पन्नों में भिन्न लेखकों की रचनाओं के अंश विषयवस्तु के लिहाज़ से दिये गये हैं : यहाँ केवल फ़्रांसीसी अनुवाद हैं, मूल टेक्स्ट नहीं। पहले अनुवाद दिया गया है, फिर विवेचना और वर्णन, जिसमें फुटनोट्स भी हैं। अन्त में एक टेबल ऑफ़ कंटेंट है।

दूसरा संस्करण : दूसरा संस्करण सन् 1870–1871 में तीन वॉल्यूम (624, 608, 603 pages) में छपा। तासी के अनुसार पुराने संस्करण का पुनरावलोकन कर, सुधार कर और उसकी जानकारियों में इजाफ़ा कर यह संस्करण तैयार किया गया।

पहले वॉल्यूम का प्लान : इस वॉल्यूम में नये संस्करण की आवश्यकता पर चर्चा करने के बाद तासी विस्तार से हिन्दुस्तानी भाषा के उद्‌गम और विकास पर रौशनी डालते हैं। फिर, पुराने संस्करण वाला प्लान दोहराया गया है। अन्त में 62 पन्नों में लेखकों के नाम का इंडेक्स और 53 पन्नों में रचनाओं के नाम का इंडेक्स है : हरेक पन्ने पर जानकारियों के दो–दो कॉलम हैं और हरेक कॉलम 42 पंक्तियों में फैला है। इससे हम अन्दाज़ा लगा सकते हैं कि इस ग्रन्थ में लेखकों और रचनाओं पर जानकारियों का कितना अम्बार है। (सईदा सुरैया : पेज 27–28)

दोनों ही संस्करणों में लेखकों की जीवनियाँ लिखते समय तासी अपने स्रोतों की जानकारी नहीं देते। वह मात्र एक बार, ग्रन्थ की प्रस्तावना में, अपने स्रोतों का उल्लेख करते हैं। पहले संस्करण में सात भारतीय बायोग्राफ़िक डिक्शनरी (तज़किरा) का उल्लेख है, जबकि दूसरे संस्करण में कम–से–कम 56 का। इसके अलावे अन्य स्रोत भी हैं जैसे कि कैटलॉग (प्रकाशित और पाण्डुलिपि दोनों तरह के) और भिन्न भाषाओं में ऐतेहासिक रचनाएँ आदि।

तासी F. Fallon और करीमुद्दीन के द्वारा अपने ग्रन्थ के हिन्दुस्तानी अनुवाद के भारत में छपने की बात एक व्याख्यान में करते हैं (ऊपर देखें)। ऐसा लगता है कि तासी ने इस कथिक अनुवाद को सावधानीपूर्वक नहीं परखा था, चूँकि यह किताब तासी के ग्रन्थ का अनुवाद कतई नहीं है, बल्कि अन्य स्रोतों के अलावा तासी–प्रदत्त जानकारियों का भी उपयोग कर लिखा गया एक स्वतन्त्र संकलन है।

सईदा सुरैया हुसैन के हवाले से (सुरैया हुसैन : प. 28–31) पता चलता है कि सन् 1848 में दिल्ली में F Fallon और करीमुद्दीन ने इस ग्रन्थ के आंशिक अनुवाद पर आधारित एक रचना (26+504 पन्नों में) प्रकाशित की थी। दिल्ली कॉलेज के तत्वावधान में छपी इस रचना को सम्भवतः ऍफ़। फालों ने फ्रांसीसी से अंग्रेज़ी में और करीमुद्दीन ने अंग्रेज़ी से उर्दू में अनुवाद किया। यह किताब निम्न बृहद् शीर्षक के साथ छपी थी : *A history of Urdu poets chiefly translated from* **Garcin**

de Tassy's Histoire de la literature hindoui at hindoustanie by *F. Fallon esquire and Maulvee Kareem Oodeen with additions* (Delhi College, 1848)। शीर्षक की विवेचना करने से ही पता चल जाता है कि यह रचना तासी के ग्रन्थ का शब्दशः अनुवाद नहीं है, बल्कि मुख्यतः इस ग्रन्थ के अनुवाद पर आधारित ("chiefly translated from...") और अतिरिक्त सामग्री के साथ ("with additions") लिखित रचना है। सुरैया ने तासी के मूल ग्रन्थ और करीमुद्दीन के कथित अनुवाद में दिये शायरों की जीवनियों का तुलनात्मक अध्ययन भी किया। यह अध्ययन उपरोक्त निष्कर्ष को ही पुख्ता करता है। बकौल सुरैया यह कथित अनुवाद एक स्तरहीन कार्य था जिसमें तासी के नाम का प्रयोग सम्भवतः ध्यान आकर्षित करने हेतु किया गया है। (सुरैया : प.26, फुटनोट 2)।

तासी के भाषणों के बारे में

तासी हिन्दुस्तानी की अपनी कक्षा के आरम्भ में हर साल एक व्याख्यान दिया करते थे, जिसमें बीते वर्ष में मुख्यतः उत्तर भारत की भाषाई–साहित्यिक गतिविधियों की चर्चा होती थी। सन् 1850 से 1877 के बीच के व्याख्यानों को[2] तासी स्वतन्त्र लेखों के रूप में प्रकाशित करते रहे। शीर्षक रखा : La langue et la littérature hindoustanies, discours d'ouverture du cours d'hindoustani, revue annuelle. (अनु: Hindustani language and literature, opening discourses of the Hindustani classes, annual review)। इनमें से 1850 से लेकर 1869 तक के व्याख्यानों को पेरिस में, 1874 में, एक अलग पुस्तक के रूप में प्रकाशित किया गया था। हमने इसी पुस्तक के द्वितीय संस्करण के एक अंश का अनुवाद किया है। बाकी के व्याख्यान अलग–अलग ब्रोशर के रूप में छपे।

इन व्याख्यानों की लम्बाई एक समान नहीं है। 1850–60 के दशक में कुल 9 भाषण हुए, जिनका अनुवाद हमने किया है। इनका विवरण इस प्रकार है :

पहला व्याख्यान : 3 दिसम्बर 1850; 4 पृष्ठ; (सभी पृष्ठ संख्याएँ मूल टेक्स्ट के हिसाब से)

दूसरा व्याख्यान : 4 दिसम्बर 1851; 8 प.

तीसरा व्याख्यान : 5 दिसम्बर 1852; 8 प.

चौथा व्याख्यान : 29 नवम्बर 1853; 16 प.

पाँचवाँ व्याख्यान : 4 दिसम्बर 1854; 58 प. (इस महत्त्वपूर्ण और विस्तृत व्याख्यान में कुछ बदलाव कर तथा अतिरिक्त जानकारियाँ डालकर 1868 में तासी ने एक स्वतन्त्र पुस्तक के रूप में प्रकाशित किया; शीर्षक रखा : Les auteurs hindoustanis et leurs ouvrages d'après les biographies originales (अनु.: Hindustani writers and theirs works according to original biographies)।

छठा व्याख्यान : 2 दिसम्बर 1855; 10 प.

सातवाँ व्याख्यान : 4 दिसम्बर 1856; 10 प.

आठवाँ व्याख्यान : 10 दिसम्बर 1857; 17 प.

नौवाँ व्याख्यान : 5 मई 1859; 19 प.

इन व्याख्यानों में भारत के सामान्य इतिहास और ख़ासकर साहित्यिक इतिहास पर बहुमूल्य जानकारियाँ मिलती हैं।

इन व्याख्याओं में हम आमतौर पर निम्न प्रकार की जानकारियाँ पाते हैं : तासी हर वर्ष प्रकाशित हुई किताबों के बारे में विस्तार से चर्चा करते हैं; उनके लेखक, लेखकों का नज़रिया, किताब की महत्ता, आदि के बारे में जानकारी हम पाते हैं। तासी साहित्यिक प्रवृत्तियों की चर्चा भी करते हैं : इस सन्दर्भ में वह काव्य के लिए भारतीयों के रुझान का भी ज़िक्र करते हैं। भारतीय समाज, विशेषकर यहाँ के धर्मों में हो रहे परिवर्तन/विकास का भी विवरण मिलता है। तासी बताते हैं कि शुरुआत में भारतीय आधुनिक शिक्षा के विरोधी थे, लेकिन अंग्रेज़ों की हुकूमत ने अंग्रेज़ी भाषा को भारतीयों के लिए अपरिहार्य बना दिया है। साल-दर-साल, उत्तर भारत के सभी शहरों से छपने वाले अनेकों अख़बारों, पत्रिकाओं आदि का तासी सविस्तार वर्णन करते हैं। शहरों में हर साल कितने नये छापाखाने स्थापित हुए,

इसकी भी जानकारी देते हैं। तासी की नज़र बौद्धिक रचनाओं पर तो है ही, पर वो साथ–ही–साथ आम प्रचलन की रचनाओं का भी संज्ञान लेते हैं; इन व्याख्याओं में हर वर्ष प्रकाशित नये गद्य और पद्य रचनाओं की जानकारी मिलती है। बीते वर्ष में यूरोप और भारत में मृत्यु को प्राप्त हुए विशिष्ट प्राच्यवादियों और रचनाकारों का विवरण भी मिलता है।

तासी के व्याख्यानों में कुछ त्रुटियाँ भी मिलती हैं। उदाहरण के लिए 1859 के व्याख्यान में वह अजमेर के M.S.W. Fallen को अपने *इस्त्वार* ग्रन्थ के अनुवाद का श्रेय देते हैं, जबकि हम पहले देख चुके हैं कि यह (आंशिक) अनुवाद–कार्य F. Fallon ने करीमुद्दीन के साथ मिलकर किया था। अफ़सोस की बात है कि तासी जानकारी और सूत्रों के अभाववश भारत के केवल कुछ ही भागों के बारे में जानकारी रखते थे : कई ऐसे क्षेत्र थे जो उनकी जानकारी के ज़द से बाहर ही रह गये।

तासी अपने श्रोताओं को सहर्ष बताते हैं कि उनकी रचनाओं को भारत में अहमियत दी जाती है और इनमें से कुछ अंश समय–समय पर समकालीन भारत के अख़बारों में छपा करते हैं। 4 दिसम्बर 1856 के अपने व्याख्यान में, भारत में हालिया प्रकाशित हुई रचनाओं की सूची की चर्चा करते हुए, तासी अपने श्रोताओं को कहते हैं :

> "इस सूची में क्या मैं मेरी "Notice des Biographies originales des auteurs qui ont écrit en langue indienne ou hindoustanie[3]" (भारतीय भाषा या हिन्दुस्तानी में लिखने वाले लेखकों की मौलिक जीवनियों पर नोटिस : अनु.) को जोड़ सकता हूँ, हाल में मुहम्मद जुकाउल्लाह द्वारा उर्दू डायलेक्ट में जिसका अनुवाद दिल्ली में प्रकाशित हुआ है; और मात्र तीन दिन पहले जिसकी कुछ प्रतियाँ मुझे प्राप्त हुईं। यह शायद थोड़ी उकताने वाली रचना है, हालाँकि मैंने इसे संक्षेपित करने का यथासम्भव प्रयास किया है। मैं यह स्वीकार करता हूँ कि हिन्दुस्तान की सुन्दर भाषा पर अपनी

विनम्र रचनाओं को स्वयं हिन्दुस्तानियों के द्वारा सराहा जाते हुए देखना मेरे लिए बहुत सन्तोषजनक है। वैसे, यह पहली बार नहीं कि इन रचनाओं को हिन्दुस्तानी में पुनर्रचित होने का सम्मान प्राप्त हुआ है : कुछ वर्ष पहले, दिल्ली में ही, *तबसात–इ शुअरा–ए हिन्द,* (भारतीयों शायरों की क़तार) शीर्षक से मेरी "Histoire de la littérature hindustanie" (हिन्दुस्तानी साहित्य का इतिहास : अनु.) का एक अनुवाद प्रकाशित हुआ था।"

इन व्याख्यानों का महत्त्व विशेषकर इसलिए है चूँकि यह भारत के इतिहास के एक अति कठिन दौर में रची गयी हैं। इसी दौर में 1857 में ब्रिटिश हुकूमत को ज़बरदस्त विद्रोह का सामना करना पड़ा, जिसे फिर बेरहमी से कुचल भी दिया गया। काफ़ी हिंसा और विध्वंस के बाद ही अंग्रेज़ सत्ता पर पुनः काबिज़ हो पाये। इस विध्वंस में जान माल की भारी क्षति के अलावा कई पुस्तकालय और साहित्यिक संरचनाएँ भी नष्ट हो गयीं तथा कई पत्र–पत्रिकाओं का निकलना बन्द हो गया। मुग़ल और अन्य राजघरानों, राजशाही से जुड़े विशिष्ट लोगों और विद्वानों के संग्रहों में मौजूद सैकड़ों–हज़ारों पाण्डुलिपियाँ, आदि भी जल गयीं और बर्बाद हो गयीं। इस विध्वंस से पहले के साहित्यिक क्रियाकलापों, रचनाओं, आदि का तासी द्वारा दिया विवरण इसलिए भी अति महत्त्वपूर्ण हो जाता है क्यूँकि इन विलुप्त रचनाओं में से कइयों की जानकारी केवल इन्हीं व्याख्यानों में दर्ज रह गयी हैं। गार्सां द तासी एक ग़ैर–अंग्रेज़, ग़ैर–भारतीय आब्ज़र्वर होने के नाते हमें इस दौर की एक निष्पक्ष तस्वीर मुहैया कर सकते हैं।

4 दिसम्बर 1856 के व्याख्यान में ही हम आने वाले विकट समय की अनुगूँजें सुनने लगते हैं। तासी अपनी कक्षा को बताते हैं कि अवध के सुल्तान वाजिद अली शाह को अंग्रेज़ों ने तख़्त से हटा दिया है :

"हमारी पिछले भेंट के बाद से, भारत की एक विशाल सल्तनत में, जिसकी ख़ास भाषा हिन्दुस्तानी है, एक बड़ी महत्त्वपूर्ण घटना घटी है। प्राचीनकाल की अयोध्या यानी अवध का

सुल्तान, भगवान राम का उत्तराधिकारी, वाजिद अली शाह, भारत की अंग्रेज़ सरकार के द्वारा अपनी सल्तनत से बेदखल कर दिये गये। मेरा मक़सद यहाँ इस सर्वथा राजनीतिक क्रान्ति की चर्चा करना या फिर शासक के रूप में वाजिद अली की ख़ूबियों और कमियों को परखना भी नहीं है; लेकिन मेरी उनमें रुचि एक विशिष्ट साहित्यकार और उत्कृष्ट हिन्दुस्तानी शायर के रूप में है। [...] वाजिद अली को उस महान और साहसी रानी का पुत्र होने का भी सम्मान प्राप्त है, जिसका अपने परिवार के हितों के लिए समर्पण उसे महासागर पार कर इंग्लैंड ले आया। इस रानी ने समुद्र कभी देखा भी नहीं था और जहाज़ क्या होता है उसे पता भी नहीं था, फिर भी अपने पुत्र के ख़िलाफ़ की गयी कार्यवाही के विरुद्ध दरख़्वास्त करने वह इंग्लैंड पहुँची।"

तासी के व्याख्यान भारत के घटनाक्रम से इतने अभिन्न तरीक़े से जुड़े हुए थे कि विद्रोह के अगले वर्ष, यानी 1858 में, तासी अपना सालाना व्याख्यान देने की स्थिति में ख़ुद को नहीं पाते हैं। वैसे, 3 मई 1859 के भाषण की शुरुआत में पिछले वर्ष के भाषण के ना हो पाने का कारण वह पेरिस के *बिब्लिओथेक नास्योनाल* (जहाँ यह व्याख्यान होते थे) के सौन्दर्यीकरण को बताते हैं :

"बिब्लिओथेक नास्योनाल (राष्ट्रीय पुस्तकालय : अनु.) के सौन्दर्यीकरण की वजह से हुए लम्बे व्यवधान के बाद आज अपनी कक्षा मैं पुनः शुरू कर रहा हूँ।" (नौवाँ व्याख्यान, 5 मई 1859)

फिर भी, ख़ुद तासी के व्याख्यानों में दी जानकारियों से पता चलता है कि 1857 की घटनाओं में उनके भारतीय स्रोत काफ़ी क्षतिग्रस्त हुए थे और उनके लिए अगले वर्ष का व्याख्यान देना सम्भव नहीं था। यहाँ तक कि 1857 के व्याख्यान में भी (व्याख्यान 10 दिसम्बर को दिया गया था, यानी कि साल ख़त्म होने को था) तासी अपनी असमर्थता ज़ाहिर करते हैं :

"उत्तर भारत में इस वर्ष जो भयावह घटनाएँ हुई हैं (विशेषकर उत्तर–पश्चिम प्रान्तों में, जो कि वह प्रान्त हैं, जहाँ की मुख्य भाषा हिन्दुस्तानी है, और जहाँ वह विशेष तौर पर विकसित है), उनकी वजह से वहाँ साहित्यिक कार्य बिल्कुल ठप हो चुके थे। इसलिए मैं अपने वार्षिक व्याख्यान में, आमतौर पर, जो उर्दू और हिन्दी ज़बानों के प्रकाशनों और अख़बारों की संख्या आदि सम्बन्धी विवरण देता रहा हूँ, वह मैं इस दफे नहीं दे पाऊँगा।" (आठवाँ व्याख्यान, 10 दिसम्बर 1857)।

तदुपरान्त इस भाषण में वर्ष के राजनीतिक घटनाक्रम, विद्रोह के कारणों, विद्रोह का फैलाव, उसका विध्वंस, आदि के बारे में विस्तार से चर्चा है। ग़ौरतलब है कि इससे पिछले वर्ष के व्याख्यान में तासी अवध की राजनीतिक उठापटक की चर्चा शुरू तो करते हैं, लेकिन जल्द ही राजनीति की चर्चा छोड़ भाषा–साहित्य की चर्चा (जो कि, बकौल उनके, उनका उद्देश्य है) पर आ जाते हैं। ज़ाहिर है कि 1857 में साहित्यिक गतिविधियों के अभाव के चलते और साथ ही इस वर्ष की घटनाओं की महत्ता के चलते वह भाषा–साहित्य के साथ–साथ राजनीति और विद्रोह की भी चर्चा करने को मजबूर होते हैं।

साहित्यिक हलचलों के अभाव के अलावे भारत में मौजूद तासी के कुछ सूत्र भी विद्रोह की भेंट चढ़ गये थे। मसलन, तासी बताते हैं कि उनके मित्र और भारत में उनके अति महत्त्वपूर्ण सूत्र फ्रांसिस टेलर की विद्रोह की हिंसा में मृत्यु हो गयी है :

"दिल्ली का क़त्ले–आम हो, या कानपुर का, या और कहीं का बीभत्स दृश्य, हर जगह, हर दर्जे के नागरिक मारे गये हैं। इनमें से मैं, मेरे दोस्त, श्रीमान फ्रांसिस टेलर का नाम याद करना चाहूँगा, जिनका ज़िक्र मैंने अपने पिछले व्याख्यान में किया था। इन्होंने मुझे दिल्ली में हाल में प्रकाशित होने वाले किताबों की फ़ेहरिस्त भी उपलब्ध करवाई थी। टेलर महोदय भारत की बदक़िस्मत राजधानी के कॉलेज में प्राध्यापक थे, जिसके 300 छात्रों को गणित और खगोल पश्चिमी

सिद्धान्तों के अनुसार पढ़ाया जाता था, लेकिन प्राच्य भाषाएँ और विज्ञान एशियाई पद्धति से पढ़ाये जाते थे। ये टेलर ही थे जिनकी सहायता से मुझे उत्तर–पश्चिम प्रान्त की साहित्यिक हलचलों की ख़बर मिलती रहती थी। वे ही मेरे सबसे मेहनती और मेहरबान संवाददाता थे। उन्हें हिन्दुस्तानी की बेहतरीन समझ थी, वह साहित्यिक भारतीयों से मिलते–जुलते थे और इनसे वह आसानी से वार्तालाप कर सकते थे। आप समझ सकते हैं कि साहित्यिक ख़बरों की जानकारी के लिए वे मेरे लिए कितने महत्त्वपूर्ण थे। स्थानीय लोगों से उनकी दोस्ती भी उन्हें दिल्ली के आम क़त्ले–आम से बचा नहीं सकी, जिसमें 10 मई को उनकी हत्या कर दी गयी। अपने पीछे वे अपकी जवान विधवा और बहुत छोटी उम्र के बच्चे छोड़ गये हैं। जिस हिन्दुस्तानी साहित्य से वे प्यार करते थे, और जिसकी उन्होंने बड़ी सेवा की, उसके लिए यह बहुत बड़ा नुक़सान है; चूँकि, वह दिल्ली कॉलेज के अपने होनहार पूर्ववर्ती प्रशासनिकों (श्रीमान बूतरो और स्प्रेंगर) के काम को आगे बढ़ा रहे थे; उन्होंने हिन्दुस्तानी (हिन्दी और उर्दू) रचनाओं के लेखन और प्रकाशन को प्रोत्साहित किया। इनमें मौलिक रचनाएँ भी हैं तथा फ़ारसी, अरबी, संस्कृत और अंग्रेज़ी से अनूदित रचनाएँ भी हैं। (आठवाँ व्याख्यान, 10 दिसम्बर 1857)।

1859 के व्याख्यान में तासी भारत में शान्ति और व्यवस्था के लौटने की सूचना देते हैं। वह यह भी सूचित करते हैं कि अब भारत के शासन की बाग़डोर कम्पनी के हाथों में नहीं बल्कि ब्रिटेन की महारानी के अन्तर्गत आ गयी है।

हिन्दुस्तानी की महिला रचनाकार

इसके अलावा एक लेख का भी अनुवाद हमने किया है जिसका शीर्षक है : *Les femmes poètes dans l'Inde* (trans : Female poets in India |

यह दस पन्नों का लेख पेरिस के Revue de l'Orient de l'Algérie et des Colonies (अनु.: Review of the Orient, of Algeria and of the Colonies) के मई 1854 के अंक में छपा था।

तासी इस लेख में भारत में काव्य रचना करने वाली कुछ महिलाओं (हिन्दू और मुस्लिम दोनों ही) की चर्चा करते हैं और उनके कुछेक पदों का अनुवाद भी प्रदान करते हैं। हालाँकि तासी न तो मूल पाठ मुहैया करते हैं और न ही अपने स्रोतों के बारे में जानकारी देते हैं। तासी जिन पद्यों का अनुवाद करते हैं, उनके बारे में ज़्यादा विस्तार से चर्चा भी नहीं है; ऐसा प्रतीत होता है कि यहाँ मक़सद रचनाकारों का गम्भीर अध्ययन के बजाय आम पाठकों को कुछ नया मुहैया करना है। हालाँकि, तासी हिन्दू और मुसलमान रचनाकारों की सांस्कृतिक भिन्नता पर विचार रखते हैं और इस विषय पर भी कि भारत के मुसलमान सांस्कृतिक तौर पर तुर्की और अन्य इस्लामिक मुल्कों के मुसलमानों से कैसे अलग हैं।

इन महिला काव्य–रचनाकारों में से हैं : मीरा बाई, कर्मा बाई, छोटी बेगम दिलबर, दुल्हन बेगम, माह लिसा चन्दा, जान साहिब, जीनत, आदि।

संक्षिप्त बिब्लिओग्राफ़ी

HUSSAIN, Sayida Surriya, *Garcin de Tassy : Biographie et étude critique de ses œuvres,* Pondichéry, Institut Français d'Indologie, 1962.

SAID, Edward, *Orientalism*, New York, Penguin, 2006 (original edition 1978).

TOMAR, Pavel, *'Window to India' French Imaginations of India during the Nineteenth and Twentieth Centuries : Case Studies of Garcin de Tassy, Romain Rolland and Alain Daniélou,* M.Phil Thesis (Unpublished), submitted to the Centre for Historical Studies, JNU, New Delhi (2014)

–किशोर गौरव

गार्सां द तासी द्वारा लिखित मूल प्रस्तावना

सन् 1870 से मैं *'हिन्दुस्तानी भाषा और साहित्य'* शीर्षक से एक 'वार्षिकी' प्रकाशित करता रहा हूँ। सन् 1850 से लेकर 1870 तक मैं अपनी कक्षा की शुरुआत एक व्याख्यान से करता था, जिन्हें तदुपरान्त *हिन्दुस्तानी की कक्षा का प्रारम्भिक व्याख्यान* शीर्षक से मैं प्रकाशित करता रहा हूँ। इन पुराने व्याख्यानों में से अधिकतर अब उपलब्ध नहीं हैं। अनेक व्यक्ति मुझसे इन्हें पुनः प्रकाशित करने का आग्रह कर चुके हैं। उनकी आग्रह की पूर्ति करते हुए मैं इन व्याख्यानों को फिर से प्रकाशित कर रहा हूँ। इसमें 1854 में प्रकाशित मेरा एक लेख *'हिन्दुस्तानी लेखक और उनकी रचनाएँ'* भी शामिल है।

हिन्दुस्तानी की कक्षा का प्रारम्भिक व्याख्यान

पहला व्याख्यान : 3 दिसम्बर 1850

महोदय,

हमारे सामने मौजूद टेक्स्ट की व्याख्या करने से पहले मैं हिन्दुस्तानी की व्यावहारिक उपयोगिता और इसके मौजूदा साहित्यिक आकर्षणों के बारे में कुछ शब्द कहना चाहूँगा।

इस बात से लोग पूरी तरह वाक़िफ़ नहीं हैं कि *हिन्दुस्तानी* भारत के सभी प्रान्तों में बोली जाती है। बंगाल, मद्रास और बम्बई प्रेसिडेंसी जैसे प्रान्तों में यह अन्य प्रान्तीय भाषाओं के साथ–साथ बोली जाती है; या फिर हिन्दुस्तान के उत्तर–पश्चिम के प्रान्तों में (बिहार, इलाहाबाद, मालवा, अवध, अजमेर, आगरा, दिल्ली) में सिर्फ़ *हिन्दुस्तानी* ही बोली जाती है। पेरिस में विचार करते हुए हम हाल में इस निष्कर्ष पर पहुँचे हैं कि लाहौर और नेपाल को भी इसमें जोड़ देना चाहिए। अतः इन प्रदेशों में रहने के लिए और यहाँ तक की वहाँ यात्रा करने के लिए भी (जो कि हम वर्तमान में काफ़ी सुविधा से और बिना पासपोर्ट की आवश्यकता के कर सकते हैं) हमें हिन्दुस्तानी जानने की ज़रूरत है। इसीलिए माननीय ईस्ट इंडिया कम्पनी अपने नागरिक और सैनिक सेवाओं में सिर्फ़ उन व्यक्तियों को लेती है जो यह भाषा सीख चुके हैं और जिन्होंने इसकी परीक्षा सन्तोषप्रद तरीक़े से पास कर ली है।

यह मान लेना ग़लत होगा कि मात्र अंग्रेज़ ही हिन्दुस्तान में रोज़गार पा सकते हैं। कई अन्य योरोपीय भी वहाँ सम्मानजनक पदों पर हैं। इसके अलावा, अगर हमें हिन्दुस्तानी का ज्ञान हो तो हम वहाँ आसानी से स्वतन्त्र कार्य भी कर सकते हैं। अगर व्यापार की

बात न भी करें (जो कि कई योरोपियों के लिए सम्पन्नता का स्रोत है), तब भी वहाँ चिकित्सा में काम किया जा सकता है, चित्रकला में सफलतापूर्वक हाथ आज़माया जा सकता है; और सबसे बेहतर, अगर भारतीय, मुस्लिम और अंग्रेज़ी क़ानूनों की जानकारी के अलावा हमारे पास हिन्दुस्तानी में जिरह करने की क़ाबिलियत हो, तो वकालत के पेशे में भी सफलता पायी जा सकती है।

बेगम समरू द्वारा सिरधना में बनाये गये ख़ूबसूरत गिरजाघर में या आगरा और अन्य जगहों के धर्मप्रदेशों (Dioceses) के कैथोलिक चैपलों में कोई पादरी हिन्दुस्तानी में भी प्रवचन दे सकता है। यहाँ तक कि कलकत्ते में, अंग्रेज़ी चर्च में मतान्तरित भारतीयों के लिए, *'हिन्दुस्तानी गिरजाघर'* नामक एक गिरजाघर है, जिसमें धार्मिक कार्यवाही केवल हिन्दुस्तानी में ही होती है।

यह बात आम जानकारी में नहीं है कि भारतीयों के पास वहाँ के मुख्य शहरों में लिथोग्राफ़िक छापाखाने हैं, और वे वहाँ प्रतिदिन, मौलिक या अनूदित हिन्दुस्तानी रचनाएँ प्रकाशित करते रहते हैं। अगर हम सिर्फ़ उत्तर–पश्चिम के प्रान्तों की बात करें, तो वहाँ इस साल की पहली जनवरी तक 23 छापाखाने मौजूद थे; जहाँ, केवल 1849 में ही 141 विभिन्न रचनाएँ प्रकाशित हुई थीं। इसी काल में 26 अलग–अलग अख़बार प्रकाशित हो रहे थे, जिसमें से 23 हिन्दुस्तानी में, 2 फ़ारसी में और एक बांग्ला में थे। अगर हम इन अख़बारों में उन्हें भी जोड़ दें, जो भारत के अन्य प्रान्तों में प्रकाशित होते हैं, तो हमें आसानी से कम–से–कम 50 भिन्न हिन्दुस्तानी अख़बार मिलेंगे, जो फ़िलहाल प्रकाशित हो रहे हैं।

ज़ाहिर तौर पर हिन्दुस्तानी तरक़्क़ी कर रही है। इसकी वजह यह है कि पहले की तरह, मात्र आम भाषा व लोकप्रिय काव्य की भाषा होने की बजाय, हिन्दुस्तानी साथ–ही–साथ शासन की अधिकृत भाषा, राजनयिक पत्रव्यवहार की भाषा, कचहरी और प्रशासन की भाषा भी बन गयी है–जो पहले फ़ारसी हुआ करती थी। यहाँ तक कि हिन्दुस्तानी में वैज्ञानिक निबन्ध भी लिखे जाने लगे हैं, जो पिछले कुछ

सालों तक फ़ारसी में ही लिखे जाते थे। हिन्दुस्तानी के समकालीन साहित्य की महत्ता को कम करके नहीं आँका जा सकता और इसके अपने आकर्षण हैं। इसने पूरब के साहित्य में अपनी एक विशिष्ट जगह बनायी है। उदाहरण के लिए हम भारत के उत्तर के पहाड़ों में स्थित शिमला के हिन्दुस्तानी अख़बार की सदस्यता ले सकते हैं और पेरिस में डाक के ज़रिये नियमित तौर पर प्राप्त कर सकते हैं।

हम दिल्ली के एक साहित्यिक सभा की विवरणिका प्राप्त कर सकते हैं और भारत की इस भूतपूर्व राजधानी में चल रही अकादमिक गतिविधियों का मासिक ब्योरा ले सकते हैं।

हाल–फ़िलहाल में प्रकाशित होने वाले हिन्दुस्तानी रचनाओं में काफ़ी सारे विज्ञान सम्बन्धी हैं। कुछ कला, कुछ भूगोल, कुछ विधि इत्यादि से सम्बन्धित भी हैं। कुछ मौलिक हैं और कुछ अंग्रेज़ी से अनूदित। कुछ आध्यात्मिक और कुछ विवादित रचनाएँ हैं, जैसे आगरा से छपा एक कैथोलिक धार्मिक–पत्र; कुछ प्राचीन और आधुनिक इतिहास। कुछ धार्मिक और नैतिक रचनाओं के अनुवाद हैं–जैसे कि बुन्यान (Bunyan) की 'पिल्ग्रिम्स प्रोग्रेस' (Pilgrim's Progress), और मेसन (Mason) की 'सेल्फ नॉलेज' (Self Knowledge)। कुछ उपन्यास हैं, जैसे कि 'रसेलास' (Rasselas) और 'कुज़िल बाश' (Kuzzil Bash)। कुछ काव्य हैं, जैसे कि गे (Gay) की नीतिकथाएँ।

यह ज्ञात है कि संस्कृत से बहुत से अनुवाद हिन्दुस्तानी मे उपलब्ध हैं; हालाँकि हाल–फ़िलहाल में उनका प्रकाशन नहीं हो पाया है। लेकिन अरबी और फ़ारसी से बड़ी संख्या में अनुवादों का प्रकाशन हुआ है, जिनमें कुरआन की हिन्दुस्तानी में, टीका सहित अनुवादों की बड़ी संख्या है। इसके अलावे एक अरबी शब्दकोश है, जिसकी व्याख्याएँ हिन्दुस्तानी में छपी हैं; अरबी और फ़ारसी व्याकरण हैं। *गुलिस्तान* के कई अनुवाद हैं। *अलिफ़ लैला* के दो अनुवाद हैं–*अख़लाक–ए–जलादी* और *अख़लाक–ए–मुहचिनी*। *शाहनामा* का संक्षिप्त संस्करण है। इब्न खल्लिकां (Ibn Khallican) की बायोग्राफ़िकल–डिक्शनरी और अबुल्फेदा की कहानी, आदि।

अन्त में, जहाँ तक मौलिक रचनाओं की बात है, कुछ प्रचलित दन्तकथाओं (जैसे *शकुन्तला, लैला और मजनूं, इब्राहिम अधम, कला–ओ–कामरूप, हुस्न–ओ–इश्क़*) पर आधारित कई सुन्दर कविताएँ हैं। कुछ यात्रा–वृत्तान्त हैं और कुछ इतिहास हैं (जैसे कि, टीपू के पिता हैदर अली का इतिहास, जिसे मैसूर के राजा के एक पुत्र ने लिखा है)। अनेक गद्यात्मक कथा–कहानियाँ हैं। अंग्रेज़ी भाषा की कोश रचना (Lexicography) और व्याकरण पर हिन्दुस्तानी में कई उपयोगी रचनाएँ हैं। अन्ततः, प्रचलित कवियों की रचनाएँ हैं, जैसे : मोमिन, नासिर, ज़ौक़, नासिख और अताश की। ये वे लेखक हैं जिनका समकालीन हिन्दुस्तानी साहित्य पर काफ़ी प्रभाव है।

दूसरा व्याख्यान : 4 दिसम्बर 1851

महोदय,

इस शैक्षिक वर्ष की शुरुआत में अपने नये और पुराने श्रोताओं के बीच ख़ुद को पाकर मैं प्रसन्न महसूस कर रहा हूँ। हिन्दुस्तानी भाषा सीखने का आपका निर्णय उचित है। विश्व में सबसे अधिक व्यापक भाषाओं में से यह एक है–चूँकि हमारे हिसाब से 8 करोड़ से अधिक लोगों द्वारा यह बोली जाती है। यह भाषा राजनीतिक और व्यावसायिक रूप से काफ़ी आकर्षक है; लेकिन साथ ही साथ इसका एक वास्तविक साहित्यिक आकर्षण है, और मुख्यतः इसी नज़रिये से यूरोपीय महाद्वीप में इसका अध्ययन उपयोगी है। इसकी हिन्दू शाखा एक क़िस्म की सरलीकृत संस्कृत है, कुछ–कुछ जैसे कि आधुनिक ग्रीक प्राचीन ग्रीक से और जैसे इतालवी भाषा लातिन से सम्बद्ध है। इसकी जानकारी इसलिए एक भारतविद् के लिए बहुत काम की है क्योंकि यह अपने आधुनिक रूपों में, कभी तो अपने प्राचीन रूपों से विसंगत है, और कभी तो उन्हीं का विकसित रूप है। इसकी मुस्लिम शाखा उनके लिए काफ़ी काम की है जिनका वास्ता फ़ारसी से है। क्योंकि फ़ारसी और हिन्दुस्तानी का एक ही स्रोत है; और हिन्दुस्तानी की शब्दावली अधिक सरल है। अतः लम्बे फ़ारसी पीरियड्स (Period Sentences : अनु.) को विश्लेषित करने में हिन्दुस्तानी हमें मदद करती है। आप स्वयं ही इन कथनों की सत्यता से आश्वस्त हो जायेंगे, क्योंकि आप इन सुन्दर भाषाओं का अध्ययन कर रहे हैं। पहले संस्कृत, जो यूरोप की हमारी सभी भाषाओं की स्रोत है, और जिसे हम अब यहूदी

(Semitic) भाषाओं से भी जोड़ कर देख रहे हैं; क्योंकि हमें पता है कि त्रि–व्यंजनीय जड़ों (Triconsonantal roots) की अरबी व्यवस्था कृत्रिम है, और इनमे से जड़ों की एक बड़ी संख्या वास्तव में मोनोसिलेबिक (monosyllabic : एकाक्षरीय) है, जिससे उनका निर्माण संस्कृत के समीप आ जाता है; तथा कुछ अरबी और संस्कृत जड़ों की समरूपता को दिखाता है। फिर, फ़ारसी, जो कि ऐतिहासिक रचनाओं से समृद्ध है; और मुस्लिम थिओसोफी की रचनाएँ इस भाषा की विशिष्टता है।

हिन्दुस्तानी की दोनों शाखाएँ, हिन्दू शाखा और मुस्लिम शाखा, समृद्ध और विविधतापूर्ण साहित्य की रचनाएँ प्रस्तुत करती हैं। साथ ही, हिन्दुई में संस्कृत की श्रेष्ठ कृतियों के अनुवाद (या कम–से–कम नक़ल) उपलब्ध हैं, जबकि उर्दू और दक्खनी में फ़ारसी साहित्य की श्रेष्ठ कृतियों की पुनर्रचनाएँ मौजूद हैं।

इस शैक्षिक वर्ष में मुझे इन विभिन्न स्कूलों से सम्बद्ध साहित्यिक कृतियों की व्याख्या करने का अवसर प्राप्त होगा। संस्कृत स्कूल में हम शकुन्तला की आकर्षक कहानी पढ़ेंगे, जो यूरोप में लगभग लोकप्रिय है; और उषा की कहानी भी, जो कि कम प्रचलित है लेकिन आकर्षण में कमतर नहीं है।

फ़ारसी स्कूल में हम वली को पढ़ेंगे; यह भारत का हफ़ीज़ है, जिसके ग़ज़ल हालाँकि थोड़े आडम्बरयुक्त हैं, लेकिन वास्तव में फ़ारसी गीतों के समान सुन्दर हैं। गद्य में हम शेरशाह के इतिहास का एक खण्ड पढ़ेंगे, जिसमें, अन्य पहलुओं के अलावा, हम भारत के पुराने मुस्लिम शासकों की प्रशासन सम्बन्धी अद्‌भुत जानकारी पायेंगे।

विशुद्ध भारतीय स्कूल से (हिन्दुई, हिन्दी और हिन्दुस्तानी) व्याख्या हेतु *'मीर–ओ–माह'* नामक आख्यान चुनूँगा। इस रचना में आप ज्ञानप्रद एथ्नोग्राफ़िक (मानवजाति–विज्ञान सम्बन्धी : अनु.) विवरण, अद्‌भुत मौलिक उपमाओं (metaphors) के ज़रिये, पायेंगे। उदाहरण के लिए देखिये विवाह का यह एक विवरण, जो हम इस कथा में पाते हैं :

> "विवाह की तैयारियाँ तुरन्त समाप्त कर दी गयीं। जल्दी ही सभी काम निपटा लिए गये। जलसा अविलम्ब शुरू हो

गया और संगीत ने इसका ऐलान कर दिया। सचमुच, दूर से वाद्य यन्त्रों की आवाज़ सुनायी दी : आकाश में जैसे वह घुल गया हो। हर्षोल्लास का माहौल था; हर तरफ़ से हँसी की गूँज संगीत से एकाकार हो गयी थी। उल्लास का वृक्ष फलित हुआ, वसन्त का गुलाब खिल उठा। हिनाका पौधा बुरी आत्माओं और बुरे प्रभावों को भगाने के लिए जलाया गया और उसका धुआँ आकाश तक उठा। हृदयों को पुलकित करने वाले उस आनन्द में पूरी प्रकृति हिस्सा ले रही थी। पौधों में कलियाँ नहीं, फूल खिले हुए थे। मधुरतम संगीत सुनायी पड़ता था। बाँसुरी, वीणा, खंजरी की आवाज़ मजीरों के साथ सुनायी पड़ती थी। यह माहौल इन्सान और आत्माओं को मदहोश कर गिरा दे सकता था। नृत्य का आनन्द लेने के लिए नर्तकियों को भी बुलाया गया था। सनोबर के वृक्ष की ऊँचाई वाली ये महिलाएँ मनोहारी सुन्दरता के साथ अपने क़दम थिरका रही थीं और काफ़ी सराहनीय फुर्ती से नाच रही थीं। साथ–साथ वह सरसरी निगाहें फेंकती थीं, जो बिजली की चमक जैसी प्रभावी थीं।

"इसी समय मीर अपनी मंगेतर के पास जाने के लिए अपने घोड़े पर चढ़ा; उसका घोड़ा भागते हुए इतना शोर करता था जैसे यह क़यामत के दिन का शोर हो। वह घोड़ा अपनी गति में सुबह की हवा की बराबरी करता था, उसके नाल बराबर नज़र आते थे। राजकुमार अपने युवा मित्रों से घिरा था, जो कि उसकी मण्डली के सदस्य थे। किसी को उनके स्वर्ग के साक़ी होने का गुमान भी हो सकता था। शाम में सभी लोग, सोने–जड़े कपड़ों से सजे, जलसे के लिए तैयार थे। अनेकों मशालें अँधेरे को दूर कर रही थीं और दरवाज़े तथा दीवारें दर्पणों की तरह उनकी चमक को प्रतिबिम्बित कर रहे थे। ये मशालें अनार के फूलों के समान, या यूँ कहना बेहतर होगा, चमकते हुए तारों के समान दिखती थीं।

रात को दिन में बदल देने वाली आतिशबाज़ी जलाई गयी; योरोपियों की तरह काग़ज़ के फूल हवा में लहरा दिये गये, जो हर तरफ़ बिखर गये।

"जब रात का पहला पहर गुज़र गया, शीरीं के पास जैसा घोड़ा था, वैसे ही घोड़े की पीठ पर माह बैठी। वह अपने नक़ाब के पीछे अपना चेहरा वैसे ही छुपाती थी जैसे पानी की सतह के नीचे चाँद अपनी किरणें छुपाता है। और शहज़ादा अपनी मंगेतर के घर की ओर रास्ते में सोने बिखेरता बढ़ रहा था। ढोल की आवाज़ सुनाई दी और बिजली खुद ही कड़कने लगी; जबकि खुद बिगुल को बेधती हुई ध्वनि फ़रिश्तों और हूरों के कानों तक पहुँच गयी। अन्ततः वर–वधू पक्ष के लोग जब मिले तो वे सब माह के महल तक पहुँचे और अन्दर प्रविष्ट हुए। वहाँ लाजवाब दावत तैयार थी : फिर से नाच शुरू हुए; शराब हाथों–हाथ चल रही थी : ऐसा लगता था जैसे आप योरोप के किसी शहर में हो। प्याले में चमकते शराब की रोशनी से सूरज को जलन होती थी। सूर्योदय तक जलसा जारी रहा। जब रात की जगह सुबह का उदय हुआ तब प्रतिज्ञा और अन्य संस्कार हुए। दुल्हन ने पीले और लाल रंग का नया कपड़ा पहना। अपने कानों के ऊपर और नीचे के हिस्से पर उसने बालियाँ और झुमके पहन रखे थे, और उसकी नाक पर एक सुन्दर बाली थी। अपने गले में उसने एक मोतियों की माला डाली थी जो आकाश गंगा के समान दिखती थी और अपने हाथों में धातु के गहने डाले थी जिनका वर्णन नहीं किया जा सकता; उसकी कलाइओं में क़ीमती पत्थर के कंगन थे जिनकी चमक दूर–दूर तक आलोकित होती थी, उसके पैरों में खनकते हुए पायल थे। वह पान चबाती थी, जो उसके होठों को और सुर्ख कर देता था। कोई दुल्हन इतनी सुन्दर कभी न दिखी होगी। वह चिराग थी और उसके साथी और सहचर उसे रोशनी की तरह घेरे हुए थे।"

अन्त में हम 'कलयुग' यानी कि अन्धकार–युग (जैसे ग्रीक माइथोलॉजी का लौह युग) का एक काव्यात्मक वर्णन पढ़ेंगे; वह वर्णन जो कुछ–कुछ ड्राईडेन (Dryden) द्वारा इसी विषय पर लिखी इन पंक्तियों के समान है :

Mankind is broken loose moral bands;
Nor rights of hospitality remain;
The guest, by him who harbour'd him, is slain :
The son-in-law pursues the father's life.
The wife the husband murders; he, the wife.

इनमें से कई रचनाएँ पद्य में हैं। लेकिन, इसका मतलब यह नहीं है कि यह गद्य रचनाओं से बहुत ज़्यादा कठिन हैं। हालाँकि पद्य में रचना के सामान्य नियम नहीं माने जाते, वहाँ असामान्य उलटफेर होते हैं और गद्य से ज़्यादा बढ़ा–चढ़ा कर पेश किये गये अलंकार पाये जाते हैं। हमें कम–से–कम इससे यह जानने का लाभ होता है कि अर्थ (sense) कहाँ ख़त्म होता है, क्योंकि अपूर्णान्वय (Enjambments) वहाँ स्वीकृत नहीं होते। सामान्यतः पद्य–पंक्ति के साथ अर्थ (sense) भी ख़त्म हो जाता है, और, हर हाल में यह दो या तीन पंक्तियों के आगे नहीं जाता।

हिन्दुस्तानी में हम दो लिखावटों का इस्तेमाल करते हैं : फ़ारसी लिखावट, मुस्लिम के लिए, और देवनागरी लिखावट हिन्दू के लिए। ऐसे ही हम मीटर (Métrique) के लिए दो रीतियों का प्रयोग करते हैं। हिन्दुस्तानी–उर्दू और दक्खनी के लिए हम अरबी मीटर का इस्तेमाल करते हैं (सिर्फ़ उन परिवर्तनों के साथ जो भाषान्तर की वजह से करने पड़ते हैं), और हिन्दी तथा हिन्दुई के लिए संस्कृत का सरलीकृत तरीक़ा प्रयोग में लाते हैं।

अरबी लोग पद्य–पंक्ति को एक तम्बू की तरह देखते हैं, और वे उसे इसलिए 'बैत' नाम से बुलाते हैं (जिसका अर्थ तम्बू होता है)। तम्बू के 'मिसरा' नामक दो दरवाज़े होते हैं : ये दो दरवाज़े पद्य–पंक्तियों के दो मिसरे होते हैं। तम्बू खूँटे ('rukn') के द्वारा समर्थित होता है :

यह पद्य–पंक्ति के भिन्न 'पैर' (pieds) होते हैं, जिसमें दस प्राथमिक (primitives) और बहत्तर सहायक (secondaires) होते हैं। तम्बू का अन्दरूनी हिस्सा विभाजन *(फ़ासिला)* के द्वारा अलग किया जाता है, और यह मेख *(वतद)* के द्वारा और रस्सी *(सबब)* के द्वारा जोड़ा जाता है। ये वे नाम हैं जो 'पैर' (pied) के छह बड़े और छोटे उपविभाजनों को दिये जाते हैं।

प्राथमिक और सहायक 'पैर' के संयोग से असंख्य मीटर बन जाते है; मगर मुश्किल से बीस ही हैं जो उर्दू और दक्खनी में इस्तेमाल होते हैं। गद्य पंक्तियाँ हमेशा तुकान्त में होती हैं। अगर वे मिसरे के तुक में होती हैं, तो हर गद्य–पंक्ति पर तुकबदल जाता है; अगर तुक सिर्फ़ गद्य–पंक्ति को समाप्त करता है तो यह पूरी कविता के लिए समान ही होता है।

हिन्दू प्रणाली काफ़ी अधिक सरल है। हम वहाँ सिर्फ़ मात्राओं (syllables) पर ध्यान देते हैं, अंग्रेज़ी की तरह बिना दीर्घता और लघुता का ख़याल किये हुए; और इस भाषा में रिदम की वजह से कई मात्राओं को समेटकर एक कर दिया जाता है, और कभी–कभी इसका उल्टा भी करना पड़ता है। इस सिलेबिक 'पैर' को संस्कृत की तरह 'मात्रा' कहते हैं।

हिन्दू बोली में, जैसे कि मुस्लिम बोली में, गद्य–पंक्तियाँ तुकान्त होती हैं। और, साथ ही, दोहे हमेशा साथ–साथ तुक में होते हैं। 'चौपाई', जो कि हिन्दुई में सबसे अधिक इस्तेमाल होने वाली कविता है, संस्कृत के 'श्लोक' के समान है; इसके हर चरण में आठ मात्राएँ होती हैं। जहाँ तक 'दोहा' की बात है, जो अरबी के अलग हुए 'फर्द' या 'बैत' के समान है–इसमें 12 या 14 मात्राएँ हर अर्धाली में होती हैं।

मैं ख़याल रखूँगा कि जो पद्य हम पढ़ेंगे उनका मीटर मैं आपको बताता चलूँ। तथा, हमने जो नियम अभी पढ़े हैं, उसी हिसाब से इन पद्यों का पाठ करेंगे।

जो भाषा हम पढ़ रहे हैं वह मुख्यतः एक जीवित भाषा है। इस वक़्त जब हम पेरिस में उपर्युक्त रचनाओं को पढ़ रहे हैं, उसी समय

भारत में ऐसी अन्य सैकड़ों रचनाएँ प्रकाशित हो जायेंगी। वास्तव में, हिन्दुस्तान में जो पम्फलेट, किताबें और पत्र–पत्रिकाएँ छपती हैं उनकी संख्या का अनुमान योरोप में हम नहीं लगा सकते।

पिछले साल मैं आपको बता रहा था कि उत्तर पश्चिम के प्रान्तों में, जहाँ भारत की अंग्रेज़ सरकार एक बड़ी प्रेसिडेंसी बनाने वाली है, (जिसकी राजधानी लाहौर होगी, और जिसकी एकमात्र भाषा हिन्दुस्तानी है) वहाँ, जनवरी 1850 में भारतीय रचनाएँ प्रकाशित करने वाले 23 लिथोग्राफ़िक छापाखाने हैं। पिछले वर्ष के दौरान लाहौर में एक नया छापाखाना स्थापित हुआ है, जिससे इस साल के 1 जनवरी तक इनकी संख्या 24 तक पहुँच गयी है; इनका विवरण इस प्रकार है : आगरा में सात, दिल्ली में पाँच, मेरठ में दो, लाहौर में दो, बनारस में चार, बरेली में एक, कानपुर में एक, शिमला में एक और इन्दौर में एक। लेकिन भारत का यही एकमात्र हिस्सा नहीं है, जहाँ हिन्दुस्तानी किताबें और अख़बारें छपती हैं। इसी क़िस्म के अन्य छापाखाने न सिर्फ़ वर्तमान के तीन प्रेसिडेंसियों के मुख्य शहरों में, बल्कि कई अन्य शहरों में भी हैं; और सिर्फ़ लखनऊ में ही तेरह छापाखाने कार्यरत हैं।

मुझे कुछ दिनों पहले भिन्न प्रकार की अनेक भारतीय रचनाओं (मौलिक और अनूदित) की एक बृहद् सूची प्राप्त हुई है, जो कि साल 1850 में उत्तर–पश्चिम के प्रान्तों में छपी है। मैं उनमें से कुछ का ज़िक्र करना चाहूँगा, जिनका हमारे लिए दार्शनिक या साहित्यिक महत्त्व है। जैसे कि, कुरआन के अरबी और उर्दू में कई संस्करण हैं, जिनमें से एक पद–18 फॉर्मेट में है; एक मुस्लिम शहादत–ग्रन्थ; मोहम्मद साहब के चमत्कारों के ऊपर एक कविता; वहाबी सम्प्रदाय का एक खण्डन; हिन्दुओं के अशास्त्रीय (heterodox) सम्प्रदाय; जैनियों के हिन्दी में लिखित निबन्ध; आगरा के नज़ीर (जिसका हाल में देहान्त हुआ और जिनका शायर के रूप में भारत में काफ़ी रुतबा है) की कविताओं का संकलन; मशहूर अध्यात्मवादी अली हाजी की जीवनी (इस लेखक ने अन्य रचनाओं के अलावा दिलचस्प संस्मरण लिखे थे,

जो की अंग्रेज़ी में अनूदित हुई हैं); देबी प्रसाद के द्वारा बनारस से छपा पंजाब का इतिहास; इन्दौर के धर्म नारायण के द्वारा सिन्ध राजवंश का इतिहास; सिकन्दराबाद के बाल मुकुन्द के द्वारा रचित *लख्त–ए–जिगर* शीर्षक से पद्य में एक उपन्यास (बाल मुकुन्द हिन्दू होते हुए भी, उर्दू में लिखते हैं) आदि हैं।

काव्य सबसे सफलतापूर्वक विकसित हो रहा है। इसका चिराग ख़ास साहित्यिक गोष्ठियों में रोशन होता है; इन गोष्ठियों को मुशायरा के नाम से जानते हैं। भारतीयों को ऐसी अकादमिक गोष्ठियों का काफ़ी शौक़ है; और काव्य के शौक़ीन निश्चित समय पर इनका आयोजन करते हैं, आमतौर पर हर पन्द्रह दिन पर और अक्सर शाम में। जिसके घर पर मुशायरे का आयोजन होता है, वह आमतौर पर उसका सभापतित्व करता है। अपनी काव्यात्मक प्रतिभा के लिए प्रसिद्ध लोगों को वह बुलाता है; तथा मुशायरे के लिए, आमतौर पर एक ख़ास मीटर पर, एक नज़्म लिखने के लिए आमन्त्रित करता है।

मौजूदा जाने–माने शायरों में दो शासकों का नाम शुमार है : दिल्ली का सुल्तान और अवध का नवाब। किसी समय हिन्दुस्तान के मुसलमान शासक सिर्फ़ फ़ारसी में ही बोलते और लिखते थे; आम भाषा को वह हिकारत की नज़र से देखते थे। मगर, वर्तमान में, अपनी प्रजा की तरह, इन्होंने अपने ख़यालात का इज़हार करने के लिए (मौखिक या लिखित तौर पर) हिन्दुस्तानी का प्रयोग करना शुरू कर दिया है। जिन दो शाही शायरों की चर्चा हम कर रहे हैं, उनमें से पहला, बहादुर शाह द्वितीय है—यह शाह आलम का पोता है जो कि ख़ुद एक हिन्दुस्तानी शायर था। वह शहज़ादा दारा का पिता भी है, जो ख़ुद भी अच्छी शायरी करता है। बहादुर शाह द्वितीय ने शायरी में अपना तखल्लुस 'ज़फ़र' रखा है, और जब शायर के तौर पर इनका ज़िक्र होता है तो इसी नाम का इस्तेमाल करते हैं। दूसरे शायर का नाम है वाजिद अली शाह, जिनका तखल्लुस 'अख़्तर' है।

वह न सिर्फ़ शायर है, बल्कि संगीतकार भी है, और अपनी ग़ज़लों को ख़ुद ही संगीत में ढालता है। इन दो शायरों की नज़्मों का हिन्दुस्तान में काफ़ी रुतबा है, और चूँकि मैंने उनकी ग़ज़लें पढ़ी हैं, मैं यह दावे से कह सकता हूँ कि वे इस शोहरत के क़ाबिल भी हैं। इसलिए, बिना अतिशयोक्ति के हम उनके लिए अरबी की यह जानी–मानी उक्ति कह सकते हैं : 'बादशाहों के कथन, कथनों के बादशाह होते हैं।'

तीसरा व्याख्यान : 5 दिसम्बर 1852

'हिन्दुस्तानी' नाम जिस भाषा को इंगित करता है, वह एक समस्याप्रद पद है। हमारे लिए यह एक विदेशी नाम है, जिसे सीधे भारत से उधार ले लिया गया है। हम इसे 'हिन्दुस्तानिया' ('Hindustanien': फ़्रांसीसी शैली के हिसाब से : अनु.) भी कह सकते थे; लेकिन अंग्रेज़ों का अनुकरण करते हुए हमने मूल रूप को बरकरार रखा है। जैसा कि नाम से इंगित होता है, हिन्दुस्तानी हिन्दुस्तान की भाषा है; लेकिन वह उसके वास्तविक सरहदों तक ही सीमित नहीं है। इसका इस्तेमाल लगभग पूरे उपमहाद्वीप में होता है, ख़ास तौर से सिपाहियों और मुसलमानों के बीच–फारस, तिब्बत और आसाम तक। इसलिए, शुरुआत से इस भाषा का जो नाम रखा गया (फ़्रांसीसी के हिसाब से 'ऐदियाँ' या हिन्दी), और जिसे भारतीयों ने बरकरार रखा, वह उस नाम (हिन्दुस्तानी : अनु.) से ज़्यादा उपयुक्त है जिससे आमतौर पर योरोपीय इसे सम्बोधित करते हैं। वास्तव में योरोपीय लोग *हिन्दी* नाम हिन्दुओं के डायलेक्ट के लिए प्रयोग करते हैं (जिसे अधिकतर 'हिन्दुई' कहा जाता है), तथा *हिन्दुस्तानी* नाम मुसलमानों के डायलेक्ट के लिए इस्तेमाल करते हैं।

जो भी हो, *आधुनिक भारतीय* भाषा के ये दो प्रमुख डायलेक्ट ब्रिटिश भारत के सर्वाधिक बड़े हिस्से में बोले जाते हैं। तथा, उत्तर की मुस्लिम बोली (हिन्दुस्तानी–उर्दू) को उत्तर–पश्चिम के प्रान्तों में आधिकारिक भाषा के रूप में स्वीकार कर लिया गया है; हालाँकि, हिन्दी वहाँ उर्दू के साथ–साथ प्रयोग की जाती है, जैसे वह पहले फ़ारसी

के साथ इस्तेमाल होती थी। दरअसल, मुस्लिम शासकों के पास एक ज़माने में एक हिन्दी सचिव *(हिन्दी नवीस)* के साथ–साथ एक फ़ारसी सचिव *(फ़ारसी नवीस)* हुआ करता था, और अपने शासनादेशों को वह दोनों भाषाओं में लिखवाते थे। साथ ही, उत्तर–पश्चिम के प्रान्तों में, अंग्रेज़ी प्रशासन हिन्दू आबादी के हित में सरकारी क़ानूनों के उर्दू टेक्स्ट (फ़ारसी लिपिबद्ध) का हिन्दी में (देवनागरी लिपि में) अनुवाद भी उपलब्ध कराती है।

हमने अन्य अवसरों पर हिन्दुस्तानी साहित्य और उसकी विभिन्न शाखाओं के बारे में चर्चा की है। इस साहित्य के इतिहास की मेरी पहली वॉल्यूम में मैंने 750 लेखकों और 800 से अधिक रचनाओं का ज़िक्र किया है। तीसरी वॉल्यूम में, (जिसका प्रकाशन विभिन्न कारणों की वजह से विलम्बित हो गया है) मैं इससे दोगुना अधिक नये लेखकों की चर्चा करूँगा, लेकिन केवल उतनी ही संख्या में रचनाओं की चर्चा होगी। इसकी वजह यह है कि मौलिक जीवनीकार जिन शायरों को प्रस्तुत करते हैं, वे उनकी किसी ख़ास रचना का ज़िक्र किये बिना केवल उनकी कुछेक पंक्तियों का उद्धरण दे देते हैं।

जिन लेखकों के बारे में मुझे जानकारी प्राप्त हुई है, उनमें से सिर्फ़ तीन के बारे में मैं कुछ शब्द कहना चाहूँगा। तीनों ही दिल्ली में भारतीयों के कॉलेज में प्रोफ़ेसर हैं–वही कॉलेज, जिसका संचालन बारह सालों तक एक विशिष्ट प्रतिभावान फ्रांसिसी श्रीमान फ़ेलिक्स बूत्रोस (M. Félix Boutros) कर रहे थे। वे 'वर्नाकुलर ट्रांसलेशन सोसाइटी' (Vernacular Translation Society) के संस्थापकों में से एक हैं। वह संस्था जिसने संस्कृत, फ़ारसी, अरबी और अंग्रेज़ी के विभिन्न अनुवादों से समकालीन हिन्दुस्तानी साहित्य को समृद्ध कर महती योगदान दिया है।

इनमें से पहले लेखक हैं रामचन्द। इनका ईसाइयत में धर्म–परिवर्तन, जो कि दिल्ली में हिन्दुओं के बीच पहला था, ने इस साल के जुलाई महीने में काफ़ी खलबली मचाई थी। यह पण्डित, जिनकी उम्र अभी 35 साल है, पहले दिल्ली के कॉलेज में छात्र थे

और फिर वहीं प्रोफ़ेसर नियुक्त हुए। वहाँ इन्होंने अंग्रेज़ी सीखी और हिन्दुस्तानी तथा फ़ारसी साहित्य का अध्ययन किया। लेकिन, इन्होंने स्वयं को मुख्यतः गणित के लिए समर्पित कर दिया। इन्होंने हिन्दुस्तानी में लिखने के साथ–साथ अंग्रेज़ी से अनूदित कई उपयोगी ग्रन्थ तैयार किये हैं; जैसे, बीजगणित (Algebra) पर ब्रिज और यूलेर (Bridge et Euler) लिखित एक ग्रन्थ, जिसके कई संस्करण इन्होंने प्रस्तुत किये। पहली किताब विश्लेषणात्मक त्रिकोणमिति (Analytical Trigonometry) के साथ–साथ शांकव (Conic Sections) के बारे में है, दूसरी किताब ह्यूटन और बूशार्ला (Hutton et Boucharlat) के विश्लेषणात्मक ज्यामिति (Analytical Geometry) के अनुकरण पर आधृत है तथा तीसरी किताब अंकगणित (Arithmetic) से सम्बन्धित है। उनकी कुछ साहित्यिक रचनाएँ भी प्रकाशित हैं। वे दो पत्रिकाओं के सम्पादक भी हैं। इनमें से मुख्य पत्रिका का शीर्षक है *मुहिब्ब–ए–हिन्द*, जो एक मासिक संकलन है। इस पत्रिका में समकालीन मुद्दों पर अतिमहत्त्वपूर्ण आलेख छपते हैं। भारतीयों में शिक्षा की स्थिति एवं लोकप्रिय साहित्य (यानी कि हिन्दुस्तानी साहित्य) की प्रगति से सम्बद्ध लेख इत्यादि इसके मुख्य विषय हैं।

दूसरे प्रमुख लेखक रामकृष्ण हैं। ये काफ़ी आध्यात्मिक और अति ज्ञानवान हिन्दू हैं। वे रामचन्द की तरह ही अंग्रेज़ी भाषा में सक्षम हैं। रामकृष्ण कश्मीर के मूल निवासी हैं लेकिन दिल्ली में रहते हैं। वे लगभग 40 साल की उम्र के हैं। उन्होंने अंग्रेज़ी से हिन्दुस्तानी में कई अनुवाद किये हैं, जो शुद्धता और शैली की सुन्दरता की वजह से ख़ास हैं। इनमें से कुछ अनूदित रचनाएँ इस प्रकार हैं, सर डब्लू. एम. नाटेन (W. M'Naghten) की *'प्रिंसिपल्स ऑफ़ हिन्दू लॉ'* (Principals of Hindu Law) नामक पुस्तक। सर डब्लू. एम. नाटेन अरबी में *अलिफ़ लैला* के सम्पादक रहे हैं और जिनकी हत्या अंग्रेज़ों और अफ़गानों के बीच पिछले युद्ध के दौरान काबुल में हो गयी थी। दूसरी पुस्तक नॉर्टन (Norton) की 'प्रिंसिपल्स ऑफ़ गवर्नमेंट' (Principles of Governement) है। इसके अलावा क़ानून सम्बन्धी कई अन्य रचनाएँ भी अनुवाद किये हैं।

कृषि और औषधि पर एक–एक निबन्ध के साथ–साथ हिन्दुस्तानी में अंग्रेज़ी का एक व्याकरण भी इनके द्वारा लिखा गया है। इस आख़िरी काम में उनकी मदद डॉक्टर स्प्रेंगेर (Sprenger) ने की, जो उस समय दिल्ली कॉलेज के प्रिंसिपल थे। डॉक्टर स्प्रेंगेर फ़िलहाल फोर्ट विलियम्स कॉलेज के परीक्षक (examiner) और बंगाल की एशियाटिक सोसाइटी के सचिव हैं।

तीसरे लेखक करीम उद्दीन हैं। यह व्यक्ति पानीपत का रहने वाला है, और जैसा कि उसके नाम से इंगित होता है कि मुसलमान है। यह दिल्ली कॉलेज में, बतौर छात्र 1812 में दाखिल हुए और अभी इनकी उम्र उनसठ साल है। इन्होंने कई रचनाएँ की हैं और सभी की सभी गद्य में हैं। यह विद्वान पद्य में न लिखने पर गर्व करता है और प्रचलित धारा (जिसने कविता को एक तरह का व्यवसाय बना लिया है) के ख़िलाफ़ खड़ा है। उसकी रचनाओं में कुछ मौलिक, कुछ अनूदित के साथ–साथ कुछ अन्य संकलन भी हैं। महिलाओं की शिक्षा (जो भारत में काफ़ी उपेक्षित है) पर एक वॉल्यूम, एशिया और अफ्रीका की प्रसिद्ध महिलाओं की जीवनी, मीटर (métrique) के सम्बन्ध में एक निबन्ध इत्यादि को हम पहली श्रेणी *(मौलिक रचनाएँ)* में शामिल कर सकते हैं। अब्दुल्फेदा की कहानी का अनुवाद, अरबी और हिन्दुस्तानी शायरों का इतिहास इत्यादि को हम दूसरी श्रेणी (अनूदित रचनाएँ) में रख सकते हैं। तीसरी श्रेणी (संकलन) में क्लासिक हिन्दुस्तानी शायरों का संकलन, उत्तराधिकार के बँटवारे पर एक निबन्ध, विज्ञान की एक रूपरेखा, चुटकुलों और उपाख्यानों का एक संकलन, जिसका शीर्षक 'हिन्दुस्तान का बाग़' है।

सन् 1850 की तरह सन् 1851 में भी उत्तर–पश्चिम के प्रान्तों में हिन्दुस्तानी छापाखाने कार्यरत रहे हैं। हिन्दी और उर्दू अख़बार निकलते रहे हैं और इस साल भी अनेक जिल्द प्रकाशित हुए हैं। कुछ अच्छे मित्रों की बदौलत इन नये प्रकाशनों की एक सूची मुझे प्राप्त हुई है। सामान्य क़िस्म के प्रकाशनों और पुनःप्रकाशनों, क्लासिक किताबों, मुसलमानों से सम्बद्ध धार्मिक रचनाओं आदि की चर्चा नहीं करूँगा।

हालाँकि मुझे इन सबमें कुरआन के (अरबी टेक्स्ट सहित) उर्दू अनुवाद का ज़िक्र करना होगा, जिसकी एक छपाई दिल्ली से और एक आगरा से निकली है। लेकिन उर्दू में मैं आपका ध्यान जिन किताबों की ओर आकर्षित करना चाहूँगा, वे हैं, नूर अली का *आगरा का इतिहास*, *बहार–ए–इश्क़*, जो कि दरअसल *नलुस की कहानी* ही है; *क़िस्सा–ए–गुरु चेला*, जो कि *कलीला और दिमना* की कहानी की नक़ल है; *क़िस्सा–ए–सिपाहि–ए–जादा*, मशहूर समकालीन शायर नवेद का दीवान; नज़ीर का दीवान, जो अभी तक सम्पूर्णता में प्रकाशित नहीं हुआ था; हिन्दुस्तानी में पहली बार फ़ारसी टेक्स्ट से समृद्ध एक गुलिस्तानय अंग्रेज़ी अनुवाद के साथ *हिन्दुस्तान के अतिक्रमणकारियों* पर एक ऐतिहासिक कविता। यह अन्तिम रचना दिल्ली के सुल्तान के हुक्म पर तैयार की गयी थी। इसके लेखक हैं शाही शायर महाराजा अपूर्व कृष्ण बहादुर, जो कि हिन्दू होते हुए भी उर्दू में लिखते हैं; न कि हिन्दी में। अन्त में (बिना फ़ारसी या अरबी के मिश्रण के) शुद्ध हिन्दुस्तानी में एथ्नोलोजिक सम्बन्धों पर इंशा अल्लाह ख़ान द्वारा लिखित एक आकर्षक कहानी जो कि 'बंगाल के एशियाटिक सोसाइटी के जर्नल' (Journal de la société asiatique du Bengale) में छपी है। यह मशहूर शायर इस सदी की शुरुआत में जीवित था।

हिन्दी में मैं नैतिक सूक्तियाँ की ही चर्चा करूँगा। पहला है *नीति–बिनोद*। दूसरा हिन्दू बनियों का एक रिसाला *महाजनी सार दीपिका* है। अन्त में, इस साल प्रकाशित किये गये हिन्दी प्रकाशनों में से, वेदों के एक सम्पूर्ण अनुवाद का ज़िक्र करूँगा। यह संस्कृत टेक्स्ट के साथ जुड़ा होगा; इस संस्करण को उत्तर भारत में स्थापित एक सोसाइटी ने तैयार किया है, जिसका उद्देश्य हिन्दुओं के पवित्र ग्रन्थों का प्रसार करना है।

मेरी कक्षाएँ आपको आधुनिक भारतीय भाषा की साहित्यिक कृतियों को पढ़ने के साधन मुहैया कराएँगी। आप जानते हैं कि मैं विश्लेषणात्मक पद्धति का अनुसरण करता हूँ। टेक्स्ट्स की व्याख्या करते हुए मैं हर एक शब्द का विवरण देता हूँ। मैं चलते–चलते व्याकरण के नियमों

की चर्चा करता हूँ और हर मुहावरे का विश्लेषण करता हूँ। मेरे हिसाब से वास्तविक और ठोस प्रगति करने का यही एक ज़रिया है।

पिछले वर्ष हमने शेरशाह के इतिहास के एक हिस्से का जो अध्ययन शुरू किया था, इस वर्ष हम उसे समाप्त करेंगे। शेरशाह (अफ़गानों का क्षयार्षा[6]) एक ज़िले के गवर्नर का पुत्र होकर भी अपने कौशल और ऊर्जा के बल पर दिल्ली की गद्दी तक पहुँचा था। उसने अपने अधीनस्थ लोगों के प्रति पक्षपात रहित न्याय का पालन किया। उस समय वह बहुत युवा था, जब उसके पिता उसे अपनी मिलकियत के एक हिस्से के शासन की ज़िम्मेदारी दे चुके थे। शेरशाह ने उनसे अलविदा लेते हुए कहा :

> "मेरे पिता, आप मुझे साफ़गोई से बोलने की आज्ञा दीजिए। मुल्क़ का जो विस्तार आप मुझे सौंप रहे हैं, मैं उसमें कृषि की तरक़्क़ी पर काम करना चाहता हूँ और उसे समृद्ध करना चाहता हूँ। हालाँकि, निष्ठापूर्वक इन्साफ़ का निर्वाह किये बिना मेरा इस मुकाम तक पहुँचना असम्भव है। ज्ञानियों ने कहा है कि इन्साफ़ सभी गुणों में सर्वोत्तम है। इससे साम्राज्य की स्थिरता और विस्तार के साथ–साथ ख़ज़ाने में प्राचुर्य तथा शहरों–गाँवों में समृद्धि सुनिश्चित होती है। दूसरी तरफ़, निरंकुशता सबसे बुरा दोष है। उससे पतन और बदहाली पनपती है। वह इस दुनिया और उस दुनिया में बदनामी देती है। इसलिए प्रजा के साथ दयापूर्ण व्यवहार करना चाहिए और विशेषकर छोटों के प्रति हमेशा तत्पर रहना चाहिए। ईश्वर ने इन लोगों को राजा के अधीन रखा है, तो राजा का कर्तव्य है कि वह जुल्मियों से उनकी रक्षा करे और उनको ख़ुशहाल बनाये। इसके लिए पक्का न्याय और मुस्तैद प्रशासन ज़रूरी है। एक अच्छी पुलिस के बिना अत्याचार बढ़ते हैं और व्यक्ति के अधिकारों का हनन होता है। न्याय एक उदार वर्षा के समान है, जो विद्रोह के धूल को बहा देती है और एक तलवार की तरह भी,

जिसकी चमकदार रौशनी राज्य के चेहरे पर प्रतिबिम्बित होती है और उसे सूरज की चमक देती है।"

"मैं इससे अनभिज्ञ नहीं हूँ कि कुछ अफ़सर, जो मेरे अधीन होंगे, निरंकुश और दमनकारी हैं। मैं पहले उनको प्यार से मना करूँगा। अगर वे मेरे आदेशों का पालन करेंगे तो मैं कड़ाई से पेश नहीं आऊँगा। अगर किसी में बुराई इस क़दर समा चुकी है कि वह उसे छोड़ना नहीं चाहता है, तो मैं उनके प्रति निष्ठुर बनूँगा और ऐसी सज़ा दूँगा कि वह बाक़ी लोगों के लिए एक सबक होगा। बुरे लोग एवं अव्यवस्था फैलाने वाले, एक अच्छी पुलिस की रौशनी देखेंगे तो वह अपने खोहों में छुप जायेंगे। इसके विपरीत जब वह प्रशासन में थोड़ी–सी भी ढिलाई देखते हैं, तो हर जगह वे अव्यवस्था फैलाते हैं। इससे सरकार का ढाँचा चरमरा जाता है। ज्ञानियों ने कहा है, राज्य एक पौधा है जिसकी जड़ों को कुशल प्रशासन के जल से सिंचित करना चाहिए, ताकि वह सुरक्षा और विश्वास का फल प्रदान करे..."

इस वर्ष मैं आपसे *प्रेम–सागर* (काव्यात्मक गद्य और पद्य में) की भी चर्चा करूँगा। यह कहानी कृष्ण की दन्तकथा से निकली और *भागवत* की दसवीं किताब पर आधारित है। जैसा कि आप जानते हैं, इस पुराण का प्रकाशन और अनुवाद एक विशिष्ट भारतविद ने अपने ज़िम्मे लिया था। वह इस दसवीं किताब तक पहुँचे ही थे कि उनकी मौत हो गयी। लेकिन उसी (*भागवत* की : अनु.) दसवीं किताब की, हिन्दुई पद्यों में लिखी एक नक़ल, जिसकी रचना *प्रेम–सागर* से पुरानी है, फ्रेंच में प्रकाशित हुई है। इस रचना को श्रीमान पावी (Th. Pavie) ने *'कृष्णा ए सा दोक्त्रीन'* ('Krishna et sa doctrine': कृष्ण और उनका मत) शीर्षक से प्रकाशित किया है। इसे युजेन बर्नोफ़ (Eugène Burnouf) की रचना की कड़ी या उसका पूरक माना जा सकता है। मेरे लिए गर्व की बात है कि श्री पावी (Th. Pavie) मेरे भूतपूर्व श्रोताओं में से थे।

प्रेम–सागर एक बहुत ही प्रीतिकर नॉवेल है, जो ईश्वर की पवित्र कथा में डूबा हुआ है। यह इवैंजेलिकल (अनु.: ईसाई धर्म सम्बन्धी) कथाओं की कुछ–कुछ याद दिलाता है। लेकिन यहाँ (इवैंजेलिकल कथाओं में) सत्य है और वहाँ (*प्रेम–सागर* में) त्रुटि। इनमें समानताओं के साथ–साथ विषमताएँ भी हैं। कृष्ण की कथा में (जो कि प्राच्य कल्पना के चमत्कारों से सज्जित और मूर्ति पूजा से प्रभावित है) 'ईश्वर' (अनु.: यहाँ 'ईश्वर' शब्द के ईसाई धर्म की परिकल्पना से आशय है) की कथा जैसी कई आश्चर्यजनक समानताएँ मिलती हैं। इसी बात को साबित करने का प्रयास मैंने अपनी एक रचना में किया है। मेरा मानना है कि पूर्णतः क्रिश्चियन भावना से की गयी ये तुलनाएँ हमारे ज्ञानार्जन का विषय बनेंगी। मुझे यह दिखाना आकर्षक लगा कि कृष्ण का जीवन, हमारे प्रभु के जीवन की एक सुदूरवर्ती गूँज है। कृष्ण का मत ईसाइयत के बुनियादी मत का एक प्रतिबिम्ब है। हम इस निष्कर्ष पर पहुँच सकते हैं कि ईसाई धर्म, चर्च की परम्परा के अनुरूप, बहुत प्राचीन समय से भारत में प्रविष्ट हो चुका था। दरअसल, सन्त फ़्रांसवा ज़ेवियर (पेरिस विश्वद्यालय का वह प्रसिद्ध छात्र, जिन्हें उचित ही *भारत का प्रचारक* की उपाधि दी गयी) ने कोचीन और ट्रावन्कोर में मछुआरों के तटों पर धर्म–प्रचार करते हुए मूल ईसाइयों को पाया था। सन्त फ़्रांसवा ज़ेवियर को उस समय के वृत्तान्त *प्रवास* के हवाले से हम जानते हैं। उन्हें मेलिअपुर (Méliapour) में सन्त थॉमस की समाधि भी दिखाई गयी थी। मैं यह भी जोड़ना चाहता हूँ कि बीजापुर प्रान्त में (जिसका एक मुख्य शहर गोवा है) इस सन्त ने दक्खन की हिन्दुस्तानी डायलेक्ट में प्रवचन दिया था। यह डायलेक्ट बीजापुर और मराठा दोनों में प्रयोग की जाती है।

चौथा व्याख्यान : 29 नवम्बर 1853

न सिर्फ़ बोलचाल की भाषा के बतौर बल्कि लिखित भाषा के तौर पर भी हिन्दुस्तानी भाषा अधिकाधिक इस्तेमाल हो रही है। हिन्दुस्तान योरोपीय महाद्वीप के समान विशाल है। इसकी आबादी 16 करोड़ है। उसका साहित्य लगातार प्रगति कर रहा है और प्रतिदिन विशिष्ट रचनाओं से समृद्ध हो रहा है। 1851 से नये लिथोग्राफ़िक छापाखाने स्थापित हो रहे हैं, जहाँ से आकर्षक रचनाएँ निकल रही हैं। नये अख़बार स्थापित किये गये हैं, और जो पहले से अस्तित्व में थे वे भी कार्यरत हैं।

सन् 1852 की शुरुआत में, उत्तर–पश्चिम के प्रान्तों से सम्बन्धित हिन्दुस्तानी प्रेस के बारे में मैं आपको कुछ निश्चित जानकारियाँ दे सकता हूँ। ये जानकारियाँ मुझे मेहरबान दोस्तों और भारत के एक अंग्रेज़ी अख़बार (The Friend of India) से प्राप्त हुई हैं। मुझे अफ़सोस है कि राजपूताना, दक्कन और अवध के राज्य, और यहाँ तक कि तीनों अंग्रेज़ प्रेसीडेंसियों की राजधानियों के बारे में भी मैं कुछ नया नहीं बता पाऊँगा। फिर भी, जो आंशिक जानकारियाँ मैं आपको देने जा रहा हूँ, वे आपके लिए उपयोगी होंगी। इनके आधार पर हिन्दुस्तानी भाषा में भारत के वर्तमान साहित्यिक हलचलों को मूल्यांकित करने में आपको मदद मिलेगी। साथ ही इस भाषा की महत्ता में जो वृद्धि हुई है आप उसका अन्दाज़ा लगा पायेंगे।

1852 की शुरुआत में उत्तर–पश्चिम के प्रान्तों के 15 शहरों में भारतीय रचनाओं के प्रकाशन में लगे 34 लिथोग्राफ़िक छापाखानों

और 31 हिन्दुस्तानी अख़बारों की गिनती की गयी थी। छापखाने इस प्रकार फैले हैं : आगरा में सात, दिल्ली में छह, मेरठ में दो, लाहौर में दो, बनारस में सात, तथा सिरधना, बरेली, कानपुर, मिर्जापुर, शिमला, इन्दौर, लुधियाना, भरतपुर, अमृतसर और मुल्तान में एक–एक।

इन छापाखानों में छपने वाले हिन्दुस्तानी अख़बार हैं : आगरा का 'मतबा उल अख़बार' (Matba ulakhbâr), जो कि इस शहर में सबसे प्रचलित है; 'अख़बार उल्हसाइक' (Akhbâr ulhacâïc), जो सप्ताह में दो बार प्रकाशित होता है; और 'असद उलअख़बार' (Açad ulakhbâr), जो केवल एक बार छपता है। इसी शहर का एक और अख़बार है 'कुतब उलअख़बार' (Cutb ulakhbâr), जो मुख्यतः मुस्लिम धार्मिक मुद्दों की चर्चा करता है। यह इस्लामिक परिपाटी, पैगम्बरों, शहीदों और मुस्लिम सन्तों की जीवनियाँ पुनःप्रकाशित करता है तथा पुराने लेखकों के उद्धरण भी छापता है। 'मार उसशुअरा' (Maar usschu'arâ), एक साहित्यिक पत्रिका है, या यह कहना चाहिए कि यह पुराने और समकालीन काव्यात्मक रचनाओं का एक सामयिक संकलन है; अन्त में 'अख़बार उन्नवाह' (Akhbâr unnawâh), जो कि मूलतः एक वैज्ञानिक पत्रिका थी और वर्तमान में समाचारों की एक सामान्य पत्रिका बन गयी है।

मैं आगरा गवर्नमेंट गजेट (Agra Government Gazette) का भी ज़िक्र करूँगा, जो सरकार की आधिकारिक पत्रिका है। यह अंग्रेज़ी और हिन्दुस्तानी दोनों में प्रकाशित होती है।

'सिराज उलअख़बार' (Sirâj ulakhbâr) दिल्ली शहर का सबसे पुराना अख़बार है; 'देहली उर्दू अख़बार' (Dehli urdû akhbâr) उर्दू भाषा में छपता है; 'मजहर उल्हक' (Mazhar ulhacc) मुहम्मद अली द्वारा लिखित पत्रिका है। इसी शीर्षक से एक रचना मुहम्मद अली की है जिसका उद्देश्य मुस्लिम मत के विभिन्न रिवाजों की व्याख्या करना है।

'क़िरान उस्सदेन' (Quirân ussa'dain) वैज्ञानिक, साहित्यिक और राजनीतिक सचित्र पत्रिका है। जो कुछ अंक मुझे भेजे गये हैं, उनके आधार पर यह कह सकते हैं कि यह पत्रिका एक क़िस्म की सचित्र मैगज़ीन है। इसका उद्देश्य भारतीयों के बीच योरोपीय ज्ञान का प्रसार

करना और उन्हें अपने इतिहास से मुखातिब करना है। यह दैनिक ख़बरों का गज़ट भी है जो हर सप्ताह के सोमवार को बारह छोटे पन्नों के साथ इन–फोलियो (in-folio) फॉर्मेट में छपती है।

'फवाईद उन्नाज़िरीन' (Fawâïd unnâzirîn) नामक मासिक पत्रिका समकालीन समाचारों के अलावा अंग्रेज़ी स्रोतों से उधार लिए लेख छापती है। आख़िर में, 'दाक़ीस उलअख़बार' (Daquîc ulakhbâr) मुख्यतः हिन्दुओं को ध्यान में रखकर छपता है।

मेरठ में दो हिन्दुस्तानी अख़बार हैं : 'मिफताह उलअख़बार' (Miftâh ulakhbâr), जिसके सम्पादक महबूब अली हैं (जो *हिन्दुस्तानी शब्दकोशों का शब्दकोश* के एक संक्षेपण के लिए जाने जाते हैं; यह रचना 1847 में लखनऊ में छपी थी); और 'जाम–ए–जहाँनुमा' (Jâm-i jahân-numâ) (यह शीर्षक जमशेद के जादुई जाम की तरफ़ इशारा करता है, जिसकी गहराई में यह युवराज संसार में जो कुछ चल रहा है वह सब देखने का दावा करता था)। इस अख़बार में सरकारी गज़ट से उद्धरण, उत्तर–पश्चिमी प्रान्तों के मुख्य न्यायालय के फ़ैसले और दिन–प्रतिदिन की ख़बरें मिलती हैं। इसके सम्पादक ने, एक परिशिष्ट में, फ़ैज़ी द्वारा *महाभारत* का फ़ारसी अनुवाद छापा है, यह एक तरह से नियमित ग्राहकों के लिए बोनस है।

बनारस में छह हिन्दुस्तानी अख़बार हैं। एक ही सम्पादक इनमें से दो प्रकाशित करता है : एक हिन्दी में (देवनागरी लिपि में) और दूसरा उर्दू में (फ़ारसी लिपि में)। पहले का शीर्षक है 'बनारस अख़बार' (Benares akhbâr), और ऐसा कहा जाता है कि इसे नेपाल के राजा (जिनकी पत्नी बनारस में रही थी) द्वारा अनुदान प्राप्त होता है। दूसरे ने थोड़ा योरोपीय शीर्षक ('बनारस गज़ट') लिया है। हालाँकि, दोनों ही अख़बारों में सम्पादक (जो कि एक पुरजोश हिन्दू है) उत्साह के साथ ईसाई मिशनरियों के ख़िलाफ़ हिन्दू धर्म की रक्षा करता है।

बनारस का तीसरा हिन्दुस्तानी अख़बार है, 'सुधाकर अख़बार' (Sudhâkar akhbâr)। अंग्रेज़ों के प्रति अनुकूल यह अख़बार, पहले हिन्दी और उर्दू दोनों में छपता था; लेकिन अब सिर्फ़ **हिन्दी** में छपता है।

इसकी भाषा काफ़ी क्लिष्ट है और इसमें संस्कृत शब्दों की भरमार है। इस वजह से इसका प्रसार केवल विद्वान हिन्दुओं तक ही सीमित है।

चौथे का शीर्षक है 'बाग़–ओ–बहार' (Bâg o Bahâr), जो कि इसी शीर्षक की एक रचना की ओर इंगित करता है। यह बनारस के राजा के तत्वावधान में प्रकाशित हुई है। वह आधुनिक साहित्य के संरक्षकों में से हैं और ऐसी कई रचनाओं का प्रकाशन इन्होंने अपने ख़र्च पर किया है। वह हिन्दुस्तानी और फ़ारसी काव्य के लेखक भी हैं।

पाँचवाँ 'साईरीन–ए हिन्द' (Sâirîn-i Hind) है। यह पत्रिका हर पन्द्रह दिन पर निकलती है। यह इन–फोलियो (in-folio) फॉर्मेट के आठ छोटे पन्नों पर दो कॉलम में प्रकाशित होती है और इसमें भिन्न प्रकार के मुख्य आलेख और दैनिक ख़बरें सविस्तार छपती हैं।

छठी पत्रिका 'बनारस हरकारा' (Benares-Harkâra) है। यह साप्ताहिक पत्रिका 1851 से छप रही है।

बरेली का अख़बार 'उम्दात उलअख़बार' (Umdat ulakhbâr) है। इसके सम्पादक लक्ष्मण प्रसाद समकालीन भारतीय साहित्य में एक नैतिक और वैज्ञानिक लघु विश्वकोश की वजह से जाने जाते हैं। इस रचना का शीर्षक प्राच्य भाषा में "बौद्धिक रत्न" है।

मिर्जापुर से 'खैर खा–ए–हिन्द' (Khaïr khâ-é Hind) छपती है। यह अमरीकी प्रोटेस्टेंट मिशनरियों द्वारा मुख्यतः धर्म–परिवर्तन के मक़सद से प्रकाशित की जाती है।

'शिमला अख़बार' (Simlâ akhbâr) शिमला में छपती है। यह उत्कृष्ट पत्रिका आजकल शेख अब्दुल्ला द्वारा तैयार की जाती है, जो हिन्दुस्तानी के साथ–साथ अंग्रेज़ी भी जानते हैं।

मालवा की राजधानी इन्दौर से 'मालवा अख़बार' (Malwâ akhbâr) छपता है; यह पत्रिका सप्ताह में एक दफे निकलती है। इसका प्रकाशन आठ पन्नों और दो कॉलम में (एक हिन्दी और दूसरी उर्दू कॉलम में) किया जाता है। यह धर्म नारायण के द्वारा तैयार की जाती है, जिसकी उम्र मात्र 26–27 साल है। यह व्यक्ति असाधारण काव्य का रचयिता है

और साथ ही साथ मिल (Mill) की "राजनितिक अर्थशास्त्र" और एक "इंगलिस्तान का इतिहास" का अनुवादक भी है।

आगरा प्रान्त के भरतपुर से 'मज़हर उस्सुरूर' (Mazhar ussurûr) छपता है। भरतपुर के राजा के संरक्षण में प्रकाशित यह पत्रिका (मालवा वाली पत्रिका की तरह) दो कॉलम में–एक हिन्दी और दूसरी उर्दू में–छपती है।

अन्त में पंजाब की पत्रिकाएँ हैं। ऐसा प्रतीत होता है कि पंजाब की पत्रिकाएँ, तालीम के प्रसार के प्रति अन्य पत्रिकाओं से अधिक झुकाव रखती हैं, ऐसा हम इनके शीर्षकों के आधार पर कह सकते हैं। इन सभी के नाम में 'नूर' (रौशनी) शब्द मौजूद है। लाहौर से 'दरिया–ए–नूर' (Daryâ-é nûr) हफ्ते में दो बार प्रकाशित होने वाली एक पत्रिका है। 'कोहिनूर' (Koh-i nûr) (जिसका शीर्षक उस मशहूर हीरे की ओर इंगित करता है जो फ़िलहाल इंग्लैंड की महारानी के पास है) एक अन्य पत्रिका है।

'नूर अला नूर' (Nûr-ala nûr) लुधियाना में छपती है। 1851 में मुहम्मद हुसैन द्वारा स्थापित यह साप्ताहिक पत्रिका भारतीय जनता में "प्रकृति की रचनाओं का पद्यात्मक वर्णन" के तौर पर प्रचलित है। 'बाग़–ए–नूर" (Bâg-i nûr) अमृतसर का और मुल्तान का अख़बार 'रियाज़–इ नूर' (Riyâz-i nûr) है।

अब सन् 1851 में उत्तर–पश्चिम के प्रान्तों में प्रकाशित हिन्दुस्तानी रचनाओं की चर्चा करते हैं। इस सम्बन्ध में, जो जानकारियाँ मैंने आपको पिछले वर्ष दी थीं, उनमें अब कुछ इजाफ़ा कर सकता हूँ।

सरधना एक कैथोलिक नखलिस्तान की तरह है। यहाँ रोमन मिशनरियों द्वारा स्थापित एक टाइपोग्राफ़ी (typography : छपाई घर) है। यहाँ से हाल–फ़िलहाल प्रकाशित पुस्तकें इस प्रकार हैं–एक धर्म–पत्र (catechism) जो आगरा में छपे पत्र से अधिक विस्तृत है; प्रार्थना की कुछ पुस्तकें; फलरी (Fleury) के ऐतिहासिक धर्म–पत्र का एक उर्दू अनुवाद; सन्तों की एक जीवनी; तथा कई अन्य धार्मिक पुस्तकें, जो कि फ़ारसी और देवनागरी दोनों लिपियों में समान संख्या में उपलब्ध हैं।

प्रोटेस्टेंट धार्मिक प्रकाशनों की संख्या विपुल मात्र में है। स्थानीय आबादी के बीच धीरे–धीरे क्रिश्चियन विचार घुसपैठकर रहे हैं। जबकि अंग्रेज़ी से अनूदित हर प्रकार की आरम्भिक स्तर की रचनाएँ भी हमारी जानकारी में इजाफ़ा करती हैं। पिछले वर्ष आपको रामचन्द की क्रिश्चियन धर्म में परिवर्तन की जानकारी दी थी। इस वर्ष मामला एक भारतीय राजकुमार का है। वह एकमात्र भारतीय राजकुमार, जिसने हमारे समय में ईसाई धर्म अपनाया है, लाहौर के शाही परिवार का सिख राजकुमार महाराजा दलीप सिंह है। जिसने पिछले 8 मार्च को फतेहगढ़ में (जहाँ वह फ़िलहाल रहते हैं), विधिपूर्वक बप्तिस्मा कराया।

अब हम भारतीयों के प्रेस की चर्चा करते हैं। योरोप की दिलचस्पी के लिए यह इलाक़ा सबसे उपयुक्त है। हमने सन् 1851 के दौरान भारत के 30 छापाखानों (typographies) में प्रकाशित हुई रचनाओं का ज़िक्र किया है। यह संख्या बढ़ कर अब 126 तक पहुँच गयी है। इनमें 84 हिन्दुस्तानी भाषा के हैं। अफ़सोस कि इनमें से अनेक रचनाओं को हम बिना किसी विवरण के केवल उनके मूल शीर्षकों से ही जानते हैं। पूरब की पुस्तकों के शीर्षकों का अक्सर उन रचनाओं के विषय से सम्बन्ध नहीं होता है। इसलिए इनके बारे में कोई विचार बनाना सम्भव नहीं है, साथ ही साथ उन रचनाओं की चर्चा करने से भी वंचित महसूस कर रहा हूँ, जो शायद काफ़ी महत्त्व की हो सकती थीं।

'रामायण पर एक टीका' का प्रकाशन बनारस के राजा के आदेश पर जनवरी 1852 में लगभग पूरा हो चुका था।

भरतपुर के राजा के आदेश पर प्रकाशित रचना 'सुजान चरित्र' (Sujân charitr) भरतपुर के राजा के पूर्वज सूरजमल के साथ सलाबत खान और अन्य अफ़ग़ान सरदारों के जंगों की कहानी (पद्य में) है।

एक अन्य रचना 'नजात उल्मुमिनीन' अपने अरबी शीर्षक के बावजूद पंजाब के हिन्दी डायलेक्ट में लिखी गयी है। इस डायलेक्ट को हम उसके ख़ास नाम 'पंजाबी' से जानते हैं। यह मुस्लिम धर्म पर एक निबन्ध है, जो लुधियाना में छपा था।

तास्शुक (जो पिछले कुछ समय में छपी कई रचनाओं के लेखक हैं) ने हिन्दी पद्यों में एक 'हातिम ताई' बनारस में छापी थी। साथ ही, इसने एक 'हिन्दी शब्दकोश' दिल्ली से प्रकाशित किया था।

अगर मैं अधिकारिक प्रकाशनों, तिथि पत्रों (almanacs), छोटी धार्मिक पुस्तकों और मुख्यतः 'पुनःप्रकाशनों' की चर्चा करूँ तो इस सूची को आसानी से विस्तार दिया जा सकता है। वैसे, यह उर्दू प्रकाशनों पर भी लागू होता है, जो बाक़ियों की तुलना में काफ़ी अधिक संख्या में हैं। हिन्दू लेखक भी उर्दू में लिखना पसन्द करते हैं, वह उर्दू जिसे भारत के मुस्लिम लेखकों ने सराहनीय उत्कृष्टता प्रदान की है।

जहाँ तक उर्दू प्रकाशनों की बात है, इस वर्ष मैं आपको कई ऐसी रचनाओं के बारे में जानकारी दे सकता हूँ जो मेरी राय में काफ़ी मूल्यवान हैं।

कानपुर में (जहाँ साहित्यिक कृतियों में सर्वाधिक उर्वर हिन्दुस्तानी छापाखानों में से एक मौजूद है) 1851 में 'क़िस्सा–इ मंसूर' (Quissâ-i Mansur) नाम की कविता प्रकाशित हुई। मंसूर और कोई नही, बल्कि 'हल्लाज' (कपास का धुनिया) के नाम से अधिक चर्चित विचारक हैं : इस प्रसिद्ध व्यक्ति को (जो सूफी था) ख़ुद को 'उल्हक' यानी "सच्चाई" का नाम देने का कुफ्र करने के लिए सन् 922 में मार दिया गया था। 'उल्हक' नाम से ख़ुदा को बुलाया जाता है। हालाँकि, सूफ़ी उन्हें एक शहीद सन्त के तौर पर मानते हैं और उनकी सभी रचनाओं में गुणगान के साथ उनका ज़िक्र आता है। दूसरी तरफ़ यह दावा किया जाता है कि वह ईसाई थे और श्रीमान द हेर्बेलो (d'Herbelot) अपनी "प्राच्य पुस्तकालय" ('Bibliothèque Orientale') में उनके कुछ पद्यों का उद्धरण देते हैं जो इस दावे को पुख्ता करते प्रतीत होते हैं। इनमें से यह आख़िरी पद्य उन्होंने यातना के समय चलते हुए कहा था :

> "हमेशा उनकी प्रशंसा हो, जिन्होंने हरेक चीज़ में व्याप्त अपनी दिव्यता को छिपाकर, अपनी मानवता हमें दिखाये। यहाँ तक कि वे हमारे बीच में आम इन्सानों की तरह खाते–पीते हुए प्रकट होना तक स्वीकार किया।"

> "वह जो मुझे अपनी दावत में बुला रहा है, वह मेरा कोई नुक़सान नहीं कर रहा; क्योंकि वह मुझे वही प्याला पीने को दे रहा है जो उसने ख़ुद पिया है। दरअसल, जैसे कोई मेज़बान अपने मेहमान से सलूक करता है, वह वैसे ही मुझसे पेश आ रहा है।"

अन्य रचनाएँ जो इस छापाखाने से इसी वर्ष के दौरान प्रकाशित हुई हैं, उनमें से विशेष हैं : 'मजमुआ मसनवी' (Majmuâ masnawî) (काव्यात्मक संकलन), इसमें उर्दू पद्य में कहानियाँ हैं; 'हिकायात नसीहात–अमेज़' (Hikâtyat nacîhat-amez) या "नीतिकथाएँ"; 'नाज़ ओ नियाज़' (Nâz o niyâz) (ख़ुदा और मोहम्मद की तारीफ़ में प्रार्थनाएँ); एक अन्य रचना, इसी दौरान आगरा में 'नज़्म–इ नादिर' (Nazm-i Nâdir) शीर्षक से छप रही थी; साथ ही, मुस्तफ़ा ख़ान (जो छापाखाने के विद्वान निर्देशक हैं) द्वारा इकट्ठा किया गया शायरी का संकलन 'गुलिस्तान–इ मसर्रत' (Gulistân-i maçarrat) भी प्रकाशन में था।

अन्य छापाखानों से प्रकाशित उर्दू रचनाएँ, जिनकी ओर मैं आपका ध्यान ले जाना चाहूँगा, वे हैं : हरीरी की प्रसिद्ध अरबी रचना 'मसामात' (Maçâmât) का एक अनुवाद; 'धर्म सिंह का क़िस्सा' (Dharm Singh kâ quissa), जो एक रोचक नॉवेल है; बू अली कलन्दर की फ़ारसी कविताओं पर एक टीका; 'बहारिस्तान–इ सुखन' (Bahâristân-i sukhan), जो कि नसीख, अताश और अबाद की कविताओं का संकलन है; और 'मीज़ान उत्तिब्ब' (Mizân uttibb) जो कि एक फ़ारसी किताब का अनुवाद है, जिसे अधिकाधिक पाठकों की पहुँच में लाने की कोशिश है।

इस साल की शुरुआत में लाहौर की एक पत्रिका ने मेजर एड्वार्देस की 'अ ईयर इन द पंजाब' ("A Year in the Punjab") नामक रचना के उर्दू अनुवाद की घोषणा की थी। इसके रचयिता कश्मीर के भूतपूर्व गवर्नर इमाम उद्दीन हैं, जिन्होंने काबुल की घेराबन्दी और पंजाब में अन्य पिछली सैन्य कार्यवाहियों में विशिष्ट योगदान दिया था।

मैं नाना प्रकार के भौगोलिक मानचित्रों की चर्चा नहीं कर रहा हूँ, जो इस दौरान प्रकाशित हुए हैं। हर्क्लौट (Herklotts) और तासैं

(Tassin) के मानचित्रों के समय से उत्तर–पश्चिम प्रान्तों के छापाखानों में, न सिर्फ़ विश्व–मानचित्र और भारत के नक़्शे प्रकाशित हुए हैं, बल्कि ज़िलों के भी ख़ास मानचित्र छपे हैं।

अपनी कक्षाओं में मैंने विद्वान श्रीमान शेक्सपियर (M. Shakespeare) के 'हिन्दुस्तानी सलेक्शन' ('Hindustani Selections') की व्याख्या की है। यह संकलन ईस्ट इंडिया कम्पनी के कॉलेजों की क्लासिक किताब हुआ करती थी। 'तोता कहानी' और 'बाग़–ओ–बहार' की चर्चा आपसे करूँगा जो कि अब ईस्ट इंडिया कम्पनी के कॉलेजों में शामिल कर ली गयी हैं। यह चर्चा मैं सिर्फ़ उन अंग्रेज़ों के लाभ के लिए नहीं कर रहा हूँ जो मेरी कक्षा में आते हैं, और जिन्हें इन रचनाओं पर आधारित परीक्षाओं में बैठना होता है। इनकी चर्चा इसलिए कर रहा हूँ क्योंकि वे सुन्दर उर्दू शैली का एक ख़ूबसूरत मॉडल पेश करती हैं, यानी उस सुन्दर भारतीय भाषा का जिसमें फ़ारसी और उसकी सहायक अरबी सिर्फ़ आंशिक रूप से शामिल होती हैं; जहाँ अलंकारों का सीमित प्रयोग, प्रतिवाद, शब्दों का खेल (यानी पूरब के लोगों की सभी परिशोधित चीज़ें) जैसी चीज़ें बहुतायत होती हैं।

'एक तोते की कहानियाँ' से आप अनुवादों के ज़रिये परिचित हैं। इसलिए मैं इनकी विवेचना करने की चेष्टा नहीं करूँगा। दूसरी रचना एक प्रसिद्ध कहानी है, इसके हिन्दुस्तानी में कई संस्करण हैं। इनमें से एक का शीर्षक है 'बाग़–ओ–बहार' और इसका इतना रुतबा है कि वह हिन्दुस्तान में प्रसिद्ध हो गयी है। वहाँ इसके कई संस्करण तो छपे ही हैं, यहाँ तक कि अर्मीनियाई भाषा में भी इसका एक अनुवाद हुआ है। मुहावरों और हिन्दी–उर्दू पद्यों के उद्धरणों से लैश होना इसकी विशिष्टता है। लेखक ख़ुद ही, उपसंहार में, इस अनूठे शीर्षक 'बाग़–ओ–बहार' का भाव समझाता है। वह कहता है कि "जिन अक्षरों से यह शीर्षक बना है वह रचना की तिथि का क्रोनोग्राम (chronogramme) देते हैं, और इसे पढ़ना वसन्तकालीन बाग़ में टहलने के जैसा है।"

यह नॉवेल दरअसल पूरब के चलन के अनुरूप अपने अन्दर अन्य कहानियाँ भी समेटे है। *ओरलांडो फुरीओसो* (Orlando furioso) की तरह इसका अन्त व्यापक है, जहाँ नॉवेल के सभी पात्र प्रकट होते हैं। सम्पूर्ण रचना एक जटिल रोमांच प्रस्तुत करती है, जिसमें एक अलौकिक परिकथा बुनी गयी है। अलौकिक परीकथाएँ पूरब में (अपनी एकरसता के बावजूद) बहुत पसन्द की जाती हैं। लेकिन यही कहानी की रुचि को कम भी कर देती हैं। सौभाग्यवश यह मुस्लिम अलौकिक घटनाओं के साथ मिश्रित होता है, जो अधिक स्वीकार्य और सन्तोषप्रद है।

'बाग़–ओ–बहार' की एक झलक देने हेतु और इसकी एक सामान्य समझ बनाने में आपकी मदद करने के लिए मैं आपको एक छोटा विश्लेषण दे रहा हूँ।

यह नॉवेल अपने क़िस्म की अन्य रचनाओं की तरह शुरू होता है। यह कुस्तुंतुनिया (आधुनिक इस्तांबुल : अनु.) के बादशाह आज़ादबख़्त के बारे में है, जिसके कोई सन्तान नहीं थी। 40 वर्ष की उम्र तक पहुँचकर, एक दिन जब वह शीशे के भवन में अपने मनके पर ख़ुदा के गुणों का वाचन कर रहा था, तब उसने पहली बार अपनी मूँछों में एक सफ़ेद बाल देखा। उसने इसे मौत के संदेशवाहक के तौर पर देखा, और उसकी आँखें यह सोचकर आँसुओं से भर गयीं कि उसका कोई उत्तराधिकारी नहीं है। संसार से खिन्न होकर उसने गद्दी त्याग दरवेश बनने का संकल्प लिया। उसके मन्त्री ने उसे प्रभु की दया के प्रति निराश न होने की सलाह दी। "वह जिसने "कुन" (हो जाओ) शब्द का उच्चारण करके जानवरों की दस हज़ार प्रजातियाँ बनायीं, वह आसानी से आपको सन्तान दे सकता है। यह ज़रूरी नहीं कि ख़ुदा की इबादत करने के लिए आप जंगलों में भटकें। अपने महल में भी आप इबादत कर सकते हैं। आप स्वयं को दरवेशों की प्रार्थनाओं को समर्पित कर दें, प्रतिदिन दुखियारों में आप रसद बाँटें, और शायद ख़ुदा आपको वह दे देगा जो आप इतनी शिद्दत से चाहते हैं।"

बादशाह ने यह समझदार सलाह मान ली। एक रात, अधिक शान्ति के साथ सांसारिक चीज़ों की नश्वरता पर मनन करने के लिए, मोटे कपड़े पहने हुए वह नितान्त अकेला एक क़ब्रिस्तान में गया। वहाँ उसने एक कोने में, एक चिराग के चारों ओर बैठे चार दरवेशों को देखा। बिना उन्हें नज़र आये, वह उनकी तरफ़ बढ़ा और वे क्या बातें करते हैं यह सुनने के लिए छुपा रहा। वह सभी इत्तेफ़ाक़ से वहाँ मिल गये थे, और वे इससे अनभिज्ञ थे कि दूसरा कहाँ–कहाँ से और क्या–क्या देख कर आ रहा है। उनमें से एक ने यह मश्वरा दिया कि अपने अनुभवों का वर्णन करके एक–दूसरे की जिज्ञासा शान्त की जाये; उसका यह मश्वरा मान लिया गया।

इनमें से पहला दरवेश अरब के एक समृद्ध सौदागर का पुत्र था। उसके पिता की मृत्यु के 40 दिन बाद, उसके सर पर पैतृक पगड़ी लपेटकर, उसे उत्तराधिकारी बना दिया गया। अपार सम्पत्ति का वारिस बना, वह ऐशो–आराम में अपनी दौलत लुटाने लगा; जल्द ही उसे अपनी एक बहन का सहारा लेना पड़ा और यह तय हुआ कि वह समुद्र के ज़रिये कुछ असबाब दमास (Damas) तक भेजेगा। वहाँ वह ख़ुद थल मार्ग से पहुँचा। वह रात्रि में शहर के दरवाज़े पर पहुँचता है, जिसे वह बन्द पाता है; मगर जल्द ही, चाँद की रौशनी में वह दीवार से नीचे सरकते एक ताबूत को देखता है। वह नज़दीक पहुँचता है और कोई कराह सुनता है : जब वह ताबूत खोलता है तो वहाँ एक सुन्दर जवान महिला, जिसकी हत्या करने की कोशिश की गयी थी, पाता। सूर्योदय होने पर वह ताबूत को अपने घोड़े पर लादता है और शहर में प्रवेश करता है। वहाँ एक घर किराये पर लेता है और सबसे कुशल समझे जाने वाले शल्य–चिकित्सक को बुलाता है। वह उस मृत मान ली गयी सुन्दर महिला की तीमारदारी करता है और कुछ दिनों में ही वह ख़तरे से बाहर आ जाती है तथा स्वास्थ्य लाभ करती है। जैसा कि हम आसानी से समझ सकते हैं, वह सौदागर उस महिला पर काफ़ी मुग्ध है। लेकिन वह महिला, सौदागर की सेवाओं के लिए एहसानमन्द होते हुए भी, उससे दम्भपूर्ण तरीक़े से पेश आती है और

उससे रोब से बात करती है। एक दिन वह उसे युसूफ़ नामक सौदागर के पास कुछ असबाब ख़रीदने भेजती है। युसूफ़ की इस युवा अरबी से काफ़ी प्रगाढ़ता हो जाती है; और वह अरबी युसूफ़ के निमन्त्रण पर उसके साथ कुछ दिन बिताने का निर्णय करता है। वह विशिष्ट महिला (अरबी जिसका प्रतिपालक बन बैठा था) इसके लिए रज़ामन्दी देती है और वह यह भी चाहती है कि अरबी सौदागर, युसूफ़ और एक अश्वेत गुलाम महिला (जिसे युसूफ़ बहुत पसन्द करता है) को भी निमन्त्रित करे। यह दूसरा निमन्त्रण पहले निमन्त्रण की तरह ही स्वीकार कर लिया जाता है। वह महिला मेहमानों को एक लाजवाब दावत परोसती है, जहाँ सबसे उत्कृष्ट शराब यूँ पिलाई जाती है कि सभी मदहोश हो जाते हैं और उनका खुद पर वश नहीं रहता। अरबी सवेरे जागता है और अपने मेहमानों को वहाँ नहीं पाता; वह उन्हें ढूँढ़ता है। तभी युसूफ़ और उसकी अश्वेत दासी दोनों को मरा हुआ पाता है। वह महिला ग़ायब हो चुकी होती है; फिर, वह उसे ढूँढ़ लेता है और कई उतार–चढ़ाव के उपरान्त उसका पति बन जाता है। तब जाकर उसे पता चलता है कि वह सुन्दर महिला दमास के राजा की पुत्री थी और युसूफ़ उसका प्रेमी था। एक दिन उसने युसूफ़ के घर पर एक अश्वेत दासी देखी, जिससे उसका काफ़ी लगाव दिखा और जब उस महिला ने उसे उलाहना दिया तो युसूफ़ ने उस पर तलवार का वार किया। उसके ख़याल से वह वार घातक था और फिर उसने उसे उस ताबूत में डाल दिया (जिसका ज़िक्र ऊपर किया गया था)। शेष हम समझ सकते हैं।

बहरहाल राजकुमारी दमास छोड़ने का निर्णय करती है, अरबी उसकी इच्छा मान लेता है। वह मार्ग पर चल पड़ते हैं और एक नदी के किनारे जा पहुँचते हैं। अरबी, राजकुमारी को एक बरगद के पेड़ के नीचे आराम करने के लिए छोड़ देता है और ख़ुद किसी नाव या घाट की तलाश में निकल पड़ता है। लेकिन जब वह वापस आता है तो राजकुमारी ग़ायब हो चुकी होती है और उसे ढूँढ़ना असम्भव होता है। हताशा में वह ख़ुद को समाप्त करने चल पड़ता है;

तभी एक घुड़सवार के रूप में अली उसे रोकता है और कुस्तुंतुनिया में तीन दरवेशों के साथ अपनी मुलाक़ात के बारे में बताता है। यह तीन दरवेश उसके जितना ही हताश हैं। वह उस मुल्क के राजा आजाद बक्श (जो कि ख़ुद भी निराशा की चपेट में था) के साथ अपनी मुलाक़ात का भी ज़िक्र करता है।

दूसरा दरवेश फारस का राजा था। हातिम की अद्‌भुत उदारता के क़िस्सों से प्रभावित, वह उसका अनुकरण करना चाहता है और इस्पहान (Ispahan) शहर के बाहर चालीस दरवाज़ों की एक इमारत बनवाता है, जहाँ हर रोज़, जो भी उस दरवाज़े पर आये, उसे वह एक सिक्का देता है। बहरहाल उसे पता लगता है कि बसोराह की रानी उससे भी अधिक उदार है (जिसकी वजह, वास्तव में, वह अद्‌भुत सम्पत्ति है जो अलौकिक माध्यमों से उसने अर्जित की है)। फारस का राजा उस राजकुमारी से जान–पहचान करना चाहता है और वह एक फ़कीर के वेश में बसोराह के लिए निकल पड़ता है। उस शहर में पहुँच कर उसका, काफ़ी सम्मान के साथ स्वागत किया जाता है : इस सत्कार और इन अद्‌भुत तोहफ़ों से अभिभूत होकर, वह रानी से मिलना चाहता है और उसे यह मौक़ा मिलता भी है। वह उसे बताता है कि वह राजा है और उसका पति बनना चाहता है। जवाब में वह बोलती है कि वह सिर्फ़ उसी की पत्नी बनेगी जो उस अद्‌भुत घटना की वजह बतायेगा जो उसके एक गुलाम ने निमरोज़ नाम के एक दूरस्थ देश में देखी थी। फारस का राजा उस देश के लिए निकल पड़ता है और साल भर की यात्रा व असंख्य कठिनाइयों के बाद वहाँ पहुँच पाता है। वहाँ उसे, "अलिफ़ लैला" सरीखे अनेक अद्‌भुत रोमांचों का सामना करना पड़ता है। अन्ततः वह निमरोज़ के राजकुमार से मिलता है। एक परी के लिए उसके प्रेम ने उसके सोचने के सामर्थ्य को घुमा दिया था और उसने ही दरअसल वह अजीबोगरीब क्रूरताएँ की थीं जिनका ज़िक्र बसोराह की रानी को किया गया था। उसे ख़ुश करने के लिए वह पाँच वर्षों तक परी की तलाश में, व्यर्थ ही, दुनिया घूमता रहा। हताशा में वह एक पहाड़ से नीचे कूद जाना चाहता है,

ताकि अपनी ज़िन्दगी ख़त्म कर सके, जब वह उसी घुड़सवार के द्वारा रोक लिया जाता है, जो पहले दरवेश के समक्ष प्रकट हुआ था; और जो उसे भी अपने अन्य संभाषी के बारे में और कुस्तुंतुनिया के बादशाह से मुलाक़ात के बारे में बताता है।

इन दो कथाओं के दौरान रात बीत चुकी होती है। जब सूर्योदय होता है तो आज़ाद बख़्त चुपके से शीघ्र अपने महल की ओर लौटता है और उन चार दरवेशों को अविलम्ब ढूँढ़ लाने का आदेश देता है। वे सब उस रहस्यमयी घुड़सवार के वायदे को ध्यान में रखते हुए बादशाह की इच्छा का पालन करते हैं। बादशाह उनका सादर स्वागत करता है और उन्हें बताता है कि अब तक क्या हुआ है? और तीसरे तथा चौथे दरवेश को अपनी कहानियाँ बताने के लिए कहता है। उनको प्रोत्साहन देने के लिए बादशाह स्वयं अपनी कहानी बताता है जो कुछ इस तरह है।

वह कुस्तुंतुनिया की गद्दी पर अपने पिता के बाद बैठ चुका था। एक धनी सौदागर ने उसे एक अद्‌भुत वज़नी मणि तोहफ़े में दिया। उस मणि ने उसे इतना मुग्ध कर दिया कि वह हमेशा उसे अपने हाथों में ही रखता था और गर्व के साथ विदेशी दूतों को दिखाता था। इस बचपने से स्तब्ध वज़ीर उसे बताता है कि निशापुर के एक सौदागर के पास इससे भी बड़ी बारह मणियाँ हैं, जिसका उसने अपने कुत्ते का पट्टा बनवाया है। बादशाह इसे अपना अपमान समझ कर उसे मृत्युदण्ड देना चाहता है। तब तक वह वज़ीर को कारागार में बन्द रखने का निर्णय करता है, जब तक उसकी बात की सत्यता या मिथ्यता का फ़ैसला न हो जाता है। वज़ीर की पुत्री अपने पिता को बचाने का प्रण करती है। वह पुरुषों के कपड़े धारण करती है और सौदागर के भेष में निशापुर के लिए निकल पड़ती है। वहाँ, शहर की गलियों में घूमते हुए, उसे एक जौहरी की दुकान नज़र आती है, जहाँ बड़ी संख्या में क़ीमती पत्थर बिछे थे। यह सोचते हुए कि यह वही जौहरी है जिसका ज़िक्र उसके पिता ने किया था। वह गौर से उस दुकान का मुआयना करती है और जल्द ही उसे एक मखमली

गद्दे पर सोया वह बड़े मणियों के पट्टे वाला कुत्ता नज़र आता है, जिसकी दो नौकर सेवा कर रहे थे। उसके आस–पास दो लोहे के पिंजरे थे, जिनमें से हर एक में एक आदमी मौजूद था और इन पिंजरों के बगल में दो सशस्त्र अश्वेत गुलाम खड़े थे। इस तरह वज़ीर की बात की सत्यता सिद्ध हो चुकी थी। अब जौहरी को उसके कुत्ते के साथ कुस्तुंतुनिया लाना था। यह सम्भव हुआ और आज़ादबख़्त को पता चला कि पिंजरे में बन्द वे दो व्यक्ति निशापुर के सौदागर के भाई हैं। उस कुत्ते ने उसके बदमाश भाइयों से चार बार उसकी जान बचायी थी। जहाँ तक उन अद्‌भुत रत्नों की बात है, वे उन रोमांचक घटनाओं की बदौलत थे जो उसके साथ घटी थीं। ये काफ़ी कुछ नाविक सिन्दबाद की दूसरी और चौथी यात्राओं से मिलते–जुलते थे।

आज़ादबख़्त की कहानी से प्रोत्साहित होकर तीसरे दरवेश ने उसे अपनी कहानी बताई। वह बल्ख के बादशाह का पुत्र था। एक दिन जब वह शिकार का लुत्फ़ उठा रहा था, उसने ज़रीदार वस्त्र और गले में सोने की ज़ंजीर पहने एक काले हिरण को देखा। वह उसे ज़िन्दा पकड़ने की इच्छा से उसके पीछे भागा, मगर वह जानवर हमेशा बच निकलता और रात्रि जब नज़दीक थी तब राजकुमार ने एक **तीर छोड़ा** जो उसके पाँव में जा लगा। जानवर लँगड़ाता हुआ चलता रहारू राजकुमार ने उसका पीछा किया और उस व्यक्ति के निवास–स्थान तक पहुँच गया जिसकी वह हिरणथी। वहाँ उसने एक अत्यन्त सुन्दर महिला की मूर्ति देखी और उसकी कहानी सुनी। राजकुमार उस महिला–या दरअसल उस मनमोहक राजकुमारी–की तलाश में यूरोप गया, उसे ढूँढ़ लिया, उसे मोहित किया और उसे उठा लाया। वह अपने देश लौटा, लेकिन एक नदी पार करते हुए राजकुमारी नदी में गिर गयी और उसे ढूँढ़ना सम्भव न हो सका। इस दुखद हादसे ने राजकुमार को हताशा में डुबो दिया और वह दरवेश बन गया। अली उसके समक्ष प्रकट हुआ और उसे बताया कि उसकी राजकुमारी जीवित है और वह कुस्तुंतुनिया में तीन दरवेशों से मुलाक़ात के बाद उसे पा लेगा।

चौथा दरवेश चीन के बादशाह का पुत्र था। काफ़ी छोटी उम्र में उसने अपने पिता को खो दिया और उसके चाचा के हाथों में सल्तनत की रीजेंसी (राज–प्रतिनिधित्व) चली गयी। इस चाचा को बादशाह ने मरने से पहले कहा था कि बालिग़ हो जाने पर उसके पुत्र को वह वफ़ादारी से राजमुकुट दे देगा। चाचा ने मुकुट अपने कब्ज़े में रखा और यहाँ तक कि एक गुलाम को अपने भतीजे को ख़त्म करने का हुक्म दे दिया। उस गुलाम ने, जो कि मृत बादशाह का विश्वास पात्र था, न सिर्फ़ इस आदेश का उल्लंघन किया, बल्कि उसने युवा राजकुमार को उसके पिता के छुपे हुए ख़ज़ाने के बारे में बताया, जो कि जिन्नों के एक राजा का ख़ज़ाना था। इसके अलावा, वह राजकुमार को उस राजा के पास ले गया, जिसका नाम मालिक सादिक था और इस राजा ने उसे एक जन्तर देने का वायदा किया और उसे एक महिला की तस्वीर दिखलाते हुए उसे ढूँढ़ने को बोला। राजकुमार ने उसे ढूँढ़ निकाला, लेकिन वह ख़ुद उससे प्यार कर बैठा। कई विस्तृत रोमांचकारी घटनाओं के बाद वह ख़ुद को एक वीरान प्रदेश में पाता है, जहाँ, हताशा में वह ख़ुद को ख़त्म करने वाला होता है तभी अली उसे उन्हीं वचनों से प्रोत्साहित करता है जिनसे उसने उसके तीन अन्य दरवेश साथियों को प्रोत्साहित किया था।

यह कहानी अभी ख़त्म ही हुई थी कि एक हिजड़े ने आकर आज़ादबख़्त को उसके पुत्र के जन्म की जानकारी दी और जल्द ही उसे सूचित किया गया कि नवजात राजकुमार एक बादल में सवार हो ग़ायब हो गया। यद्यपि यह सब जिन्नों के मालिक ने किया था, जिसने यह फ़ैसला किया था कि उसी दिन जन्मी उसकी बेटी का पति युवा राजकुमार होगा। फिर ऐसा हुआ कि आज़ादबख़्त और चारों दरवेश उस "बादशाहों के बादशाह" के पास पहुँचाये गये। वहाँ वह अरबी सौदागर (पहला दरवेश), सीरिया के बादशाह की पुत्री से मिला (वह ख़ूबसूरत महिला जिसकी हत्या हो गयी थी); फारस का राजकुमार (दूसरा दरवेश), बसोराह की मल्लिका से मिला; बल्ख का राजकुमार (तीसरा दरवेश), उस योरोपीय राजकुमारी से मिला जिसे

वह समझता था कि वह डूब के मर चुकी है; चीन का राजकुमार (चौथा दरवेश), उस राजकुमारी से मिला, जिसके लिए उसकी मालिक सादिक से बात हुई थी। वहीं निमरोज़ के राजकुमार को वह परी मिली, जिसका वह कायल हो गया था; और यह सब शादियों और ख़ुशियों के साथ समाप्त हुआ।

यह है संक्षेप में "बाग़–ओ–बहार" की एक झाँकी। लेकिन इस विषय की विस्तृत चर्चा करने से जो एक अधिक लाभदायक, तथा अधिक उपयोगी चीज़ हमें मिलती है, वह यह है कि हमें हर एक पृष्ठ पर काफ़ी ज्ञानवर्धक एथ्नोग्राफ़िक विवरण मिलते हैं। इनसे हमें भारत की आधारभूत जानकारी प्राप्त होती है, विशेषकर मुस्लिम भारत की। ये विवरण प्रायः नॉवेल के हर एक दृश्य में मौजूद हैं। यह सही है कि इनमें से कुछ अकल्पनीय हैं, और एक खीज दिलाने वाले धार्मिक कट्टरता और क्रूरता का मिश्रण प्रस्तुत करते हैं; लेकिन इनमें से कई कुशलता से मिश्रित किये गये हैं और वास्तव में आकर्षक हैं। इनमें आप केवल अर्थविहीन पाठ नहीं पढ़ रहे हैं; बल्कि ये ऐसे पाठ हैं, जिनमें काफ़ी कुछ रोचक हैं। साथ ही, पाठ/शब्द होने के नाते ये विचारों का भी प्रतिनिधित्व करते हैं। इनको छोटे–छोटे टुकड़ों में बाँटने पर हम उन कड़ियों तक पहुँचते हैं, जो हमें इंडो–योरोपीय भाषाओं के विशाल समूह की कुंजी प्रदान करते हैं। हमारी ख़ुद की भाषा इसी समूह का एक अंग है, और वास्तव में हिन्दुस्तानी की बहन है।

पाँचवाँ व्याख्यान : 4 दिसम्बर 1854

I. वेदों द्वारा *सप्त सिन्धु* या सात नदियों का देश कहे जाने वाले[8] भारत में, प्राचीन आर्यों की भाषा संस्कृत कभी भी आम भाषा नहीं रही है। नाटकों में, केवल मुख्य पात्रों के संवाद इस भाषा में होते थे। महिलाएँ और सर्वसाधारण, 'संस्कृत' (सुविकसित) से उलट, एक क़िस्म की बोली, जिसे 'प्राकृत' (कुविकसित) कहते थे, में बात करते थे।[9] प्राकृत (जैसा कि भारतीय बताते हैं[10]) दिल्ली में अभी भी इस्तेमाल होती थी; इसे *भाषा* या *भाखा* कहते हैं और इसका अर्थ 'आम भाषा' है। यह पूरी तरह से संस्कृत पर हावी रही है और इसे 'भारतीय भाषा' (हिन्दी) नाम दिया गया, जो कि कभी भी संस्कृत को नहीं दिया गया था।[11]

आठवीं शताब्दी की शुरुआत से मुसलमान भारत में अतिक्रमण–कारियों के रूप में प्रकट हुए। महमूद ग़ज़नवी ने सन् 1000 ईस्वी के क़रीब सबसे अद्भुत सफलता हासिल की और तभी से शहरों में भारतीय भाषा में बदलाव होने लगे। चार सौ साल बाद, मंगोल जाति का[12] तैमूर लंग हिन्दुस्तान में प्रविष्ट हुआ और दिल्ली पर कब्ज़ा किया। उसने उस शक्तिशाली साम्राज्य की नींव डाली जिसे बाबर ने 1505 में पुख़्ता तौर पर स्थापित किया। तब भारतीय भाषा (हिन्दी) फ़ारसी से पूर्णतः परिपूर्ण हो गयी; वह फ़ारसी जो खुद ही अरबी के उन असंख्य शब्दों से भरी हुई थी जो अतिक्रमण और धर्म की वजह से वहाँ पहुँचे थे। इस अजीब मिश्रण से आधुनिक भारतीय भाषा जाफेटिक (इंडो–योरोपीय भाषाओं को पुराने भाषाविद् जाफेटिक भाषाएँ कहते थे : अनु.)

और सेमिटिक प्रवाहों का संगम बन गयी; यह बिल्कुल ही एक अस्वाभाविक भाषाशास्त्रीय (philological) संश्लेषण बन गयी।[13] यहाँ तक कि यह दो तरह की (हिन्दू–मुस्लिम) बोलियाँ बन गयी; एक ओईभाषा (langue d'Oil) और एक औक भाषा (langue d'Oc èlangue d'Occitan)[14]। एक तरफ़, उत्तर की भारतीय भाषा, जिसे 'उर्दू'[15] नाम दिया गया, जिसका जन्म शाही कैम्प (उर्दू) में हुआ; तथा, दूसरी तरफ़ दक्षिण या दक्कन की भाषा, जिसे इस स्थान के नाम पर दक्खिनी कहा गया। लेकिन हिन्दी लुप्त नहीं हुई; यह फ़ारसी और अरबी शब्दों के मिश्रण के बिना देवनागरी लिपि में इस्तेमाल की जाती रही। यह इस्तेमाल उन हिन्दुओं के बीच जारी रहा जो मुख्यतः ग्रामीण क्षेत्रों से थे और जिनका सम्पर्क मुसलमानों से कम था। इस तरह दो भारतीय बोलियाँ (idioms) विकसित हुईं : एक ही साथ, अलग भी और समान[16] भी।

भारतीय भाषा (जिसे विशेष तौर से हिन्दुस्तानी, यानी हिन्दुस्तान की भाषा कहते हैं) के हिन्दी और उर्दू शैलियों में इस विभाजन को अपना प्रतिष्ठापन धर्म के द्वारा प्राप्त हुआ है। मोटे तौर पर हम कह सकते हैं कि हिन्दी हिन्दुओं की भाषा है और उर्दू मुसलमानों की। यह इस हद तक सही है कि जिन हिन्दुओं ने उर्दू में लिखा है, उन्होंने न सिर्फ़ मुस्लिम शैली का अनुसरण किया है बल्कि मुस्लिम विचारों से भी प्रभावित रहे हैं। उनका काव्य पढ़ते हुए यह बिल्कुल पता नहीं चलता कि वे हिन्दू भी हो सकते हैं।

हिन्दी के काव्यों में आमतौर पर उर्दू और दक्खनी काव्यों के मुक़ाबले ज़्यादा बल और ऊर्जा होती है। वे पुराने अरबी काव्यों के समान हैं, जिनकी विशेषता यही गुण है। सौन्दर्य ('loveliness') के बारे में थॉम्पसन के निम्न कथन को इन दोनों काव्यों पर लागू कर सकते हैं :

> Needs not the foreign aid of ornament,
> But is when unadorn'd adorn'd the most[17].

काफ़ी समय तक हिन्दू अपनी साहित्यिक कृतियों को संस्कृत में

लिखते रहे और मुसलमान फ़ारसी में। आम शैलियों में सिर्फ़ लोकगीत लिखे जाते थे; लेकिन धीरे–धीरे महत्त्वपूर्ण रचनाओं ने भारतीय डायलेक्टो को पक्का किया। विशिष्ट भारतविद् विल्सन उचित ही कहते हैं कि इन डायलेक्टो का वर्तमान समय में इनका अपना एक विशेष साहित्य है जिसमें काफ़ी कुछ आकर्षक है।[18]

उर्दू के सम्बन्ध में समकालीन लेखक सैयद अहमद अपने *असर उस्सनादिद* में (*उर्दू भाषा पर प्रकाश*[19] शीर्षक के तहत) कहते हैं :

> "हिन्दुओं के राज्य में हिन्दी बोली, पढ़ी और लिखी जाती थी। जब हिजरी संवत 587 (ईस्वी 1191 और 1248 बिक्रमजीत में) मुसलमानों का साम्राज्य दिल्ली में स्थापित हुआ, तब शाही शासन के दस्तावेज़ फ़ारसी में रखे जाते थे; लेकिन रियाया की भाषा (लगभग) वही रही। हिजरी 894 (ईस्वी 1488) तक, फ़ारसी केवल शाही प्रशासन के दस्तावेजों में इस्तेमाल होती थी और अवाम के बीच नहीं पहुँची थी। कुछ समय बाद, सुल्तान सिकन्दर लोदी के शासन–काल में, कायथों[20] (जो कि आमतौर पर प्रशासन–व्यवस्था से जुड़े थे और बही–खाते सँभालते थे) ने हिन्दुओं में सबसे पहले फ़ारसी में लिखना शुरू किया। धीरे–धीरे दूसरे तबके के लोगों ने उनका अनुसरण किया और इस तरह फ़ारसी का उपयोग हिन्दुओं में फैला।"
>
> "बाबर और जहाँगीर के काल तक हिन्दी (जो कि तब भी बोलचाल की भाषा थी) में कोई बदलाव नहीं आया। मुसलमान फ़ारसी में आत्माभिव्यक्ति करते थे और हिन्दू हिन्दी में। खिलजी सुल्तानों के समय (क्रिश्चियन संवत् की तेरहवीं शताब्दी में), अमीर खुसरो ने फ़ारसी में भारतीय शब्द मिश्रित करना शुरू किया और इस शैली में, कई भाषा या हिन्दी शब्दों के साथ, *पहेलियाँ, मुकरियाँ* और *निस्बतें*[21] लिखनी शुरू कीं। बहरहाल, यह मिश्रण धीरे–धीरे प्रचलित हुआ, लेकिन तब भी इसने किसी विशिष्ट भाषा का रूप नहीं लिया था।

"जब सुल्तान शाहजहाँ ने 1056 (1648) में *शाहजहाँ का शहर* (शाहजहानाबाद, नयी दिल्ली) बसाया, तब भारत के सभी प्रान्तों से आये लोगों का बड़ा सम्मलेन हुआ। तब ऐसा हुआ कि हिन्दी और फ़ारसी आपस में मिश्रित हुए, और कुछ फ़ारसी तथा अनेक भारतीय शब्दों के निरन्तर प्रयोग की वजह से बदलाव और विकृतियाँ आयीं। वास्तविकता यह है कि शाही फ़ौज में और दिल्ली के विशाल कैम्प में (जिसका नाम है *उर्दू मुअल्ला*)[22], शैलियों के मिश्रण की वजह से एक नयी भाषा का निर्माण हुआ। इस वजह से इसका नाम *ज़बान–ए–उर्दू* (उर्दू भाषा) पड़ा; तथा इस वाक्यरीति (expression) के नियमित प्रयोग की वजह से (और langue यानी ज़बान शब्द के आमतौर पर स्वीकृत हो जाने पर) इस भाषा को सिर्फ़ 'उर्दू' बुलाया जाने लगा। धीरे–धीरे उर्दू भाषा परिष्कृत हुई और इस हद तक सँवर गयी कि हिजरी सन् 1100 (1688) तक, (यानी कि औरंगज़ेब आलमगीर के शासन में) वास्तविक उर्दू शायरियाँ लिखी जाने लगीं।"

"जबकि समझा यह जाता है कि इस भाषा में शायरी करने वाला पहला व्यक्ति वली था[23], लेकिन ख़ुद उसकी शायरी से ही हमें ज्ञात होता है कि उससे पहले भी लोग इस भाषा में शायरी कर रहे थे। दरअसल उस वक़्त शायरी असावधानी और उपेक्षा से की जाती थी। बाद में उर्दू शायरी ने दिन–प्रतिदिन प्रगति की और अन्ततः मीर और सौदा ने उसे उत्कृष्टता तक पहुँचाया।"

हातिम सन् 1750 के आसपास लिखित अपनी रचना *दीवान ज़ादा* की प्रस्तावना में बताते हैं : "मैंने लिखने के लिए भारत के सभी प्रान्तों की भाषा को अपनाया, यानी कि 'हिन्दुई'[24] को; जिसे भाखा कहा जाता है, चूँकि यह जनसाधारण के द्वारा समझी जाती है और साथ ही साथ यह विशिष्ट लोगों को भी प्रिय है।" वस्तुतः, सैयद अहमद जो बता रहे हैं वह बहुत हद तक बिल्कुल सटीक नहीं है।

किसी प्रश्न का सभी पहलुओं से अध्ययन कर सकने के गुण प्राच्य लोगों में विरले ही पाये जाते हैं; यह सच है, उनके पास कल्पना कुछ ज़्यादा ही है।

सैयद अहमद पहले कहते हैं कि 1191 में मुस्लिम आधिपत्य के बाद से 1648 तक भारतीयों की भाषा में कोई भी परिवर्तन नहीं आया। मीर अम्मान[25] इसके विपरीत कहते हैं : "जब अकबर (1556 में) तख्त पर बैठे, उनकी दयालुता, उनके न्याय और उनकी उदारता से आकर्षित होकर सभी प्रान्तों के लोग उनके दरबार में आये। हालाँकि इन सभी की अपनी अलग भाषा थी, फिर भी इनके बीच में व्यापार और सामंजस्य के रिश्ते बने। इस मिलाप से उर्दू भाषा का जन्म हुआ।"

इसके अतिरिक्त ग्यारहवीं शताब्दी के अन्त से पहले, शायद ईसा संवत् के साल 1080 से, मसूद बिन सलमान ने रेख्ता पद्यों में एक दीवान लिखा था। रेख्ता का अर्थ है (जैसा कि सैयद अहमद ख़ुद हमें बताते हैं), फ़ारसी शब्दों से मिश्रित हिन्दी, यानी कि उर्दू। इसके अलावे, कई मौलिक जीवनीकार सादी को दक्कन में 1250 से 1280 के बीच में लिखे कई पद्यों का रचनाकार मानते हैं।[26] 'कमाल' तो अपने दीवान में सादी को रेख्ता भाषा का आविष्कारक या *मुजीद ज़बान–ए–रेख्ता* कहता है। लेकिन इस वर्णन में हमें यह वाक्यांश–"दक्षिण या दक्खिन में"–भी जोड़ना होगा, तभी यह कथन पूर्णतः सही होगा (यानी कि सादी दक्षिण या दक्खिन में रेख्ता भाषा का आविष्कारक था : अनु.)। चूँकि, इससे सौ वर्ष पहले मसूद ने रेख्ता में लिखा था। बहरहाल, उनके बाद ही खुसरो और नूरी ने अपनी कविताएँ लिखी।

उसके बाद, ऐसा प्रतीत होता है कि दक्षिण में ही (और इसी वजह से विशेषकर *दक्खनी* के नाम से प्रचलित बोली में), ख़ासतौर से रेख्ता कविताएँ लिखी गयीं। इसके प्रचलन ने उत्तर भारत के शायरों को, जो कि तब तक आमतौर पर फ़ारसी में लिखा करते थे, अपनी कविताओं के लिए आम भाषा इस्तेमाल करने के लिए प्रभावित किया। वास्तव में, सोलहवीं सदी में हम कई ख्यातिलब्ध दक्खनी शायर पाते हैं; जैसे, गोलकोंडा के राजा कुली कुतुब शाह, अब्दुल्लाह कुतुब शाह और अब्दुल

हसन (शायराना तौर पर जिनके उपनाम 'तना' है), अफ़ज़ल, वली, अवारी, गौवाची, रसमी और कई अन्य। जबकि, उत्तर में, अठारहवीं सदी में जाकर ही ऐसे शायर हुए जिन्होंने ख्याति प्राप्त की। हातिम (जो सत्रहवीं सदी के अन्त में जीवित था) शायद दिल्ली का पहला शायर है। उसने वास्तविक उर्दू में लिखा, और वह स्वीकार करता है कि जब वली का दीवान दिल्ली पहुँचा तभी उसने आम भाषा में लिखने का निर्णय लिया, तथा अन्य शायरों ने उसका अनुसरण किया।

1828 में, विख्यात गिलक्रिस्ट के व्याकरण में, एक मौलिक जीवनी के ज़िक्र ने, इस भाषा के इतिहास की ओर मेरा ध्यान आकृष्ट किया। शोध के ज़रिये मुझे सात भिन्न मौलिक जीवनियाँ प्राप्त हुईं। सामग्री की कमी के बावजूद, 1839 में मैंने एक "हिन्दुई और हिन्दुस्तानी साहित्य का इतिहास" प्रकाशित किया; जो कि, वास्तव में काफ़ी अपूर्ण कार्य है, लेकिन अपने क़िस्म का पहला प्रयास है। इस वजह से इसे हिन्दुस्तानी में अनूदित होने का सम्मान भी प्राप्त हुआ और इसने इस विषय पर अंग्रेज़ प्राच्यवादी विद्वानों का उत्साह भी जगाया है। गिलक्रिस्ट के शोध–कार्यों और तत्पश्चात मेरे शोध–कार्यों के सम्मिलित प्रयासों के नतीजतन, बड़ी संख्या में कई अन्य मौलिक जीवनियों का पता चला। इनमें से सिर्फ़ कुछ को ही मैं देख पाया, क्योंकि इनमें से कई ऐसे हैं जिन्हें मैं हासिल नहीं कर सका या जिनकी मुझे जानकारी नहीं थी। अन्य कुछ ऐसे हैं जिनके बारे में मैं सिर्फ़ इसलिए जानता हूँ क्योंकि केवल मूल लेखक ही इनके उद्धरण देते हैं। निस्सन्देह कई अन्य से मैं अभी भी बिल्कुल अनभिज्ञ हूँ।

आसानी से समझा जा सकता है कि इस इतिहास के नये संस्करण के लिए मेरे पास कितनी नयी सामग्री है। लेकिन आज मैं संक्षिप्त रूप से यह बताने का प्रयास करूँगा कि इन मौलिक रचनाओं से, बायोग्राफ़ी और बिब्लिओग्राफ़ी के उपयोग हेतु, क्या बटोरा जा सकता है।

फारस के लोग (और उनका अनुसरण करते हुए भारतीय मुसलमान) जीवनियाँ बहुत पसन्द करते हैं; विशेषकर, समकालीन

जीवनियाँ, जिनमें, (जैसा कि हमारे यहाँ भी होता है) सिर्फ़ मृत्यु की तारीख़ नहीं होती लेकिन, बाज़ार की खपत हेतु रचना होने के बजाय यह साहित्य का एक महत्त्वपूर्ण अंग है। इन जीवनियों के रचनाकारों को इनमें अपनी लेखन–कला दिखाने का मौक़ा मिलता है–उन अतिशयोक्तियों के ज़रिये जिनमें वे प्रसिद्ध कवियों या मित्रों की प्रशंसा के पुल बाँधते हैं; और जिन पद्यों का वे चयन करते हैं, उनके ज़रिये वह अपनी सुरुचि सिद्ध करते हैं। वास्तव में ये जीवनियाँ (जिन्हें 'तज़किरा' या "स्मृतिपत्र" कहते हैं), एक क़िस्म के संकलन हैं, जिनमें लेखकों का जीवन आडम्बरयुक्त प्रशस्ति में वर्णित होता है, कभी–कभी भारी–भरकम पृष्ठों में :

'Words of gigantic bulk and uncouth sound[27]';

जबकि कुछ तज़किरों में केवल लेखक के नाम का ही ज़िक्र होता है। पहले प्रकार के तज़किरों में प्रशस्ति के बाद उद्धरणों के दस, बीस, तीस पन्ने होते हैं; दूसरी प्रकार के तज़किरों में, दो या तीन पद्य होते हैं, और कभी–कभी केवल एक ही। यह भी जनता में अपनी पहचान कराने का एक तरीक़ा है; इसीलिए इन तज़किरों के लेखक जिन लेखकों की चर्चा करते हैं, उनके नामों के बीच अपने नाम की घुसपैठ हमेशा ही कर देते हैं। अक्सर, जिन लेखकों से वह सम्बद्ध होते हैं, उन पर उदारतापूर्वक विस्तार से बात करते हैं। इस तरह से वह एक वास्तविक जीवनी लिख लेते हैं, जैसा कि उनसे अपेक्षित है। साथ ही, इनमें वह अपनी मर्ज़ी के हिसाब से अनेक पद्यांश जोड़ना नहीं भूलते। एक तरफ़ योरोप में, कमोबेश लोकप्रिय हस्तियों की जीवनियों में भी कई ऐसी जानकारियाँ दी जाती हैं जिनमें किसी की दिलचस्पी नहीं होती; वहीं, दूसरी तरफ़, भारतीय तज़किरों में आम तौर पर सभी महत्त्वपूर्ण जानकारियाँ भी ग़ायब होती हैं। यहाँ तक कि उनमें कोई सटीक सूचना भी नहीं मिलती। इनमें से जो शायर, जीवनी लेखक से पहले हो चुके हैं उन्हें पुराने शायर कहते हैं; और लेखक के समकालीनों को आधुनिक शायर कहते हैं। तारीख़ें लगभग बिल्कुल भी नहीं होतीं–विशेषकर जन्म की तारीख़, क्योंकि पूरब के

लोगो में जन्म/मृत्यु आदि की रजिस्ट्री नहीं होती और वे आमतौर पर अपनी उम्र नहीं जानते। अक्सर हमारे पास अनुमान लगाना ही एकमात्र चारा होता है। ऐसे अनुमानों का आधार उद्धरणों के स्टाइल हो सकते हैं, जो संकेत देते हैं कि लेखक किस सदी में लिख रहा था। लेकिन लिपिक (copyist) द्वारा टेक्स्ट्स में किये जाने वाले बदलावों की वजह से यह अक्सर असम्भव होता है।

हालाँकि, इन रचनाओं के लेखक महत्त्वहीन या कभी–कभी अनजान शायरों के नामों को शामिल कर अपनी रचनाओं को मोटा करने की ताक में रहते हैं; ठीक हमारे जीवनी–व्यवसायियों की तरह, जो कि अपने किताबों की संख्या में इजाफ़ा करने के लिए कई अज्ञातनाम खोज निकालते हैं। लेकिन, जैसा Cooper ने इन प्रसिद्ध अनजानों के बारे में कहा है :

> Oh, fond attempt to give a deathless lot
> To names ignoble, born to be forgot!
> In vain, recorded in historic page,
> They court the notice of a future age.

अतः ये जीवनियाँ समालोचना के मॉडल नहीं हैं। अक्सर, संयोग से एक ही नाम या एक उपनाम वाले शायरों में संशय होता है और विवरण की कमी की वजह से यह पता लगाना बहुत मुश्किल है कि दुरावृति तो नहीं हुई है। हालाँकि, ज़ाहिर है कि यह रचना की एक ख़ास शैली (genre) है, जिसकी अपनी विशिष्टता है और जिसके अपने गुण हैं; एवं यह आश्चर्य नहीं कि काफ़ी संख्या में लेखकों ने इसको सिंचित किया है। संयोगवश ये तज़किरे हमें भारत के साहित्यिक इतिहास के बारे में काफ़ी कुछ उपयोगी जानकारियाँ देते हैं। जैसे हमें इनसे पता चलता है कि भारतीय लोग 'मुशायरा' नामक काव्यात्मक या साहित्यिक गोष्ठियाँ आयोजित करते हैं; यह एक क़िस्म की अकादमियाँ हैं जिनका विशेष मक़सद उर्दू शायरी को सिंचित करना है : यहाँ जहीन लोग मौक़े पर ही (यानी ex tempore) शेरों की रचना करते हैं, या पहले से रचित शेरों का वाचन करते हैं।

भारत के मुख्य शहरों में आयोजित की जाने वाली इन गोष्ठियों में पन्द्रह से बीस सुसंस्कृत व्यक्ति आते हैं जो कि आमतौर से मुल्क़ के सबसे विशिष्ट परिवारों से सम्बद्ध होते हैं। मौलवी करीमुद्दीन (जिनकी चर्चा मैं आगे पुनः करूँगा) ने हाल में, दिल्ली में इन गोष्ठियों के आशु रचनाओं (improvisations) और वाचनों का प्रकाशन *गुल–ए–राना* शीर्षक से एक विशेष जर्नल में किया है। ऐसी भी गोष्ठियाँ होती हैं जहाँ क़िस्सागो अपनी कहानियों से श्रोताओं का मनोरंजन करते हैं। कुछ वर्ष पहले तक, मिर्ज़ा हसन दिल्ली के ऐसे क़िस्सागो में से ख़ास थे; इन्हें कुछ राष्ट्रीय दन्त कथाएँ लिखने का जिम्मा दिया गया है।

तज़किरों में आमतौर पर *तखल्लुस* (या शायराना उपनाम) के वर्णमाला–क्रम का अनुसरण किया गया है। कभी–कभी, हालाँकि, दूसरी व्यवस्था का भी उपयोग हुआ है।

कई हिन्दुस्तानी तज़किरे फ़ारसी में लिखे होते हैं, चूँकि हाल–फ़िलहाल तक शैक्षणिक रचनाएँ मुस्लिम भारत की शास्त्रीय भाषा (फ़ारसीः अनु.) में लिखी जाती थी। यह ठीक वैसा है जैसे कि कभी हमारे यहाँ रोम की भाषा में लेखन होता था; उदाहरण के लिए, जब ज़ाक द्युबोवा (Jacques Dubois : 1478-1555: अनु.) अपना फ्रेंच व्याकरण लैटिन में लिख रहा था और पेत्रार्क (Petrarch) अपनी उत्कृष्ट इतालवी काव्य–कृतियों में लैटिन नोट लिख रहा था।

भारतीय तज़किरों के जीवनी लेखों में जो परम शैली (extreme genre) इस्तेमाल होती है, उसका एक अन्दाज़ा देने के लिए मैं दो लेखों, एक दीर्घ और एक लघु, का शब्दशः अनुवाद देने जा रहा हूँ। ये दोनों लेख लुत्फ़ (मिर्ज़ा अली खान) के द्वारा हिन्दुस्तानी में लिखे तज़किरा से लिए गये हैं; इसका शीर्षक है : *गुलशन–ए–हिन्द*।

सर्वप्रथम, यह रहा वह लघु लेख, जो कि (अपनी संक्षिप्तता के बावजूद) हातिम पर प्रकाश डालता है। हातिम वह मशहूर शायर है जिसको अभी मैंने उद्धृत किया, और जिसके बारे में अन्य जीवनी–लेखक अधिक जानकारी देते हैं :

"दिल्ली का हातिम (जो कि उपनाम है), इस शहर के रेख्ता लेखकों के बीच में लोकप्रिय था। वह शाह नजमुद्दीन आबरू और मिर्ज़ा रफ़ी सौदा का समकालीन था तथा वह एक कुशलशायर था। वह दो दीवानों का लेखक है : एक, जिसमें उसने कई मुश्किल से समझ आने वाले भाव प्रयोग किये हैं,[29] और दूसरा जो उन्होंने आधुनिक तरीक़े से लिखा है। अतः यह शायर अपने व्यक्तित्व में आधुनिक और पुराने तरीक़ों का संगम है।"

(इसके बाद हातिम की शायरी से बीस शेरों का उद्धरण है, जिसका मैंने अन्यत्र एक नमूना दिया है)।

प्रस्तुत है दूसरा लेख, जिसका विषय है एक सुल्तान–शायर। यह शायर हैं गोलकोंडा के सुल्तान अब्दुल्हसन जो सन् (हिजरी : अनु.) 1080 (1672–73) में तख्तनशीन हुए, और 1690 में गोलकोंडा शहर पर औरंगज़ेब के कब्ज़े के बाद क़ैदखाने में गिरफ़्तार रहे। यहीं पर 1704 में वह मृत्यु को प्राप्त हुए। अपने पूर्ववर्ती अब्दुल्लाह कुतुबशाह की तरह ही सिर्फ़ हिन्दुस्तानी साहित्य को सिंचित करने से वह सन्तुष्ट नहीं हुए (वह तना या तना शाह के तखल्लुस से चर्चित थे), बल्कि वे उसके संरक्षक बन गये। दक्खिन में (अन्य लोगों के अलावा) उनके एक अफ़सर मिर्ज़ा (अब्दुल्क़ासिम) का नाम उस ज़माने के सबसे विशिष्ट हिन्दुस्तानी शायरों में लिया जाता है :

"तना शाह खिताब और आदरसूचक उपाधि है, उस आनन्द–प्रेमी राजा का, जिसका नाम अब्दुल्हसन शाह है। वह दक्कन के प्रसिद्ध सुल्तानों और विशिष्ट शासकों में से एक था। हालाँकि इस ज़िन्दादिल शख़्सियत के ऐश और आनन्द की चर्चा और उसके मनोरंजनों और मनबहलावों की शोहरत चाँद और मछली[30] तक को भी ज्ञात है, फिर भी मुझे सम्पूर्ण आनन्दोल्लास रूपी शाही सिंहासन के इस हीरे का जीवनवृत्त लिखना महत्त्वपूर्ण जान पड़ा।"

"उस ज़माने में जब आलमगीर,[31] जो कि अमर है, ने आदिल शाहियों और निज़ामशाहियों[32] का तख्ता पलट किया और दक्कन प्रान्त (सूबा) पर आधिपत्य जमा लिया, तब कई कठिनाइयों के उपरान्त, अब्दुल्हसन तना शाह बन्दी बना लिए गये। इस तरह मनमौजीनियति फिर उनके ख़िलाफ़ पलट गयी और उन्हें आनन्द और उत्सव के ठीक उलट परिस्थितियाँ देखनी पड़ीं। रात्रि के आनन्द में व्यवधान पड़ गया और आनन्द–उपासकों (जिनसे वह पहले घिरे रहते थे) के मिलन के बजाय अब उन्हें सिर्फ़ ग़म का आलम नसीब हुआ। बहरहाल, आलमगीर द्वारा थोपे गये मुश्किल हालात को तना ने स्वीकार किया। लेकिन उन्होंने उसे हुक़्क़े के इस्तेमाल से सम्बद्ध कई मार्मिक निवेदनों के साथ यह सन्देश भेजा कि : मुझे वह बहुत प्रिय है; अगर मुझे वह पीने की इजाज़त दी जाये तो यह बहुत बड़ी मेहरबानी होगी।"

"यह बादशाह (तना) आनन्द के मित्र थे और बढ़िया पदार्थों के नशे में आठों पहर मदहोश रहते थे;[33] हुक़्क़ा (पाइप) एक पल भी उनके होठों से दूर नहीं होता था। हर पाइप पी लेने के बाद उनकी आदत थी कि अँगीठी गुलाब जल की एक शीशी से[34] फिर से तरोताज़ा की जाये। उनका *हुक़्क़ाबरदार* तम्बाकू को पहले धुनकी के पानी (Willow water : अनु.)[35] में भिगोता था। इस आनन्द की अनुरक्ति में वह रात्रि में थोड़ा ही सोते थे, और रात्रि और दिन के बीच वह सैकड़ों शीशियाँ बढ़िया गुलाबजल और धुनकी के पानी के सत्व का सेवन करते थे। यह सब परिस्थितियाँ आलमगीर को पूरे तफ़सील से पता थीं। इसलिए बादशाह (तना) ने उनसे विनम्रता से आग्रह किया कि उन्हें कम–से–कम सोलह गुलाबजल की शीशियाँ और आठ धुनकी के पानी की शीशियाँ प्रतिदिन दी जायें। कुछ दिनों के बाद, महान सरकार की तरफ़ से यह

उत्तर आया : "हे प्रभु! हुक़्क़ा तुम्हारी ज़बान से आठों पहर नहीं हटता। चाहत का धुआँ कपटी आसमान से शिकायत करता है कि तुम तम्बाकू के आठ हुक़्क़े हर दिन और इतना ही हर रात पीते हो। ज़हर के अनेक कश निगल लेने के चलते तुम एक अफ़सोसजनक उदासी में जीते हो।"

"इसी दौरान, कुछ दिनों बाद, आलमगीर ने कहा : यह बहुत बड़ा ख़र्च है कि गुलाबजल और धुनकी के पानी की सोलह शीशियाँ हर दिन हुक़्क़े के लिए इस्तेमाल की जायें। हालाँकि, क़ानून तम्बाकू पीने की इजाज़त देता है और क्योंकि तुम कष्टपूर्ण सज़ा से मुक्त हो,[36] इसीलिए हम अपने महल से हर रोज़ आठ शीशियाँ भेजेंगे।"

"परिणामस्वरूप, तना ने चार भरे हुए हुक़्क़े से ही, हर ख़ुराक के बाद एक शीशी से तरोताज़ा होकर, अपना दिल बहलाने से सन्तोष किया।"

"यह जानकर कि क्या चल रहा है, अपनी कथनी से उलट औरंगज़ेब ने चार शीशियाँ और कम कर दी। तदुपरान्त तना ने केवल दो भरे हुक़्क़े अपने *हुक़्क़ाबरदार* से माँगे। कुछ दिनों बाद, जब उनके राशन में से दो शीशियाँ और घटा ली गयीं तो उन्होंने दिन के समय केवल एक भरा हुक़्क़ा और रात में भी एक माँगा। अन्ततः, एक दिन, उन्हें वे दो शीशियाँ भी नहीं दी गयीं; तब उन्होंने अब और पीना ही नहीं चाहा। तीन दिन बाद, उनके हुक़्क़ाबरदार ने उन्हें कहा : "जहाँपनाह (औरंगज़ेब) के अनुग्रह से, मैंने कुछ रकम जमा कर ली है। इससे हम कई सालों तक आपके लिए शीशियों और प्रतिदिन दस पाइप का इन्तज़ाम कर सकते हैं। मुझे उम्मीद है कि अब जनाब तम्बाकू पीने के वास्ते कमरा तैयार करने का आदेश मुझे देंगे।" तना ने जवाब दिया : "जहाँपनाह (औरंगज़ेब) क़ानून के प्रावधानों में बहुत चिन्तामग्न रहते हैं, हालाँकि उन्होंने मस्जिद (मक्का के)

को ख़ुदवाया (अनु. : सम्भवतः यहाँ दक्कन की किसी मस्जिद की ओर इशारा है), और उसने उसका ख़ज़ाना हथिया लिया। अगर उन्हें यह पता चला, तो वह कहेंगे कि तुम उन्हें रेहन में वह राशि जमा करो जो तुम मेरे हुक़्क़े के लिए ख़र्च करोगे।" फिर हुक़्क़ाबरदार, अपने सर पर हाथ रख कर रोने लगा।"

"उस दिन के बाद से, तना ने फिर धूम्रपान नहीं किया, जब तक वह बन्दी रहा, जब तक उस नश्वर आश्रय से शाश्वत विश्राम तक नहीं पहुँचा। हे प्रभु! गर हम चीज़ों को सन्देह मुक्त नज़र से देखते हैं, तो हम आश्वस्त हो जायेंगे कि दुनिया साथ ही साथ कष्ट का अस्थायी–निवास और चेतावनी का घर है।"

"पद्य–ख़ुशनसीब ख़ुसरो (सम्भवतः यहाँ इशारा फारस के ससानीद वंश के गौरवशाली राजाओं से है : अनु.) और जमशेद कहाँ हैं? क़ुबाद कहाँ है, सिकन्दर और दारिअस कहाँ हैं? कहाँ है कैकस (Caïcâus)? निरीक्षण की दो नज़रों से इन लोगों को, जो अपने ऊँचे ओहदे में मदहोश थे, देखने पर उनके भाग्य पर सिर्फ़ अफ़सोस और सहानुभूति ही कर सकते हैं।

"चूँकि, सल्तनतों के कब्ज़े और आधिपत्य हेतु ज़रूरी सत्ता की समझदारी गौरवशाली वंश के राजाओं में बख़ूबी मिलती है, यह बेचारा (लेखक) जिस कोने में रहता है, क्या वह इन मामलों में ख़ुद को संलग्न कर सकता है? बहरहाल, कुछ मनीषी कहते हैं कि औरंगज़ेब ने बहुत निन्दनीय काम किये; वह दक्कन के राजाओं के साथ उनकी मिन्नतों के बावजूद बहुत सख़्ती से पेश आया और उसने मक्का के मस्ज़िद को, ख़ज़ाना अख़्तियार करने के लिए, ख़ुदवाया। ख़ुदा जाने इस काम के लिए क्या सज़ा निर्धारित है। सच यह है कि हम यह भी जोड़ सकते हैं कि दक्कन पर कब्ज़ा करने से पहले,

उस मुल्क से आयात और भुगतान औरंगज़ेब के पास आते थे, और उसे हिन्दुस्तान के बादशाहों का बादशाह (शहंशाह) बुलाया जाता था। बहरहाल, इस क्लेश (जो उसने तना को दिया) से आने वाली रकम उसे बहुत बड़ी लगी, और ऐसा लगता है कि इस तरीक़े से, जिसे वह सुशासन मानता था, वह ख़ुद की शान बढ़ाना चाहता था।"

"पद्य–बादशाह सल्तनतों की समस्याओं से परिचित होते हैं। तुम, बेचारे दुखियारे, जिस कोने में बैठे हो, कुछ अच्छा कहने का स्वाँग मत करो।"

"संक्षेप में, हम शाह श्रेष्ठ अब्दुल्हसन तना शाह को इस मतला[37] का श्रेय देते हैं, दक्कन की भाषा और पुराकालीन शिल्प जो हम उसमें पाते हैं, उसकी वजह से; स्वर्गीय अली इब्राहिम ख़ान,[38] जिन्होंने उसे पढ़ा जाते सुना था, ने उसे याद रखा। यह रहा वह पद्य :

"किस दर पर मैं (अपनी व्यथा) कहने जाऊँगा? कहाँ जा सकता हूँ मैं? ख़ुद अपने दिल से मुख़ातिब हो जाऊँ, कि वह मेरे लिए मेरा *मेहराब*[39] बन जाये।"

"अगर मेरे मित्र मुझे सिर्फ़ एक बात भी कहें, वह मेरे लिए गर्मी के मौसम में एक शीतल घर की तरह होगा।"

यद्यपि हिन्दुस्तानी के दक्षिणी डायलेक्ट यानी दक्कनी में दीर्घ काव्य अधिक हैं, बनिस्पत उत्तर के डायलेक्ट यानी उर्दू में, जिसमें ज़्यादातर ग़ज़लें, क़सीदे और छोटी मसनवी लिखी गयी हैं, जो अक्सर दीवानों में संगृहीत होती हैं। इस आख़िरी डायलेक्ट ने हमेशा एक क़िस्म की उत्कृष्टता बनाये रखी दूसरी डायलेक्ट पर, क्यूँकि वह ज़्यादा नियमित तौर पर लिखी जाती है; इसीलिए जितनी भी तज़किरों का मैं ज़िक्र कर रहा हूँ वह विशेष तौर पर उर्दू शायरों की बात करते हैं, और दक्कन के शायरों की कभी–कभार ही चर्चा करते हैं। मीर *निकत उश्सुरा* के प्रस्तावना में जो कहता है वह मेरी बात का समर्थन करता है। वह बताता है :

"हालाँकि, रेख़्ता का उद्‌गम दक्कन में हुआ,[40] बहरहाल, चूँकि इस मुल्क ने विशिष्ट कवि नहीं पैदा किये,[41] मैंने इन कवियों का नाम लेकर शुरुआत नहीं की है, लेकिन मैं उनको पूरी तरह से नज़रअन्दाज़ नहीं करना चाहता। इसीलिए मैं उनमें से कुछेक का ज़िक्र करूँगा।"

हिन्दी लेखकों की विशेष जीवनियाँ भी हैं : उन्हें *काव्यमाला* कहा जाता है, लेकिन मेरी जानकारी के दायरे में आने वाली संख्या कम ही हैं।

मैं कुल मिलाकर 70 *तज़किरों* के बारे में जानता हूँ[42] और हिन्दुस्तानी लेखकों द्वारा लिखित अन्य जीवनात्मक और संकलनात्मक रचनाओं के बारे में जानता हूँ। इन *तज़किरों* और इनके लेखकों के बारे में जानकारी मेरे हिन्दू और हिन्दुस्तानी साहित्य के इतिहास में मिलती है।

II. *तज़किरों* और अन्य कृतियाँ जिन्हें मैं हासिल कर पाया, उनमें पाये नामों के हिसाब से शायरों की संख्या, सीधे तौर पर या सूत्रों की मध्यस्थता से, तीन हज़ार के आसपास हैं। लेकिन यह नहीं समझना चाहिए कि यह सब लेखक ख़ासतौर पर शायर ही हैं। हम उन्हें यह नाम इसलिए देते हैं क्योंकि, सभी भारतीय लेखक, यहाँ तक कि वह भी जिन्होंने शुद्ध विज्ञान (exact sciences : अनु.), विधिशास्त्र और धर्मशास्त्र के विषय में लिखा है, उन्होंने भी कुछेक पद्य लिखे हैं, और इसलिए उन्हें शायर बुलाया जा सकता है। इसके अलावे लेखकों को दर्शाने के लिए यह संज्ञा (शायर) काफ़ी नहीं है, जैसा कि हम यूरोप में कभी–कभार मोटे तौर पर उसी अर्थ में प्रयोग करते हैं।

इसलिए *शायर* से यहाँ *लेखक* समझना चाहिए, और जबकि मूल तज़किरे दरअसल कवियों की संकलनात्मक जीवनियाँ हैं, उनमें ऐसे लेखकों से सम्बद्ध दस्तावेज़ भी होते हैं (बहुत विरले ही) जो भिन्न शैलियों के गद्य रचनाओं की ओर इंगित करते हैं और जिन्हें हम मुश्किल से शायरों में शुमार कर सकते हैं।

यह सच है कि सम्पूर्ण प्राच्य साहित्य में काव्य प्रभुत्व रखता है, और विशेष तौर पर भारत के साहित्य में। मैं यहाँ सिर्फ़ छन्द–रचना

की बात नहीं कर रहा, जो कि मात्र शब्दों का सुनियोजित मेल पेश करती है। बल्कि, मैं बात करना चाहता हूँ लयबद्ध रूप से अभिव्यक्त विचारों की, जो कि एक तरह से संस्कृति के तत्त्व हैं और जो सम्भवतः हमें इतिहास से बेहतर उसकी (अनु. : संस्कृति की) जानकारी देते हैं। सच है कि इन शायरों में से कइयों पर होरेस (Horace) की ये पंक्तियाँ लागू होती हैं :

Ridanteur mala qui componun; verum
Gaudent scribentes, et se venerantur, et ultro,
Si taceas, laudant quidquid scripsere beati[43].

वैसे हिन्दुस्तानी गद्य रचनाओं को, आंशिक तौर पर, पद्य के रूप में भी देखा जा सकता है, क्योंकि मुस्लिम प्राच्य के अन्य भाषाओं के समान हम तीन प्रकार के *गद्य*[44] वहाँ पाते हैं, जिनमें से केवल एक ही है जिसे हम इस शब्द से सम्बद्ध करते हैं। वस्तुतः, पहला, *मुरज्जज़,* जिसमें तुकबन्दी के बिना लय होता है; दूसरा, *मुसज्ज़ा,* जिसमें तुकबन्दी होती है पर ताल नहीं; और अन्ततः तीसरा, जिसका नाम है *आरी* (नग्न), इसमें न तुकबन्दी होती है न ताल।[45]

बड़ी संख्या में हिन्दुस्तानी शायरों ने फ़ारसी में भी काव्य लिखा है, जैसा कि गुज़रे ज़माने में हमारे यहाँ फ़्रांसीसी के साथ–साथ लातिन में पद्य लिखे जाते थे, और रोम में, ग्रीक पद्य के साथ–साथ लातिन पद्य। जो लोग इन दो क्लासिकल भाषाओं में लिखते थे उन्हें utriusque linguœ scriptores कहते थे (अनु. : पुराने ज़माने में जो लोग दो भाषाओं में रचना करते थे उन्हें यह नाम दिया जाता था)। भारतीय परिपाटी, जिसकी मैं बात कर रहा हूँ, ने एक अन्य परिपाटी को जन्म दिया जो उसे पोषित करता है।

दरअसल जो लेखक इन दो भाषाओं में रचना के अपने कौशल पर गर्व करते हैं, वे दो अलग शायराना उपनाम या *तखल्लुस* रखते हैं। एक हिन्दुस्तानी में लिखते वक़्त और दूसरा फ़ारसी में लिखते वक़्त। इस तरह वजीहुद्दीन का नाम वजीह और बारिन है; और मुहम्मद ख़ान का वली और साक़िब–ये नाम इस आधार पर है कि वह हिन्दुस्तानी में लिख रहे हैं या फ़ारसी में।

लेखकों की इस बड़ी संख्या के बीच कुछ श्रेणियाँ स्थापित करने का प्रयास करते हैं। पहला अन्तर जो मुझे सबसे प्राकृतिक लगता है, वह है उन्हें हिन्दू और मुसलमान में अलग करना। बहरहाल यह ध्यान में रखते हुए कि लगभग किसी मुस्लमान ने हिन्दुई और हिन्दी डायलेक्ट में नहीं लिखा, जबकि कई हिन्दुओं ने उर्दू में और यहाँ तक कि दक्कनी में भी लिखा। ठीक वैसे ही जैसे इससे पहले के काल में फ़ारसी में लिखा था, जैसा कि सैयद अहमद ने उस उद्धरण में बताया जिसे मैंने उनके *असर उस्सनादिद* से पहले दिया। जबकि जिन तीन हज़ार भारतीय लेखकों की मैंने बात की है, उनमें से दो हज़ार दो सौ से अधिक मुस्लिम लेखक हैं और हिन्दू लेखकों की संख्या आठ सौ भी नहीं है। इनमें भी हिन्दी में लिखने वालों की संख्या लगभग दो सौ पचास से अधिक नहीं है। वास्तव में, इस श्रेणी के सभी लेखकों को जान पाना हमारे लिए बहुत मुश्किल है, क्योंकि हिन्दुई और हिन्दी कवियों के लिए तज़किरे नहीं हैं। इसलिए इनमें से एक बड़ी संख्या हमारे लिए अज्ञात है, जबकि ऐसी स्थिति उर्दू लेखकों के लिए नहीं है, मूल जीवनियों में कम–से–कम उनके नामों का उल्लेख तो किया गया है। मुख्यतः, पंजाब, कश्मीर, राजपूताना और उत्तर–पश्चिम (अंग्रेज़ हुकूमत की राजधानी कलकत्ता के हिसाब से इसे ऐसा कहा जाता है) के क्लासिकल मुल्क, दिल्ली, आगरा, ब्रज और बनारस इलाक़ों के हिन्दू लेखकों ने हिन्दी में लिखा है।

जहाँ तक बात दक्कनी शायरों की है तो निश्चय के साथ यह संज्ञा दी जा सकती है कि इनकी संख्या दो सौ के अन्दर है। अतः जिन शायरों की बात मैं कर रहा हूँ उनमें से सबसे बड़ी संख्या ने वास्तविक उर्दू डायलेक्ट में लिखा है, जिसे शुद्धतम हिन्दुस्तानी माना जाता है।

अगर हम इन शायरों के शहरों के नाम पर ग़ौर करें तो हम जान पायेंगे कि वे शहर कौन–से हैं जहाँ दोनों मुस्लिम डायलेक्ट न सिर्फ़ इस्तेमाल में हैं, बल्कि सबसे परिष्कृत भी हैं। दक्कनी के शहर हैं : सूरत, बम्बई, मद्रास, हैदराबाद, श्रीरंगपटनम, गोलकोंडा और उर्दू के लिए : दिल्ली, आगरा, लाहौर, मिरात (सम्भवतः लेखक मेरठ कहना चाहता है : अनु.) लखनऊ, बनारस, कानपुर, मिर्ज़ापुर, फ़ैज़ाबाद,

इलाहाबाद और कलकत्ता जहाँ हिन्दुस्तानी उतनी ही इस्तेमाल में है जितनी कि प्रान्तीय डायलेक्ट।

अम्मान, जिसे हिन्दुस्तानी का पहला गद्य–लेखक समझा जाता है, ने कलकत्ता में लिखा था, और इस विषय में, *बाग़–ओ–बहार* की प्रस्तावना में वह लिखता है :

> "मैंने भी उर्दू भाषा बोली, और यह करके मैंने बंगाल को हिन्दुस्तान से जोड़ दिया।"

उनके नामों के ज़रिये ही मुस्लिम या हिन्दू लेखकों को पहचानना आसान है, और इन शायरों के नामों पर भी एक रोचक अध्ययन किया जा सकता है। एक अन्य मौक़े पर[46] मैंने मुस्लिम नामों और शीर्षकों के बारे में लिखा है। मैं इस बात पर ज़ोर डालना चाहूँगा कि भारत के मुस्लिम शायरों के लगभग छह भिन्न नाम, उपनाम या शीर्षक हो सकते हैं। कई दो और तीन नाम–उपनाम रखते हैं जैसे,*अलम* यानी मुस्लिम सन्तों के नाम; *लक़ब*, यानी एक क़िस्म का आदरसूचक उपनाम, जैसे *गुलाम अकबर, इमदाद अली*; कुनयात, यानी वह उपनाम जो वंश या पितृत्व बताते हैं, जैसे *अबू तालिब, इब्न हिशाम*; निस्बत, यानी वह उपनाम जो मूल देश की सूचना देते हैं, जैसे *लाहौरी, कनौजी*; ख़िताब–ओहदा यानी राष्ट्रीयता बताने वाले उपनाम, जैसे ख़ान, मिर्ज़ा, आदि, और अन्ततः शायराना उपनाम अर्थात् *तख़ल्लुस*, जो कि आमतौर से एक संज्ञा या एक अरबी या फ़ारसी तथा ग़ैर–भारतीय विशेषण होता है।

इस्लाम के सन्तों की जगह, जो कि मुस्लिम लेखक अपनाते हैं, हिन्दू अपने देवताओं या उपदेवताओं के नाम रखते हैं। मुसलमानों के नाम, उदाहरण के लिए, होते हैं मुहम्मद, अली, इब्राहिम, हसन, हुसैन, आदि; हिन्दुओं के नाम हर, नारायण, राम, लक्ष्मण, गोपीनाथ, गोकुलनाथ, काशीनाथ,[47] आदि।

मुस्लिम आदरसूचक उपनाम, जैसे अब्दुलअली, गुलाम मुहम्मद, अली मरदान,[48] आदि के हिन्दू समतुल्य हैं शिवदास, कृष्णदास, माधोदास और केशवदास, नन्ददास, हलधरदास, सूरदास।

और हिन्दू सिर्फ़ अपने देवताओं के ही नहीं, वो अपने नदियों, पेड़–पौधों और पवित्र शहरों के भी सेवक हैं।

अतः, हम पाते हैं गंगादास, तुलसीदास, अगरादास, काशीदास, मथुरादास, द्वारिकादास।

महबूब अली, महबूब हुसैन, आदि की तुलना में हम पाते हैं श्री लाल, हरबंस लाल।

मुस्लिम उपनाम जैसे अताउल्लाह, अतामुहम्मद, अली बक्श की तुलना में हम पाते हैं भगवानदत, राम प्रसाद, शिव प्रसाद, काली प्रसाद। हिन्दू कभी–कभी इस श्रेणी में हिन्दी–फ़ारसी के मिश्रित योग, जैसे गंगा बक्श आदि प्रयोग करते हैं।

मुस्लिम उपनाम जैसे *असद* और *शेर* का हिन्दी समतुल्य है सिंह जिसका समान अर्थ होता है।

जहाँ तक बात है *ख़िताब* कहे जाने वाले उपनामों की, तो विभिन्न हिन्दू जातियों के लिहाज़ से विशेष उपनाम हैं।

अतएव ब्राह्मणों के उपनाम हैं *चौबे, तिवारी, दुबे, पाण्डेय*; क्षत्रियों, राजपूतों और सिखों के *ठाकुर, राय* और सिंह; वैश्यों, व्यापारियों या बैंकरों के *साह* और सेठ; पढ़े–लिखों के *पण्डित* और *सेन*; डॉक्टरों के *मिश्र*।[49]

हिन्दू फ़कीरों के नाम होते हैं *गुरु, भगत, गोसाईं* या *साईं* और सिखों के *भाई*।[50]

हिन्दुओं के अनुरूप, भारत के मुसलमान चार वर्गों में विभाजित हैं : सैयद, शेख़, मुग़ल और पठान। प्रथम वर्ग वाले मुहम्मद के वंशज हैं; द्वितीय, मूलतः अरब हैं, हालाँकि मतान्तरण कर इस्लाम अपनाने वालों को भी इसी नाम से बुलाते हैं; मुग़ल का आशय है मूलतः फ़ारसी और पठान का मतलब है अफ़गान।

सैयदों को मीर (यानी आमिर) उपनाम दिया जाता है; शेखों के विशेष उपनाम नहीं होते। मुग़ल अपने नाम के आगे मिर्ज़ा[51] उपनाम इस्तेमाल करते हैं, या फिर आख़िर में बेग; उन्हें आगा या ख़्वाजा भी कहते हैं। पठानों को ख़ान कहते हैं। मुसलमान फ़कीरों को *शाह, सूफ़ी* और *पीर* उपनाम दिये जाते हैं। उनके डॉक्टरों को *मौला* या *मुल्ला*

नाम दिया जाता है। महिलाओं को *खानम, बेगम, खातून, साहिबा* या *साहिब, बी* या *बीबी* उपनाम दिये जाते हैं।

श्री और *देव* हिन्दुओं के आदरसूचक उपनाम हैंः पहले का आशय है *सन्त*, और दूसरे का *भगवान*। *श्री* नाम के पहले लगाया जाता है और *देव* बाद में। ये उपनाम शहरों, पहाड़ों, नदियों, इत्यादि[52] के नाम के साथ भी इस्तेमाल किये जाते हैं। गुज़रे ज़माने में हम भी गॉल प्रदेश[53] में दीवस (divus) और दीवा[54] और (diva) के नाम शहरों, जंगलों, पहाड़ों को दिया करते थे। वह एक भारतीय प्रथा थी जो कि केल्टिक (Celtic) भाषा और ड्रुइड[55] धर्म के मूल के साथ गंगा के तट से मज़, मार्ने और सैन (Meuse, Marne और Seine) नदियों (पश्चिमी योरोप की नदियाँ : अनु.) के तटों तक पहुँची।

हमारे समय में, रूसी अभी भी अपने मुल्क़ को पवित्र रूस कहते हैं।

भारत के शासक, वर्तमान में भी, अपने राज्य के सबसे प्रतिभा सम्पन्न शायरों को, या सबसे विशिष्ट को, या तो मुस्लिम उपनाम *सैयद उश्शुअरा* (शायरों का स्वामी), *मालिक उश्शुअरा* (शायरों का राजा) या हिन्दू उपनाम *कबिस्चर* (शायरों का स्वामी), *बर कवि* (महान शायर), आदि प्रदान करते हैं।

उर्दू में लिखने वाले हिन्दुओं ने तख़ल्लुस रखने का मुस्लिम चलन अख़्तियार कर लिया है, और चूँकि यह कल्पित उपनाम आमतौर पर फ़ारसी से उधार लिए गये हैं, जो कि भारत के मुसलमानों की पाण्डित्य की भाषा है, एक ही तख़ल्लुस दोनों धर्मों के शायरों के द्वारा लिया जा सकता है, और इसलिए, चूँकि यह लेखक केवल अपने इन उपनामों से ही चिह्नित होते हैं, हम यह नहीं बता सकते कि वह हिन्दू हैं या मुसलमान।

इन लेखकों में हम कुछ मुसलमान बने हिन्दुओं को पाते हैं, मेरी जानकारी में कोई भी ऐसा मुसलमान नहीं है जिसने हिन्दू धर्म अपनाया हो,[56] बशर्ते कि वह किसी मौलिक सुधारवादी पन्थ में नहीं शामिल हो गया हो, जैसे कि सिख, जो कि अपने मत में परिवर्तित मुसलमानों

को *मज़हबी* (धार्मिक) कहते हैं। दरसल, चूँकि एकेश्वरवाद और भावी जीवन में विश्वास इस्लाम की बुनियाद हैं, इसलिए (अनु. : ईसाई धर्म के लिहाज़ से) इस्लाम से हिन्दू धर्म में आना पदावनति हो सकती है, जबकि हिन्दुओं के लिए इस्लाम (अनु.: ईसाई धर्म की ओर) प्रगति हो सकती है। वैसे, तर्कवाद भारत के मुसलमानों में व्याप्त नहीं हो पाया है; वह अभी भी अपने मत के लिए कट्टर है, जबकि व्यवहार में यह हिन्दू धर्म के प्रभाव के कारण विकृत हो गया है। हम देखते हैं कि हिन्दू शायर इस्लाम अपना लेते हैं, दुनिया त्याग देते हैं और अपने पद्यों में ईश्वर की एकता का गान करते हैं। उदाहरण हेतु, अन्य के अलावा, मुज़्तर (लाला कुँवर सेन), जिसने सुन्दर हिन्दुस्तानी पद्यों में, "हुसैन की शहादत" का गुणगान किया है। ऐसे और भी दर्जनों अन्य हिन्दू शायर हैं, जिनका ज़िक्र मूल जीवनीकारों ने किया है।

हिन्दुस्तानी लेखकों में हम ईसाई मत में परिवर्तित कुछ हिन्दू भी पाते हैं, और यहाँ तक कि, ईसाई बने मुसलमानों को भी पाते हैं, जो कि बहुत ही विरल और लगभग अनसुनी घटना है। उदाहरण के लिए, जीवनीकार शेफ्ता शौकत उपनाम के एक मुस्लिम शायर, जो कि ईसाई बन गया, के बारे में बताता है :

> "कहते हैं कि शौकत की बनारस में एक योरोपीय के साथ गहरी दोस्ती हो गयी और उसके बहकावे में उसने इस्लाम त्याग कर ईसाई मत अपना लिया। ख़ुदा हमें ऐसी त्रासदी से बचाये! इस कारणवश उसने अपना नाम मुनिफ़ अली (अली के द्वारा बुलन्द) से *मुनिफ़ मसीह* (*क्राइस्ट* के द्वारा बुलन्द) में बदल लिया।"

इस मामले में, नाम का बदलना लगभग हमेशा ज़रूरी होता है। *फ़ैज़ मोहम्मद* नामक एक अन्य हिन्दुस्तानी शायर ने ईसाई धर्म में परिवर्तित होने पर *फ़ैज़ मसीह* (क्राइस्ट की दया का) *लकब* धारण किया।

हालाँकि यह भी देखने में आता है कि, मतान्तरित हिन्दू अपना नाम संरक्षित करते हैं, उसके सम्भावित काफ़िराना अर्थ के बावजूद। अतः समकालीन हिन्दुस्तानी लेखकों में से एक हैं बाबु श्री दास,

जिसने मुसलमान बनने पर ईश्वर के गुणों पर एक रचना लिखी; इस रचना का शीर्षक है *सफत रब उल'अलामिन* (प्राणियों के स्वामी की सर्वोत्कृष्टता)।

मौलिक हिन्दुस्तानी तज़किरों में हम हिन्दुस्तानी शायरों के मध्य कुछ यहूदी मूल के मुसलमान बने व्यक्तियों का ज़िक्र पाते हैं। जैसे कि, जमाल (अली), मिरात से, जिसका ज़िक्र हम कर चुके हैं, जो क़रीबन साठ साल पहले हैदराबाद में रहता था। एक और उदाहरण है 'जवान' (मुहिबुल्लाह), जो कि दिल्ली से है, पेशे से डॉक्टर है और शायरी में 'इश्क़' और मुश्ताक का शागिर्द है। वह एक संकलन का लेखक भी है।

हालाँकि पारसी आमतौर पर गुजराती और कभी–कभी फ़ारसी में लिखते हैं, फिर भी कुछ ऐसे भी हैं जिन्होंने हिन्दुस्तानी प्रयोग किया है, और इसी कड़ी में बम्बई के बोमांगी दोसाबजी ने *शकुन्तला नाटक* का एक संस्करण तैयार किया है।

यही जीवनीकार हमें भारतीय शायरों में कुछ योरोपीय ईसाइयों (ऐसे लोग जो कम–से–कम मूलतः योरोपीय ईसाई हैं) के बारे में बताते हैं। उदाहरण के तौर पर, सोम्ब्र (Sombre) नामक एक योरोपीय (*फिरंगी*) और प्रसिद्ध समरू बेगम का पुत्र साहिब। समरू बेगम सिरधना की महारानी है, इन्हें *ज़ीनत उन्नीसा* (अर्थात् महिलाओं का गहना) उपनाम दिया गया है। साहिब दिलसोज़ का शागिर्द था। साहिब के नाम कुछ सफल उर्दू काव्य हैं। वह दिल्ली में अपने घर पर साहित्यिक गोष्ठियाँ आयोजित करता था जिनमें राजधानी के मुख्य शायर शामिल होते थे। उसमें बाक़ियों के अलावे सरवर (जिसने मुझे यह जानकारी प्रदान की) भी शामिल था। ऐसा सुनने में आता है कि वह सुलेख या ख़ुशनवीसी (calligraphy) में भी कुशल था (ख़ुशनवीसी प्राच्य में काफ़ी सम्मानित कला है) तथा चित्रकला और संगीत में भी। वह चिरयौवन में ही, 1827 में मर गया।

उसका एक दोस्त था जिसका वास्तविक नाम था बल्थाज़ार और जिसका तख़ल्लुस था असीर (गुलाम)। इसने सफलतापूर्वक हिन्दुस्तानी

शायरी को सिंचित किया.सरवर हमें बताता है कि वह *फिरंगी* और ईसाई था, और उसके पद्य, जिसके कुछ नमूने वह साथ–ही–साथ देता है, मौलिकताविहीन नहीं हैं।

इसी दौर में सिरधना के एक छोटे दरबार में एक तीसरा योरोपीय हिन्दुस्तानी शायर, बल्कि फ़्रांसीसी हिन्दुस्तानी शायर था, जिसे *फरसु* या *फ़्रंसू* यानी कि फ़्रांसीसी कहा जाता था। वह अगस्त (Auguste) या अगिस्ताँ (Augustin) का पुत्र और सिरधना की महारानी का अफ़सर था। वह सुन्दर शायरी का लेखक है, और वह साहिब की तरह दिल्ली के विशिष्ट शायर दिलसोज़ का शागिर्द है।

एक समकालीन हिन्दुस्तानी शायर का ज़िक्र भी हम सुनते हैं, जो ईसाई और अंग्रेज़ है, जिसे मूल जीवनीकार[58] *जरिज बंस शोर*, (सम्भवतः Georges Burns Shore) का नाम देता है। यहाँ जीवनीकार शायर के कुलनाम (Shore) को एक तख़ल्लुस समझ रहा है, और इस तख़ल्लुस का अर्थ 'शोर' (noise) ले रहा है।

अन्ततः, हिन्दुस्तानी शायरों में, दिल्ली के मूल निवासी दो अंग्रेज़ों का ज़िक्र आता है, *इस्फ़ान*, (*स्टीफ़न* या *स्टीवंस*) जो कि 1800 तक जीवित था, और *जान टूमस* (*जॉन थॉमस*), जिसे *खान साहिब* (Monsieur le Khan), के नाम से भी जानते हैं। यह दोनों समकालीन शायर हैं। सम्भवतः ये सभी संकर वर्ण (half cast) के हैं।

मैं ख़ुद इसी श्रेणी के एक हिन्दुस्तानी शायर, स्वर्गीय डाईस सोम्ब्र (Dyce Sombre) से परिचित था। यह सिरधना की महारानी का वह दत्तक पुत्र है, जिसका ज़िक्र मैं कर चुका हूँ। यह वह व्यक्ति है जिसकी चर्चा अंग्रेज़ी अख़बारों में कई दफ़े होती रही है, उस पर लगी पाबन्दी के सम्बन्ध में। इस पाबन्दी के विरुद्ध वह लगातार संघर्ष करता रहा। डाईस सोम्ब्र दक्षतापूर्वक हिन्दुस्तानी शायरी लिखता था और बड़ी क़ाबिलियत से उनका वाचन करता था।

हम एक ऐसे हिन्दुस्तानी शायर का ज़िक्र सुनते हैं, जो कि नीग्रो था और जिसका नाम सिदी[59] हामिद बिस्मिल था। बिशप ग्रेगुवार (Bishap Grégoire) ने अपनी 'लितेरात्युर दे नेग्र' (Littérature des Nègres) में जिन विशिष्ट नीग्रो लोगों का ज़िक्र किया है उसमें यह नाम जोड़ा जाना चाहिए।

हमारा नीग्रो शायर पटना का मूल निवासी था, और, जैसा प्रतीत होता है, गुलाम था। वह इस सदी की शुरुआत में जीवित था।[60]

लगभग सभी हिन्दी लेखक हिन्दुओं के सुधारवादी पन्थों से आते हैं। जैनी, कबीरपन्थी, सिख, और नाना क़िस्म के वैष्णव वे प्रमुख पन्थ हैं जिनसे ये लेखक सम्बद्ध हैं। इन पन्थों के मुखिया (सबसे प्रसिद्ध से लेकर सबसे कम जाने–माने) भी हिन्दी कवि हैं, जैसे रामानन्द, वल्लभ, दरयादास, जयदेव, दादू, बीरभान, बाबा लाल, राम चरण, शिव नारायण, आदि।

बहुत थोड़े से ही शैव हैं जिन्होंने हिन्दी में लिखा है। इनमें से अधिकांश प्राचीन भाषा और प्राचीन पन्थ के प्रति वफ़ादार हैं।

जहाँ तक मुसलमानों की बात है तो वे धार्मिक सम्बन्धों के लिहाज़ से *सुन्निओं* (या परम्परावादी) और *शियाओं* (या अलगाववादी) में विभाजित हैं। अक्सर सुन्नियों की तुलना[61] कैथोलिक से और शियाओं की तुलना प्रोटोस्टेंट से की जाती है, क्योंकि शिया *सुन्ना* यानी (मुहम्मद के कार्यों से सम्बन्धित परम्परा) को ख़ारिज करते हैं, *हदीस* (यानी परम्परा के द्वारा मुहम्मद से जुड़े कथनों) को स्वीकार करते हुए। बहरहाल, शाख्दां (Chardin), जो वास्तव में प्रोटोस्टेंट था, विपरीत तुलना करता है।

कुछ मतभेदी भी हैं, सैयद अहमदियों के नाम से जाने जाने वाले। वे भारत के वहाबी हैं, और कभी–कभी उन्हें इसी तरह से ही जाना जाता है। कई हिन्दुस्तानी लेखक इस सम्प्रदाय से जुड़े हैं; उदाहरण के लिए हाजी अब्दुल्लाह, हाजी इस्माइल, और कई अन्य, जिनके बारे में मैं आगे बात करूँगा।

हिन्दुस्तानी लेखकों में हम बड़ी संख्या में मुसलमान या सूफ़ी दार्शनिक भी पाते हैं, जिनमें से कई को सन्त का दर्ज़ा प्राप्त है। ये भिक्षु शायर हैं, जो कि न सिर्फ़ स्वयंसेवक या फ़कीर हैं, बल्कि वास्तव में भिक्षु हैं। यह पर्चों पर अपनी रचनाएँ लिख बाज़ारों में छन्द–खण्ड बेचने जातें हैं। इन्हीं में से एक थे मुकरिम (मिर्ज़ा), जो दिल्ली के थे, और कमतरिन (मियाँ), जिनका उपनाम पीर–ख़ान था,[62] यह ख़ुद ही

उर्दू मोहल्ला[63] में दो पैसे (लगभग दस centimes) में अपनी ग़जलें एक खण्ड के हिसाब से बेचते थे।

इन भिक्षु–शायरों के साथ, हम पेशेवर शायर पाते हैं और फिर शौक़िया शायर भी पाते हैं जो हर वर्ग से और यहाँ तक कि निम्न समाज से भी आते हैं। और अन्ततः शाही शायरों की एक बड़ी संख्या है, जिनकी शायरी के बारे में यह कहा गया था कि : "बादशाहों के कथन, कथनों के बादशाह होते हैं।"[64] गोलकोंडा के तीन राजाओं के अलावे, जिनका ज़िक्र मैं कर चुका हूँ, इन शायरों में से अन्य हैं : बीजापुर का राजा इब्राहिम आदिल शाह, मैसूर का दुर्भाग्यशाली राजा टीपू, महान मुग़ल शाह आलम द्वितीय, अकबर द्वितीय और बहादुर शाह द्वितीय, अवध के नवाब और राजा आसफुद्दौला, गाज़ी उब्दीन हैदर और वाजिद अली। ये सब शाही शायरों में शुमार हैं।

अन्ततः हम तमाम हिन्दुस्तानी शायरों के बीच से महिला शायरों को अलग कर सकते हैं (जिनमें से कई का ज़िक्र मैं एक विशेष आलेख में कर चुका हूँ[65])। जिनकी चर्चा मैंने नहीं की है उनमें से मैं राजकुमारी खाला[66] का ज़िक्र कर सकता हूँ। दरअसल उसने यह तख़ल्लुस इसलिए लिया था क्योंकि उसके भतीजे, फ़र्रुख़ाबाद के नवाब इमाद उल मुल्क, के हरम में उसे इसी नाम से पुकारा जाता था। लेकिन उसका आदरसूचक उपनाम या *ख़िताब* था *बद्रुनिस्सा* (महिलाओं में पूरा चाँद) यानी कि सबसे विशिष्ट महिला।[67]

मैं ज़िक्र करूँगा अमात उल फातिमा बेगम का जो साहिब के तख़ल्लुस से जानी जाती हैं और अनौपचारिक तौर पर जिन्हें जी साहिब या साहिब जी (Madame la Dame) कहते हैं। वह उर्दू लेखकों में विशेषकर अपनी ग़ज़लों के लिए चर्चित है। वह एक अति विशिष्ट शायर 'मुनीम' की शागिर्द है, जो कि शेफ़्ता का भी उस्ताद था (शेफ़्ता उन कुछ जीवनीकारों में से है जिनसे मैंने सबसे अधिक जानकारी प्राप्त की है) और कई अन्य रचनाकारों का भी। बारी–बारी से वह दिल्ली और लखनऊ में रही; और वह मुज़ी उल्लाह ख़ान की एक मसनवी की मुख्य पात्र है, जिसका शीर्षक है–*कौल ए गामिन*।

एक और महिला शायर चम्पा है, जो कि अपने नाम के बावजूद सम्भवतः मुसलमान है। वह नवाब हुसम उद्दौला के हरम का हिस्सा थी और कासिम ने उसे उर्दू शायरों के मध्य खड़ा किया।

एक सामान्य नर्तकी भी है, जिसका नाम *फ़रह* (ख़ुशी), या दरअसल *फ़रह बक्श* (ख़ुशी देने वाली) है, जिसने कुछ हिन्दुस्तानी शायरी की रचना की है। शेफ़्ता ज़िया (चमक) नाम की नर्तकी के साथ–साथ इश्क़ी गंशिन नामक एक तीसरी महिला शायर का ज़िक्र करता है।

एक चौथी नर्तकी ने हिन्दुस्तानी शायर के बतौर, पूर्ववर्तियों से कहीं ज़्यादा प्रसिद्धि हासिल की। वह है जान (मीर यार अली जान साहिब)। वह फ़र्रुख़ाबाद की मूल निवासी है, लेकिन इसने मुख्यतः लखनऊ में निवास किया है, जहाँ उसने साहित्यिक सफलता का स्वाद चखा। वह बचपन से ही संगीत और साहित्य में संलग्न रही और फ़ारसी सीखी। उसने मुख्यतः हिन्दुस्तानी शायरी के लिए ख़ुद को समर्पित किया और जीवनीकार करीम उसे अपना उस्ताद मानता है और अपने शेरों के बारे में उससे मश्वरा लेता है। उसने लखनऊ में 1262 (1846) में, ज़नाना की विशेष शैली में लिखित एक दीवान छपवाया। उस समय उसकी उम्र लगभग 36 साल थी।

मैं एक और महिला हिन्दू शायर का ज़िक्र करूँगा, नारनौल से राम जी का; इनका उपनाम *नज़ाकत* है। इनकी विलक्षण प्रतिभा और विरल सुन्दरता की तारीफ़ मौलिक जीवनियों में अलंकृत उद्गारों के ज़रिये की गयी है। वह 1848 तक जीवित थी। इसी तरह 'तस्वीर' और सुरैया नाम की महिला शायरों की जानकारी हमें बातिन और करीम से प्राप्त होती है। इसके अलावे, एक शायरा हैं यस जिसका नाम मियां बानो है। वह हैदराबाद से है और दिल्ली के फ़ैज़ की शागिर्द होने के साथ–साथ अत्तार के *पंदनामा* के एक अनुवाद की रचनाकार है।

एक और वर्गीकरण काफ़ी महत्त्वपूर्ण है लेकिन अक्सर मुश्किल भी (विशेषकर पुराने शायरों के लिए, उनके जीवन सम्बन्धी जानकारियों के अभाववश)। वह वर्गीकरण है कालानुक्रमिक आधार पर। इस तरीक़े से, हमें सर्वप्रथम हिन्दू शायर[68] और, ग्यारहवीं सदी से[69] मुसलमान

शायर मिलते हैं, जैसे मसूद–इ साद, जिस पर श्रीमान ब्लांड (Nath. Bland) ने 1853 में, 'एशियाटिक जर्नल' (Journal Asiatique) में कुछ रोचक लेख लिखे हैं। बारहवी शताब्दी में 'चाँद', जिसे राजपूतों का होमर कहा गया, और पीपा, जिसका काव्य सिखों के *आदि ग्रन्थ* का हिस्सा है, मिलते हैं। तेरहवीं शताब्दी[70] में मिलता है सादी, जिसने, जैसा कि हमने ऊपर देखा है, उर्दू डायलेक्ट में पद्य लिखने से परहेज नहीं किया; बैजू बावरा, जो कि प्रसिद्ध शायर और संगीतकार था; और चौदहवीं शताब्दी में दिल्ली से खुसरू और हैदराबाद से नूरी मिलते हैं।

बेशक, कई अन्य हिन्दुस्तानी लेखक हैं जो इन्हीं सदियों में जीवित थे और इससे पहले भी। मध्य भारत के पुस्तकालय निश्चय ही पुरानी हिन्दी कृतियाँ सँजोये हुए हैं, जिनसे हम अनभिज्ञ हैं; और, हर हाल में, कई लोक गीत भारतीय भाषा के विकास के शुरुआती समय से जुड़े हुए हैं।

पन्द्रहवीं शताब्दी में आधुनिक सम्प्रदायों के प्रारम्भिक संस्थापकों को हम पाते हैं, जिन्होंने हिन्दी को पूजन–पद्धति सम्बन्धित (liturgical) भाषा के तौर पर इस्तेमाल किया और इस बोली (idiom) में धार्मिक भजन और नैतिक काव्य रचे। इनमें प्रमुख हैं कबीर, जिसने संस्कृत के प्रयोग के ख़िलाफ़ सोत्साह ख़ुद को स्थापित किया; उसके शिष्य श्रुतगोपालदास, जो कि *सुख–निधान*[71] का लेखक है और धर्मदास, जो कि *अमरमल*[72] का लेखक है; नानक और भगोदास, जो सबसे प्रसिद्ध हैं और 'ललच', जो कि पश्चिम की हिन्दुस्तानी में लिखित एक *भागवत* का लेखक है। जिनके बारे में मैं पहले ही कहीं बता चुका हूँ[73]–उनके बारे में यहाँ कुछ और नहीं जोड़ना चाहूँगा।

सोलहवीं शताब्दी में हिन्दुओं में, सुखदेव, जिस पर जीवनीकार प्रियादास ने एक विशेष निबन्ध समर्पित किया है; नाभाजी, जो जीवनात्मक गीतों (जो कि *भक्तमाल* के मौलिक टेक्स्ट हैं) का रचयिता है; वल्लभ और दादू, जो सम्प्रदाय–प्रमुख और विशिष्ट कवि हैं; बिहारी, जो *सतसई*[74] का प्रसिद्ध रचयिता है; गंगादास, जो कुशल अलंकारशास्त्री (rhetorician) है, और कई अन्य को हम पाते हैं।

उत्तर भारत के मुस्लिम लेखकों में, बाक़ियों के अलावा, अबुलफज़ल, जो अकबर का मन्त्री है, और बयाज़िद अंसारी, जो रोशनियों या जलालियों (आलोकित) के सम्प्रदाय का प्रमुख है–इनको हम पाते हैं।

दक्कन के रचनाकारों में एक अफज़ल (मुहम्मद) है, जिसके बारे में जीवनीकार 'कमल' बताता है : "उसकी शैली परिशोधित नहीं है, चूँकि जिस काल में वह लिखता था, उस समय रेख्ता शायरी बहुत अच्छी नहीं समझी जाती थी, फिर भी वह दक्कनी में लिखने को बाध्य हुआ।" और एक है मुहम्मद कुली कुतब शाह, गोलकोंडा का राजा, जिसने 1582 से 1611 तक शासन किया, और जिसका उत्तराधिकारी अब्दुल्लाह कुतब शाह हुआ; जिसने विशेषकर हिन्दुस्तानी साहित्य को संरक्षित और प्रोत्साहित किया।

मुख्यतः दक्कन में सत्रहवीं शताब्दी में उर्दू शायरी का वास्तविक दौर शुरू हुआ। सटीक नियमों से बद्ध। हिन्दी कवियों में से सूरदास, तुलसीदास और केशवदास को उद्धृत करना चाहूँगा। यह आधुनिक भारतीयों के तीन पसन्दीदा कवि हैं। इनके बारे में कहा गया था कि, "सूरदास सूरज है; तुलसी चाँद; केसवदास तारे; बाक़ी कवि जुगनू हैं जो यहाँ वहाँ चमकते हैं।"[75]

हातिम, जिसकी मैंने चर्चा पहले की है; आज़ाद (फ़क़ीर उल्लाह), जो, हैदराबाद का मूल निवासी होते हुए भी दिल्ली में रहता था और जिसने वहाँ अपनी रचनाओं के बल पर प्रसिद्धि प्राप्त की; जीवन (मुहम्मद), जो कई धार्मिक रचनाओं का लेखक है–आदि को उर्दू शायरी में हम पाते हैं।

दक्कनी शायरों में निम्नलिखित को हम पाते हैं : वली (जिसको उपनाम दिया गया "रेख्ता शायरी का पिता" या "बाबा–ए–रेख्ता"); शाह गुलशन, (वली का उस्ताद); गुजरात से अहमद; तना शाह (जिसका मैं पहले ज़िक्र कर चुका हूँ); बागनगर का शाही और मिर्ज़ा अब्दुलकासिम (जो इस राजकुमार के अफ़सर हैं; अवरी या इब्न निशाति,[76] (जो *फुलबन* का लेखक है); गौवास या गौवासी, (जो तोते की दन्तकथा

पर आधारित एक कविता का रचयिता है); मुहस्किक, (जो दक्कन के सबसे पुराने शायरों में से एक है, जिसने हिन्दुस्तान के रेख्ता से काफ़ी मिलते–जुलते रेख्ता में लिखा); रसमी, (जिसने *खविरनामा* लिखा, जिसकी विवेचना[77] मैं कर चुका हूँ); अज़ीज़ (मुहम्मद) और कई अन्य।

अट्ठारहवीं शताब्दी में अपने देशवासियों के बीच विशिष्ट पहचान बनाने वाले हिन्दुस्तानी शायरों की सूची काफ़ी लम्बी होगी। हिन्दी कवियों में से कुछ का नाम लेना मैं पर्याप्त समझता हूँ; जैसे, गंगापति (हिन्दुओं के विभिन्न दार्शनिक सिद्धान्तों पर एक निबन्ध का लेखक), बीरभान (*साध* या "पवित्र" नामक प्रसिद्ध सम्प्रदाय का संस्थापक और उल्लेखनीय धार्मिक कविताओं का रचयिता[78]), राम चरण (स्वयं के नाम पर बने एक सम्प्रदाय का संस्थापक और पवित्र भजनों का रचनाकार), शिव नारायण (एक और सम्प्रदाय–संस्थापक, जो हिन्दी पद्य में ग्यारह पुस्तकों का लेखक[79] है; वह आम आह्वाहन "गणेश वन्दना" (*श्री गणेशाय नमः!*) से शुरू करने के बजाय, इन शब्दों से शुरू करता है : "सन्तों द्वारा रक्षा" (*सन्त सरन*))।

उर्दू लेखकों में, मैं सौदा,[80] मीर और हसन का ज़िक्र करना चाहूँगा। यह पिछली सदी के तीन सबसे मशहूर शायर हैं। इनके अलावे निम्नलिखित हैं : जुरत, आरजू, दर्द, यकीन, फिगां, अमजद (ये सब दिल्ली से हैं); अमीनुद्दीन (बनारस से), आशिक (गाजीपुर से)। दक्कनी रचनाकारों में से मैं ज़िक्र करूँगा सर्वप्रथम हैदर शाह का। इसका उपनाम है *मर्सिया–गो* यानी मर्सिया गाने वाला। वह अपने लिखे शोकगीत गाता था। साथ ही, उसने रचना की है शेरों की एक श्रृंखला की, जो कि वली के दीवान के शेरों की अगली कड़ी है। *मुखम्मस* नाम के उसके शेरों में हर एक *बैत,* यानी दुहरा हेमिस्टिक[81] (double hemistich), तीन अन्य हेमिस्टिक (hemistich) के साथ आता है, और इस तरह एक भिन्न छन्द बनाता है। आज़ादी एक अन्य दक्कनी रचनाकार है, जो पद्य में एक लघु विश्वकोश (इनसाइक्लोपीडिया)[82] का रचनाकार है। यह रचना कई अध्यायों से निर्मित है। हर अध्याय एक भिन्न मीटर पर है, जिसे लेखक अध्याय के शुरुआत में ही स्पष्ट कर देता है।

इसके अलावे, औरंगाबाद का सिराज (1754 के लगभग इसकी मृत्यु हुई), उजलत (जो सूरत से है और दक्कन के सबसे चर्चित शायरों में से एक है, 1165 (1751–52) में इसकी मृत्यु हुई) का यहाँ ज़िक्र करना बनता है।

अन्ततः उन्नीसवीं सदी से तथा समकालीनों हिन्दी लेखकों में सबसे विशिष्ट हैं, बख्तावर (जिसने जैनों के सिद्धान्तों के सम्बन्ध में एक ग्रन्थ लिखा), जीवनीकार दुल्हाराम और छत्रदास[83] (रामसनेहियों के मुखिया के धार्मिक पदवी का उत्तराधिकारी)।

सभायी और करीम हमें इंगित करते हैं कि दिल्ली का मुनीम, एक उर्वर और वाक्पटु शायर था जो 1852 में मरा। इसके दीवान को दोनों *अतुलनीय* बताते हैं। नासिर (1842 या 43 में मृत्यु) और अताश (1847 में मृत्यु) दोनों ने ही एक–एक चर्चित दीवान की रचना की। मूलचन्द (जो 'शाह नामा' के पद्य में एक संक्षिप्त अनुवाद का रचनाकार है), मामून (समकालीन लेखकों में सबसे लोकप्रिय में से एक), और कई अन्य, जिनका ज़िक्र मैंने अपनी कक्षा के उद्‌घाटन व्याख्यानों में किया है–यह उन्नीसवीं सदी के उर्दू विशिष्ट शायरों में से हैं।

दक्कनी के शायरों में मैं ज़िक्र करना चाहूँगा हैदराबाद के कमाल और मद्रास के अब्दुल्हक का।

मूल जीवनीकार जिस तरह से विभिन्न शायरों के बारे में जानकारी देते हैं, अगर अब हम इस पर ध्यान डालें तो हम आसानी से तीन वर्गों की पहचान कर सकते हैं : पहला वर्ग ऐसे शायर का है जिनका सिर्फ़ एक सामान्य उल्लेख है। दूसरा वर्ग ऐसे शायरों का जिनके उल्लेख को मैं सम्मानजनक कहूँगा। और अन्ततः तीसरा वर्ग में वह शायर हैं जिनका बहुत सम्मानजनक उल्लेख है। पहली श्रेणी में मैं उन लेखकों को रखता हूँ जिनको बिना किसी विवरण के इंगित किया गया है। उनमें कभी–कभी सिर्फ़ रचनाकारों के नाम, उनके पैतृक शहर के उल्लेख और उनके पद्य का एक उद्धरण मिलते हैं। ये वे लोग हैं जिन्होंने एक दीवान के लिए पर्याप्त ग़ज़लें नहीं लिखे, या जिनके किसी बृहद् रचना से लिए गये पद्य जानकारी में तो हैं लेकिन जो

किसी विशेष शीर्षक से नहीं पहचाने जाते। दूसरी श्रेणी में मैंने उन शायरों को जगह दी है जिनके नाम से कोई–न–कोई काव्य संकलन है। इन संकलनों का नाम, सन्दर्भ के लिहाज़ से, *दीवान* या *कुल्लियत* है–इसके बारे में हम बाद में चर्चा करेंगे। आख़िरी और तीसरी श्रेणी में, पद्यात्मक या गद्यात्मक रचनाओं के लेखक हैं। इन रचनाओं के शीर्षक, अगर रचना हिन्दी में है, तो लगभग हमेशा संस्कृत में होते हैं और अगर रचना उर्दू या दक्कनी में हो, तो फ़ारसी में या अरबी में भी।

III. हिन्दुस्तानी में रचनाओं के भिन्न प्रकार सिर्फ़ रूप (form) के लिहाज़ से अलग हैं। शब्द भाव के ऊपर हावी हैं। अतः, ग़ज़ल छह से बारह पद्यों की एक लघु कविता है, एक ही तुकबन्दी पर; यह पहले दो हेमिस्टिक (hemistichs) पर दुहराई जाती है। इसका विषय इतना तटस्थ है कि वह ख़ुशनुमा या गम्भीर कुछ भी हो सकता है (यहाँ तक कि अक्सर साथ ही साथ कामुक और रहस्यवादी/आध्यात्मिक भी[84])। वह पेत्रार्क और शेक्सपियर के विशिष्ट लहजे में सॉनेट है। इतालवी कवि पेत्रार्क से प्रेरित शेक्सपियर के सॉनेट भी पेत्रार्क जैसे ही सुन्दर हैं। हालाँकि इस मायने में शेक्सपियर को कम उद्धृत किया गया है, ऐसा उसके नाटकों की लोकप्रियता की वजह से हुआ होगा। कसीदा इसी तरीक़े से कभी एक स्तुति–छन्द (*मध* या *मंसबा*) तो कभी व्यंग्य (*हजु*) है, या फिर कोई बिल्कुल ही अन्य चीज़ के रूप में निर्मित एक कविता होती है। मसनवी के हेमिस्टिक (hemistichs) तुकबद्ध होते हैं।[85] इसमें किसी भी विषय पर रचना सम्भव है। वह बहुत लघु या बहुत विस्तृत हो सकता है; दो या तीन पृष्ठ की रचना हो सकती है या फिर हज़ार पन्नों से अधिक किसी महाकाव्य की शक्ल ले सकती है। वह एक कहानी, एक उपन्यास, एक शिक्षाप्रद निबन्ध, एक धार्मिक कविता कुछ भी हो सकती है। हिन्दुस्तानी लेखकों ने इस रूप (form) में हर विषय को जगह दी है–कठोर और रमणीय, गम्भीर और हलका–फुल्का।

तीन, चार, पाँच, छह, सात, आठ, दस हेमिस्टिक (hemistichs) वाले छन्द–काव्य क्रमशः मुसल्लस, मुरब्बा, मुखम्मस, मुसद्दस, मुस्सब्बा,

मुसम्मन, मु'अश्शर हैं। इनमें शिकायतें (या *मर्सिया*) हो सकते हैं, ख़ुशी के गीत (या *मुबारकबाद*) हो सकते हैं, या फिर बिल्कुल कुछ और भी हो सकते हैं।

ऐसी भी कविताएँ हैं जिनका शीर्षक विशेष विषय को निर्धारित करता प्रतीत होता है लेकिन जो वास्तव में किसी भी तरह से बाध्य नहीं होती हैं। उदाहरण के लिए *साक़ी नामा*–इससे ऐसा प्रतीत होता है कि इसमें पीने के बारे में गीत हो सकता है, लेकिन यह अन्य विषयों की चर्चा भी करता है। इस प्रकार, हैदर (हैदर बक्श) ने अली की प्रशंसा में ऐसी ही एक रचना लिखी थी।

हिन्दी काव्य की भी लगभग यही स्थिति है। कविताओं के नाम उनके विषय से सम्बन्धित नहीं हैं। अतएव, हम हर जगह *पद* पाते हैं। *टप्पा* होली तथा विवाह दोनों के गीतों के लिए प्रयुक्त होता है (विवाह के गीतों के लिए कभी–कभी विशेष नाम *बधवा* प्रयोग करते हैं)।

लघु विस्तार की मुस्लिम शायरी में एक रहस्यवादी/आध्यात्मिक छाप होती है जिससे उसकी पहचान होती है। हिन्दुस्तानी पद्य में, फ़ारसी की तरह, एक युवा पुरुष के गुणों के ज़रिये किसी महिला की सुन्दरता का वर्णन करने का चलन है।

इसके विपरीत हिन्दी डायलेक्ट में, महिला के मुख से किसी युवा पुरुष के लिए प्रेम के पद्य कहलाये जाते हैं। यह चलन कभी–कभी उर्दू में भी पाया जाता है। ऐसे काव्य को *रेख़्ती* (जो फ़ारसी शब्द *रेख़्ता* का भारतीय स्त्रीलिंग है) का नाम दिया जाता है। इंशाअल्लाह ख़ान इस सदी की शुरुआत में इस शैली के काव्य को प्रचलन में लाया था।

फ़ारसी मीटर और शैली के काव्य उर्दू में भी मिलते हैं। इनमें से दो शैलियाँ भारतीय भाषा के लिए ख़ास हैं, मुकरी और पहेली। इनके बारे में मैं बाद में बताऊँगा।

अरबी में, पहले पहल, एक सामान्य काव्य–संकलन को *दीवान* नाम दिया गया। इसलिए मुतनब्बी का दीवान, इब्न फ़रीद का दीवान, अम्रुल्कैस का दीवान, आदि नाम दिये गये। जब इन प्रसिद्ध लेखकों के काव्य–संकलन की बात की जाती है या एक रचनाकार के कई

दीवानों या एक दीवान और अन्य काव्यों के संकलन की बात की जाती है तो उन्हें *कुल्लियात* (सम्पूर्ण रचनाएँ) नाम से जाना जाता है। लेकिन, आजकल अरबी के साथ–साथ मुस्लिम प्राच्य की अन्य भाषाओं–हिन्दुस्तानी, पश्तु, फ़ारसी, तुर्की में दीवान का अर्थ होता है ग़ज़लों का ऐसा संकलन, जहाँ ग़ज़लें तुकबन्दी के आख़िरी अक्षर के वर्णमाला–क्रमानुसार सज़ाई गयी हों और जिसमें भिन्न शैलियों के अन्य काव्य अक्सर प्रसंगवश जोड़ दिये जाते हैं। ये दोनों प्रयोग हिन्दी काव्य में लागू नहीं होते। अतएव, दोहा, कबित्त और श्लोक, जो आमतौर पर देवनागरी अक्षरों में लिखे जाते हैं, यह ऐसे शीर्षकों के अन्दर नहीं समेटे जाते।

दीवानों और कुल्लियातों को विशेष शीर्षक विरले ही दिये जाते हैं। हालाँकि कुछ के ऐसे नाम होते हैं। जैसे कि अख़्तर (वाजिद अली) (वर्तमान अवध के राजा) के दीवान का नाम है *फ़ैज बुन्यान* (इनायत की आधार–शिला),[86] जोश (अहमद हसन ख़ान) की कृति का शीर्षक *गुलदस्ता–ए–सुखन*, रश्क के दो दीवानों के नाम हैं *नज़्म मुबारक* और *नज़्म गिरानी* और तपिश के कुल्लियात का नाम है *गुलज़ार–ए–मज़ामीन*।

ये लघु काव्य जिनसे ये सब संकलन बने हैं, लगभग सभी आध्यात्मिक होने के साथ–साथ कामुक भी हैं (जैसा मैंने बताया हुआ है)। ये मुसलमान लेखक शाश्वत सौन्दर्य और सृजित सौन्दर्य के बीच सकारण एक भ्रम रचते हैं जो कि हमारी नज़रों में गुस्ताख़ी सी लगती है। वे ईश्वर को एक महिला के रूप में देखते हैं या फिर एक युवा किशोर के रूप में। इस तरह हम कभी–कभी विशुद्ध आध्यात्मिक प्रवाह के बीच ऐसे छन्द पाते हैं जो कामुक हैं और यहाँ तक कि अश्लील भी हैं।[87] वली के दीवान के एक हिस्से और कई अन्य ग़ज़लों का अपनी "इस्त्वार द ला लितेरात्युर हिन्दुस्तानी" (Histoire de la littérature hindustani, 'हिन्दुस्तानी साहित्य का इतिहास' : अनु.) में और "शौं पॉपुलैर द लैंद" (Chants populaires de l'Inde, 'भारत के लोकप्रिय गीत' : अनु.)[88] में मैंने अनुवाद किया था। इस अनुवाद के ज़रिये योरोपीय

और क्रिश्चियन परिपाटियों की सीमाओं में काव्य की इस विशेष शैली का आकलन किया गया था। मेरी नज़र में इनमें से कुछ ग़ज़लें बहुत ख़ूबसूरत और रम्य हैं। यह यदा–कदा पिण्डार (Pindare) के गीतों (odes) के समान, यदा–कदा अनासेरों (Anacéron) के गीतों के समान, या कुछ–कुछ हफीज़ की फ़ारसी ग़ज़लों (जिनका बहुत रुतबा है) के बराबर और ये निश्चय ही बाक़ी (Baqui) के तुर्की ग़ज़लों से बेहतर हैं।

इन संकलनों की सबसे बड़ी खामी है एकरसता। इनमें एक ही विचार को हर प्रकार की शैली में और अक्सर समान या अनुरूप अभिव्यंजनाओं के साथ ऊब जाने तक दुहराया जाता है।

स्थान भरने के लिए युक्त छन्द बहुसंख्य हैं; चूँकि, सबसे अधिक प्राच्य शायरों के बारे में हम बटलर (Butler)[89] के यह छन्द उचित पाते हैं :

… Those who write in rhime, still make
The one verse for the other's sake.

अतएव कुछ विशिष्ट दीवानों को छोड़कर, जिन्हें ख्याति प्राप्त हुई है, इन संकलनों को पढ़ना आमतौर पर असहनीय है।

इन दीवानों में शामिल ग़ज़लों की एक और खामी है–अस्पष्टता। इसे प्राच्य के लोग दरअसल एक वांछनीय गुण मानते हैं, क्योंकि वह सह्लयेहिआत (Yriarte) की बन्दर और नटकी दन्तकथा में प्रतिपादित इस सिद्धान्त को नहीं स्वीकार करते : "Sin claridad no hai obra buena." ("स्पष्टता के बिना कोई अच्छा कार्य नहीं होता" : अनु.)।

हिन्दुस्तानी दीवानों में वली का दीवान सबसे चर्चित है। बहरहाल, ऐसा प्रतीत होता है कि इसे वर्तमान में उत्तर–पश्चिम के प्रान्तों में कम ही पढ़ा जाता है, न सिर्फ़ इसलिए कि इसे दक्षिण के डायलेक्ट में लिखा गया है, बल्कि इसलिए भी कि उसकी शैली पुराने ढंग की है। सौदा, मीर, दर्द, जुरत और यक़ीन के दीवान, जो कि अधिक आधुनिक हैं और जिनकी प्रसिद्धि क़ायम है, के साथ ऐसी बात नहीं है।

समकालीन शायरों के दीवानों में से हम अताश, ज़ौक़, नावेद, नज़ीर के दीवानों का विशेष ज़िक्र कर सकते हैं।

दीवानों के अन्त या शुरुआत में जो शेर हम पाते हैं उनके अनेक रूप हैं जिन्हें मैंने अपनी पुस्तक "इस्त्वार द ला लितेरात्युर हिन्दुस्तानी" में बताने की कोशिश की है।[90]

विस्तृत मसनवियों का मक़सद होता है किसी विशेष विषय को उठाना, किसी ऐतिहासिक लक्षण का वर्णन करना, कभी–कभी एक पूरे इतिहास की जानकारी देना। वे अक्सर कमोबेश ऐतिहासिक या फिर पूरी तरह काल्पनिक उपन्यास होते हैं। लेकिन आमतौर पर, कवि के स्पिरिट के हिसाब से, वे किसी प्रचलित दन्तकथा का विवरण प्रस्तुत करते हैं। इस शैली में कई बृहद् कविताएँ हैं जिनमें से कुछ ध्यान देने योग्य हैं। कई बार एक ही लेखक ने कई रचनाएँ लिखी हैं और ऐसे भी हिन्दुस्तानी, फ़ारसी और तुर्क शायर हैं, जिन्होंने पाँच या सात रचनाएँ लिखी हैं। इस तरह से, *खमसा* (या "Quinténaire") और *हफ्ता* (या "Septénaire") नामक संकलन हैं, जो एक क़िस्म के दीवान या बृहद् मसनवी हैं। इन संकलनों में से सबसे नामी हैं निज़ामी[91] और आमिर खुसरो के खम्से और जामी का हफ़्ता, जिसे दूसरे लफ़्ज़ों में, मेटाफोर में, *हफ़्त औरंग*, यानी "सप्तर्षि के सात सितारे"[92] कहते हैं।

कुछ प्रसिद्ध दन्तकथाएँ इस शैली के साहित्य में बहुलता से मौजूद हैं और आमतौर से मसनवियों के संकलन का हिस्सा होती हैं। ये क़िस्से प्राच्य के मशहूर प्रेमियों–युसूफ़ और ज़लिखा, फरहाद और शिरीन, मजनूँ और लैला, वसीम और अज़रा–के होते हैं।

यह क़िस्से किंवदन्ती बन चुके नायकों के भी होते हैं, जैसे : सिकन्दर (Alexandre), रुस्तम[93] ,हमजा, हातिम ताई, बहरम (ग्रीक लोगों का Varanes जिसका उपनाम है *गोर*, यानी कि "जंगली गधा", इस जानवर के शिकार के जुनून की वजह से उसे यह उपनाम दिया गया), जैसे नायकों के क़िस्से।

हिन्दुस्तानी में ये मुस्लिम दन्तकथाएँ सफलतापूर्वक इस्तेमाल की गयी हैं, और इन्होंने एक स्थानीय कलेवर ले लिया है जिससे वे बेहतर बन पड़ती हैं।

इनमें से कई कृतियाँ उनके लेखकों द्वारा फ़ारसी से अनुवाद के रूप में प्रस्तुत की जाती हैं। लेकिन यह केवल एक तरीक़ा है उन रचनाओं के बारे में बात करने का जिनकी मूल प्रेरणा ऐसी फ़ारसी रचनाएँ हैं जो प्राच्य में बहुत शोहरत हासिल कर चुकी हैं। हम यह पहले चर्चा कर चुके हैं कि भारत के मुसलमानों और तदुपरान्त हिन्दुओं ने भी काफ़ी लम्बे समय तक फ़ारसी में लिखा है। हिन्दुस्तानी में लिखना शुरुआत में थोड़ी झिझक के साथ चलन में आया। हालाँकि, यह आम भाषा के प्रयोग करने के लिए क्षमा–प्रार्थना करते हुए शुरू हुआ। आम भाषा में रचित इन नयी रचनाओं को फ़ारसी रचनाओं के साथ जोड़ दिया जाता था। लेकिन इन तथाकथित अनुवादों का निरीक्षण करने पर हम आसानी से पाते हैं कि अक्सर ये अनुकरण भी नहीं हैं, बल्कि रूप (form) और अन्तर्वस्तु (content) दोनों के लिहाज़ से भिन्न होते हुए उसी विषय पर बिल्कुल अलग रचनाएँ हैं।

गम्भीर रचनाओं के साथ भी यही मामला है। अतएव, *आराइश–ए–महफ़िल*, जिसे सुजान राए[94] की फ़ारसी रचना *खुलासत उत्तवारिख* का अनुवाद माना जाता है, वह भारत की एक भौगोलिक स्थिति (topography) और इतिहास है, जो कि काफ़ी हद तक फ़ारसी रचना की सीधी पुनर्रचना नहीं है।

मैं "युसूफ़ और ज़लिखा" के छह संस्करण जानता हूँ : एक अमीन द्वारा 1600[95] में लिखितय एक तपिश द्वारा लिखित, जिसे लेखक ने कारावास[96] में रहकर लिखा; एक लाहौर के फिदवी द्वारा लिखित, जिसकी एक विरोधी शायर ने आलोचना की है;[97] एक समकालीन शायर मुजीब द्वारा लिखित; एक आशिक़ (मेहदी अली) द्वारा लिखित, जो कि एक खमसा का हिस्सा है और अन्ततः वह जिसे *इश्क़नामा* नाम दिया है और जो 1847 में बम्बई में छपी थी।

मैं हिन्दुस्तानी में पाँच "लैला और मजनूँ" से परिचित हूँ : एक तजल्ली[98] लिखित; 'शाहनामा' के लयबद्ध मीटर पर; एक दिल्ली के अज़ीम द्वारा लिखित, जिसे शाहझूलन के नाम से भी जानते हैं; एक हवस द्वारा लिखित; वह हवस, जो कि अवध के नवाब असफ उद

दौला का रिश्तेदार है और जो तीन नामों–रज़ी, रिज़ा और रस–के नाम से भी जाना जाता है; एक विला द्वारा रचित, जो कि अमीर खुसरो की इसी विषय पर प्रसिद्ध कविता का उर्दू अनुकरण है; और अन्ततः डॉक्टर स्प्रेंगेर (Sprenger)[99] द्वारा इंगित एक अधिक पुरानी रचना।

मैं हिन्दुस्तानी में "बहरम–गोर" के तीन संस्करण जानता हूँ। पहला हैदरी का लिखा, जिसका मूल शीर्षक है *हफ्त पैकर* यानी "सात ख़ूबसूरत"[100] (निजामी की कविता की तरह)। दूसरा, गोलकोंडा के तबी द्वारा 1081 (1670–1671) में लिखित। और तीसरा बरेली के हक़ीक़त द्वारा 1225 (1810–11) में लिखित। इस तीसरे का शीर्षक है *हश्त गुलज़ार* यानी "आठ उपवन"...

मैं हिन्दुस्तानी में अलेक्सांद्र (सिकन्दर : अनु.) के दो उपन्यासों को जानता हूँ–एक जो कि आगरा के समकालीन शायर आज़म के द्वारा लिखित है और *सिकन्दरनामा* का अनुकरण है; और एक जो दिल्ली के नखत के द्वारा उसी रचना का एक और अनुकरण है।

हातिम ताई के उपन्यास हिन्दुस्तानी में भी उतने ही लोकप्रिय हैं जितने फ़ारसी में। मैं हैदरी, सिराज और गोबिन्दनाथ वाली रचनाओं को जानता हूँ।

"बादशाह और फ़क़ीर" की दन्तकथा यानी *शाह–ओ–दरवेश* के रचनाकार हिन्दुस्तानी में भी उतने ही हुए हैं जितने कि फ़ारसी और तुर्की में। जहान (बेनी नारायण) की रचना इनमें सबसे प्रचलित है।

मुहम्मद के चाचा आमिर हमजा के अद्भुत रोमांचों के बारे में भी उपन्यास हैं। मैं अश्क द्वारा रचित इनमें से एक को जानता हूँ, जिसके बारे में कहीं अन्य मैंने विवरण दिया है।[101] एक अन्य लखनऊ के ग़ालिब के द्वारा रचित है, जिसे फ़ारसी से अनूदित माना जाता है और जो कलकत्ते में छपा था।

अली के भतीजे हनीफ या बेन हनीफा[102] के ऊपर भी उपन्यास हैं, जो कि कमोबेश रोचक हैं। भिन्न शीर्षकों वाले तीन अलग–अलग रचनाओं से मैं वाक़िफ़ हूँ। वह हैं आज़ाद,[103] सेवक[104] और वहीदी[105] की रचनाएँ।

प्राच्य में प्रसिद्ध व्यक्तियों पर आधारित उपन्यासों में से मैं एक

का ज़िक्र करूँगा–"शापुर के पुत्र, हुर्मुज की कहानी"। वह फारस का बादशाह था, होर्मिजदास के नाम से भी प्रचलित था; वह सपोर का पुत्र था, और इसने ही मनी (या Manès) की ग़लतियों को प्रोत्साहित किया था। मनी (Manès) प्राच्य के लोगों की नज़र में एक महान चित्रकार और महान जादूगर था।

लेकिन, मुस्लिम प्राच्य में प्रचलित इन दन्तकथाओं के अलावा, कुछ भारतीय दन्तकथाएँ हैं जो यहाँ के निवासियों को प्रिय हैं, और हिन्दुस्तानी शायरों ने जिनका इस्तेमाल किया है। उदाहरण के लिए शकुन्तला की मार्मिक कहानी–नाटक वाले विवरण के हिसाब से नहीं, बल्कि महाभारत की मूल कथा के हिसाब से–जिसे हिन्दी संस्करण के अनुवाद के ज़रिये मैंने जनता के समक्ष प्रस्तुत किया है।[106] इस विषय पर मैं चार भिन्न हिन्दुस्तानी उपन्यासों से परिचित हूँ : एक नवाज़ द्वारा, जिसे सुल्तान फ़र्रुख सियार से *कविश्वर*[107] की उपाधि मिली थी; एक जवान (काज़िम अली) द्वारा, *शकुन्तला नाटक* शीर्षक से, जो कि कलकत्ता से 1801 में लैटिन अक्षरों में डॉक्टर गिलक्रिस्ट के रोमनाइज्ड (Romanized system) के तहत छपा था। एक उपन्यास गुलाम अहमद द्वारा है, जिसका शीर्षक है *फ़रामोश याद*, जो कलकत्ता से 1849 में छपा, और जिसका एक विश्लेषण उसने एशियाटिक जर्नल (Journal Asiatique[108]) में दिया था; अन्ततः एक उपन्यास एक पारसी लेखक के द्वारा[109] भी छपा था।

ऐसी ही दन्तकथा भारत के मध्य–काल की प्रसिद्ध रानी पद्मावती की है। वह सीलोन के राजा की बेटी और चित्तौड़ के राजा की पत्नी थी। चित्तौड़ का राजा 1303 में अलाउद्दीन के द्वारा पराजित हुआ। जायसी (Jaïci) उन भारतीय लेखकों में से एक है जिसने उसकी कहानी को पद्य में ढाला है। उसके अनुसार पद्मावती कई हज़ार अन्य महिलाओं के साथ, अपनी मर्ज़ी से अग्नि में जल कर मर गयी, ताकि विजेता के हाथों में न पड़ सके। इसके विपरीत, इसी विषय पर एक हिन्दी उपन्यास के लेखक जाटमल (Jatamal) के अनुसार, पद्मावती ने अग्नि में मरने की के बजाय मुस्लिम सेना के मुखियाओं

को धोखा देकर उनके खेमे में नौ पालकियों के साथ प्रविष्ट किया। इनमें ट्रॉय के घोड़े की भाँति राजपूत योद्धा छुपे बैठे थे और इन्होंने रक्षाहीन चकित मुसलमानों पर धावा बोल दिया।

दो अन्य हिदुस्तानी शायर, इशरत और इबरत भी अपनी विशेष कविताओं में इस निर्भीक राजपूत नायिका को अपनी श्रद्धांजलि देते हैं।

भागवत के विषय कृष्ण की प्रशंसनीय कहानी कई हिन्दुस्तानी संस्करणों में पुनर्रचित है। इनमें सबसे बेहतरीन वह है जो ललच द्वारा लिखित है और जो फ़्रांसीसी में अनूदित[110] है। कृष्ण की यह कहानी भूपति, कृष्णदास और विशेषकर लाल की सुन्दर रचनाओं का भी विषय है। लाल की *प्रेम सागर* हिन्दी साहित्य की बेहतरीन रचनाओं में से एक है। इस रचना का टेक्स्ट, पद्य में पुरातन लेखन से गड्डमड्ड है, जिसके आक्षेप (tirades) कहानी के गद्य को सुन्दर तरीक़े से विभाजित करते हैं।

अन्ततः, राम की कहानी का न सिर्फ़ वाल्मीकि के द्वारा संस्कृत में कीर्तिगान किया गया है, बल्कि कई कवियों के द्वारा हिन्दी में भी किया गया है। जैसे तुलसीदास द्वारा, 1580 से पहले लिखित कविता भारतीयों के बीच अभी भी इतनी प्रचलित है जितनी शायद वाल्मीकि की रचना भी कभी नहीं रही होगी। केशवदास ने रामचन्द्रिका लिखी है, जो कि एक दूसरी रामायण है, जिस पर झिगन लाल ने एक टीका लिखी है। अन्ततः, सूरजचन्द और कई अन्य हिन्दी लेखकों ने भी अपनी काव्यात्मक प्रतिभा इस महान व्यक्ति पर समर्पित की है। गोरेसिओ के सुन्दर काम और मोन्सिए फौश के अनुवाद ने इसे योरोप में भी परिचित कराया है।

इन दन्तकथाओं के बाद, ऐतिहासिक घटनाओं पर आधारित और कल्पना द्वारा अलंकृत ऐसी रचनाएँ हैं जिनका आधार केवल कल्पना मात्र है। इस श्रेणी में 'लेज़ आवोनत्युर द कामरूप' (Les aventures de Kamrup : कामरूप के कारनामे : अनु.) को हम रख सकते हैं, जो कि एक विचित्र दन्तकथा है। हिन्दी में गद्य और पद्य दोनों में ही इसके कई रचनाकार हुए हैं। पद्य में, तहसीन उद्दीन,[111]

ज़ैगम, आरजू, हसन, सिराज प्रमुख हैं। गद्य में कुन्दन लाल प्रमुख है, जिसकी रचना का नाम है *दस्तूर–ए–हिम्मत* या *हिम्मत*, उस फ़ारसी लेखक के नाम पर जो उसका आदर्श है। हम जानते हैं कि इस दन्तकथा ने सिन्दबाद जहाज़ी की कथा (जिसे हम *अलिफ़ लैला* (Mille et une Nuits) में पाते हैं), और सन्त ब्रेन्दैन (Brandain) की कथा को भी (जो मारी द फ्रोंस (Marie de France) के द्वारा वर्णित है) जन्म दिया था। मुख्य भारतीय फन्तासी दन्तकथाओं में से हैं *नल और दमयन्ती*, योरोप में जिसे महाभारत के नलुस के एपिसोडके रूप में बेहतर जानते हैं। इन रचनाओं में सबसे लोकप्रिय वह है जिसे महान हिन्दी कवि सूरदास ने लिखा है। इसके बाद आते हैं बंगाल के मीर अली की रचना (*बंगाली* में), जिसका शीर्षक है *बहार–ए–इश्क़* यानी "प्रेम–वसन्त", और अहमद अली की रचना जो कुछ समय पहले लखनऊ से प्रकाशित हुई।

बकावली का गुलाब एक सुन्दर दन्तकथा है, इसमें कुरआन के ढाँचे में भारतीय सिद्धान्त कोपिरोया गया है। यह भारत में आम है और आधुनिक भारतीय साहित्य की सबसे मौलिक विशेषताओं में से एक है। पाठकों के समक्ष यह जो दन्तकथा लाया हूँ, वह निहाल चन्द[112] के पद्य मिश्रित गद्य रचना से है। इसे आगरा कॉलेज के प्रोफ़ेसर नसीम ने *गुलज़ार–ए–नसीम* नामक शीर्षक से छपवाया। इसे एक अन्य शायर ने, *तुहफा ए मजलिस ए सलातीन*–शीर्षक से लिखा। यह क्रोनोग्राम शैली का शीर्षक है। इससे हमें इस काव्य का रचना–काल 1151 (1738–1739) मिलता है। रिहान ने इसे *खियाबान ए रिहान* "तुलसी का बिछौना" या "रिहान के द्वारा" शीर्षक से भी लिखा–छापा है। यह आख़िरी रचना बाक़ियों से कहीं अधिक विस्तृत है। इसमें चालीस अध्याय या गीत हैं, जिन्हें लेखक ने *गुल्गुशनी* शीर्षक दिया है। डॉक्टर स्प्रेंगर[114] ने भी इसी दन्तकथा पर दक्कनी डायलेक्ट में 1035 (1625–26) में लिखित एक पाण्डुलिपि लखनऊ के तोपखाने में पायी थी।

हीर[115] और राँझा, पंजाब की दन्तकथा है। इसके रचनाकार समकालीन शायर मक़बूल हैं (जिसे उसके हमनामों से कन्फ्यूज़ नहीं करना चाहिए)। इसकी हिन्दुस्तानी गद्य और फ़ारसी पद्य मिश्रित एक रचना का मैंने अनुवाद किया है।[116]

एक अन्य कथा है ससी और पनुन की। इनका हीर राँझा सरीखा प्रेम, इसी मक़बूल के द्वारा गद्य में लिखा गया था। पद्य में इसे मुहब्बत के द्वारा लिखा गया और फ़ारसी में भी इसके हिन्दू लेखक हुए हैं।[117]

फूलबन और उसके प्रेमी ताइला शाह की दन्तकथा का इस्तेमाल दक्कन के कई शायरों ने किया है। इस पर आधृत अवरी की एक रचना को काफ़ी शोहरत मिली। इसकी जानकारी *अनवार–ए–सुहैली* के दक्कनी अनुवादक मुहम्मद इब्राहिम से मिलती है।

एक और दन्तकथा है *गुल–ओ–सनोबर* यानी "गुलाब और सनोबर"। मैं इस अप्रतिम दन्तकथा की छह रचनाएँ जानता हूँ : एक अहमद अली के द्वारा जो कि एक खम्से का हिस्सा है; दूसरा क्षत्रिय–कुल के नेमचन्द[118] द्वारा : तीसरे का शीर्षक है *गुलशन–ए–हिन्द*; चौथा दक्कनी डायलेक्ट में, जिसकी एक प्रति निज़ाम के ग्रन्थालय[119] में मौजूद है; पाँचवीं, लखनऊ में 1845 में प्रकाशित : छठी कलकत्ता में 1847 में प्रकाशित, जिसे फ़ारसी से अनूदित बताया गया है।[120]

अम्मान ने *बाग़–ओ–बहार*, यानी "उद्यान और वसन्त" शीर्षक से प्रकाशित चार दरवेशों की दन्तकथा की रचना की है। यह ईस्ट इंडिया कम्पनी (Compagnie des Indes) के नागरिक और सैन्य सेवाओं के उम्मीदवारों की परीक्षा के लिए चयनित टेक्स्ट है। यह पुस्तक भी क्रोनोग्राम शैली में लिखी गयी है। अन्य भारतीय लेखकों की क़लम ने भी इस दन्तकथा को लिखा है। इनमें से एक हैं, तहसीन (अता हुसैन), जिसने अपनी रचना को *नौ तरजी ए मुरस्सा* शीर्षक दिया है, जिसका अर्थ है पद्य के उद्धरण।

तमिल के बहुप्रसिद्ध गुरु परमार्थ के रोमांचक कारनामे मद्रास में 1848 में तमिल में छपे थे। यह हिन्दुस्तानी में भी मौजूद है।

बैताल पचीसी और *सिंहासन बत्तीसी*, या "वैम्पायर की 25 कहानियाँ" और "बिक्रम के सिंहासन की बत्तीस कहानियाँ", इतनी प्रचलित दन्तकथाएँ हैं कि हम इन पर ज़्यादा चर्चा नहीं करेंगे। धरम नारायण, लल्लू, सूरत और कई अन्य हिन्दी लेखकों ने इनको इस्तेमाल किया है।

मैं सिर्फ़ याद दिलाने के लिए एक तोते की कहानियों का ज़िक्र करूँगा। इसका मूल संस्कृत से है और मैं इस विषयक आठ भिन्न रचनाएँ हिन्दी, उर्दू और दक्कनी[121] में जानता हूँ। मैं आपको इनके शीर्षकों का ध्यान दिलाऊँगा : *खविर शाह*,[122] *लाल–ओ–गौहर* और *ज़ज्बा–ए–इश्क़*, जिसे मैंने संक्षेप में अनुवाद किया है;[123] तथा, *मीर–ओ–माह*[124] और *माह मुनव्वर*, जिसका टेक्स्ट मैंने प्रकाशित किया है।[125]

प्रचलित दन्तकथाओं के बारे में पद्यात्मक उपन्यासों के अलावे कई अन्य ऐसी रचनाएँ हैं जिनके नायक अनजान हैं। ऐसी रचनाएँ हिन्दुस्तानी में बहुतायत में हैं और कई मशहूर भी हैं। इस शैली में मैं नाम लेना चाहूँगा–बुलन्द अख़्तर की कहानी का, जिसे मीर ख़ान ने इस्तेमाल किया है। साथ ही, रिज़वान शाह की कहानी, जिसकी मैं दो रचनाएँ जानता हूँ। चन्दर–बदन और महयार की कहानियाँ भी हैं, जिनके कई संस्करणों से मैं वाकिफ़ हूँ[126]; दिलराम और दिलरुबा की कहानी, जो अन्य के अलावा मतिराम के द्वारा लिखी गयी है; परी रुख ओ माह सीमा, जिसके ऊपर वजीह ने एक मसन्वी लिखी हैं; *फ़साना–ए–अज़ाएब* यानी "अद्‌भुत कहानी", जो कानपुर के सुरूर के द्वारा लिखी गयी है, जिसने "चार दरवेशों" के लोकप्रियता की लगभग बराबरी की थी।

इससे अधिक का नाम लेना दुराराध्य (fastidious) होगा। इन रचनाओं के चालढाल को, मेरे द्वारा किये गये अनुवाद या विश्लेषण के ज़रिये समझा जा सकता है।[127] आमतौर से इनमें हम सबसे पहले नायक और नायिका के शारीरिक और भावनात्मक पहलुओं का, फिर कमोबेश उनके अद्‌भुत और जटिल रोमांचक कारनामों का,

जो कि अक्सर उनके मिलंन को बाधित करते हैं, और अन्ततः उनकी आपसी वफ़ादारी का, जिसे सफलता मिलती है, इत्यादि का विस्तृत विवरण पाते हैं। कभी–कभी अन्त दुखद होता है, जैसे कि मीर की मसनवी में, जिसका शीर्षक है "प्रेम की अग्नि", या "प्रेम सरोवर";[128] मजरूह के *इजाज़–ए–इश्क़* यानी "प्रेम का चमत्कार" में, और अखी के *मीर–ओ–माह* में–हालाँकि ये अपवाद हैं।

रचना की एक शैली भारत में काफ़ी प्रचलित है। इस शैली में हम प्रकृति की विभिन्न घटनाओं, मौसमों और महीने–दर–महीने का विस्तृत विवरण पाते हैं। इसलिए कई कविताएँ ऐसी हैं जिनके शीर्षक *बारहमासा* नाम से होते हैं। यहाँ हम कभी तो घटनाओं का सामान्य वर्णन पाते हैं, और कभी एक नाटकीय कथा के अन्दर ऐसे वर्णन मिलते हैं। उदाहरण के लिए किसी रचना में एक ऐसी महिला की कल्पना की जाती है जिसका पति पूरे एक साल अनुपस्थित होता है। तब, परित्यक्त महिला की आहों के बीच, प्रकृति के सामयिक परिवर्तनों का हम वर्णन पाते हैं। इस विषय पर एक सुन्दर नाटकीय मोनोलोग का हमें ध्यान आता है, जिसकी नायिका हर माह अपने सन्देश में अपने अनुपस्थित पति को वह पक्षी भेजती है जो उसके गीत को उस तक अधिक बेहतर तरीक़े से पहुँचाती है।[129] अन्य कवि इस विषय को अधिक विस्तृत करते हैं तथा न सिर्फ़ प्रकृति के आश्चर्यों का गुणगान करते हैं, बल्कि भारत के हिन्दू और मुस्लिम त्यौहारों–धार्मिक और नागरिक दोनों प्रकार के त्यौहार–का भी वर्णन करते हैं। इस शैली में हम कई ऐसी रचनाएँ पाते हैं जिन्हें सामने लाने का अवसर मुझे प्राप्त हुआ।

मैं भारत के फूलों के ऊपर एक वर्णनात्मक कविता का ज़िक्र कर सकता हूँ, जिसका शीर्षक है : *फूल चरित्र* (फूलों की कहानी)।

मुस्लिम साहित्य में रचना की एक विशेष शैली है जो कि हमारे दन्त कथा (fables) की तरह नही हैं, बल्कि दन्तकथाओं की एक श्रृंखला है। यह एक ढाँचे में बँधी हुई होती हैं जो कि एक विशिष्ट रचना का निर्माण करती है। इनका उद्देश्य नैतिक और कभी–कभी दार्शनिक और धार्मिक होता है। ऐसी ही रचनाओं में से कुछ के शीर्षक हैं :

कश्फ़ उल अशरार,[131] *मंतिक उत्तैर,*[132] *इखवान उस्सफा,*[133] और कई अन्य जिन्होंने प्रसिद्धि पायी है। इकराम अली[134] के सुन्दर अनुवाद की वजह से *इखवान उस्सफा* भारत में प्रसिद्ध है। इसमें, कई जानवर बारी–बारी से आकर अपने गुण दिखाते हैं और कई दफे इन्सानों से बेहतर नज़र आते हैं। यह सच है कि ईश्वर अक्सर हमें जानवरों में अनुकरणीय मॉडल प्रदान करता है; इसलिए दन्त–कथाकार गे (Gay) ने कहा है :

The daily labours of the bee.
Awake my soul to industry
Who can observe the careful ant.
And not provide for future want?
My dog the trustiest of his kind
With gratitude inflames my mind...
In constancy and nuptial love
I learn my duty from the dove...
And ev'ry fowl that flies at large
Instructs me in a parent's charge[135].

इस क़िस्म की रचनाओं में वास्तविक नीति कथा भी शामिल हैं। इस शैली में सबसे प्रसिद्ध, पंचतन्त्र, मूलतः संस्कृत से लिया गया है और हिन्दुस्तानी में पुनर्रचित किया गया है। इस रचना में शामिल कई दन्तकथाएँ योरोप में कई रूपों और कई भाषाओं में प्रविष्ट हो चुकी हैं। हमारे अमर रचनाकार 'ला फोंतैन' (La Fontaine) ने हमारे बीच (यानी कि फ़्रांस में : अनु.) इसके मुख्य विषयों को प्रचलित कर दिया है।

भारतीयों ने अपने पूर्वजों का नाट्य–प्रेम ख़ुद में जीवित रखा है। लेकिन वे सिर्फ़ विशेष अवसरों पर ही ये नाट्य प्रस्तुतियाँ करते हैं। अतः, कुछ समय पहले, नाटक में रूपान्तरित युसूफ़ और ज़लिखा की किंवदन्ती की प्रस्तुति कलकत्ता के एक धनी मुसलमान के घर पर हुई थी।[136] मुहर्रम के पहले दस दिनों के दौरान ताज़िया (शोक) नामक हुसैन के त्यौहार पर होने वाली प्रस्तुतियाँ अक्सर धार्मिक–कथाएँ होती हैं।

इन धार्मिक–कथाओं में प्रमुख हैं, मुहम्मद की मृत्यु, हसन की मृत्यु, और सबसे महत्त्वपूर्ण हुसैन की मृत्यु, जिसके जीवन की विभिन्न आकस्मिक घटनाओं (peripeteia : अनु.) से कई भिन्न नाटक बनते हैं। जहाँ तक हिन्दुओं का प्रश्न है, *होली* पर्व के अवसर पर, जो कि उनका कार्निवल है, ऐसी प्रस्तुतियाँ होती हैं। इन अवसरों पर खेले जाने वाले नाटकों को स्वांग कहा जाता है। इन्हें अक्सर स्वतःस्फूर्त तरीक़े से खेला जाता है ...इनमें इस्तेमाल होने वाली भाषा आमतौर पर गँवारू, यहाँ तक कि अभद्र भी होती है। लेकिन, इन नाटकों के विषय कभी–कभी प्राचीन संस्कृत नाटकों वाले ही होते हैं। इस शैली में, रागसागर *हनुमान नाटक* का उदाहरण देता है जो कि स्पष्टतः विल्सन के द्वारा अनूदित संस्कृत नाटक पर आधारित है।

स्पष्ट वजहों से, मैंने ऊपर, तज़किरा को मुस्लिम प्राच्य के रचना की एक विशिष्ट शैली माना है। एक और शैली के बारे में बात करना मैं ज़रूरी समझता हूँ, वह है *इंशा*, जिसका शाब्दिक अर्थ है "लेखन", और जिसका तात्पर्य है एक "पत्रों का मॉडल"। दरसल यह एक ही लेखक द्वारा लिखित चिट्ठियों का संकलन है। हिन्दुस्तानी *इंशाओं* में फ़ैज़ के इंशा सबसे ज़्यादा प्रचलित हैं, जो कि फरीद उद्दीन अत्तर[137] के पंदनामा के एक अनुवाद का लेखक है। इसी तरह खलिक (करामत उल्लाह), निजामुद्दीन (यह पूना से एक समकालीन लेखक है, जिसने एसोप (Esope) के दन्तकथाओं का एक अनुवाद किया है); चिरौंजीलाल (एक अन्य समकालीन लेखक जिसका इंशा आगरा में छपा था[138]), युसूफ़ दक्कनी (दक्कन का लेखक, जैसा कि उसका उपनाम बताता है) इत्यादि के इंशा प्रचलित हैं। फ़ारसी की बहुप्रसिद्ध इंशा–ए–हरकरन (Herkern) भी हिन्दुस्तानी में अनूदित हुई है।

जहाँ तक भाषा–विज्ञान का सवाल है, हिन्दुस्तानी में ऐसी रचनाएँ मौजूद हैं जिन्हें एशिया की जीवित भाषाओं में रुचि रखने वाले लोग लाभपूर्वक पढ़ सकते हैं। इस श्रेणी में मैं ज़िक्र करना चाहूँगा 1849 में बनारस से उर्दू में प्रकाशित संस्कृत के एक व्याकरण का, जिसका शीर्षक है *लघु कौमुदी*। *मसदर–ए–उलफाज़िल* (यानी ज्ञानियों का मूल),

नामक हिन्दुस्तानी में अनूदित फ़ारसी और अरबी शब्दकोश है, जिसकी ससेक्स के ड्यूक के बेहतरीन पुस्तकालय में एक प्रति हुआ करती थी जो बाद में श्रीमान ब्लांड (N. Bland) के पुस्तकालय में चली गयी; *लुगात–ए–उर्दू*, उर्दू में अनूदित अरबी और फ़ारसी का एक अन्य शब्दकोश है; *मसदर फैयाज़* (यानी समृद्ध मूल), मज़िरुद्दीन के द्वारा हिन्दुस्तानी में रचित एक फ़ारसी व्याकरण है; *मिजान–ए–फ़ारसी* (फ़ारसी छन्द–शास्त्र) उर्दू में लिखित रचना है; *मज़ाहिर ए नह्व* (व्याकरणिक प्रतिपादन), जो कि उर्दू में एक अरबी व्याकरण है। उर्दू शब्दों का एक शब्दकोश है, जो शायरों से लिए गये उद्धरणों के साथ लिखित है; *लुगात–ए–उस्सिद* नामक एक उर्दू शब्दकोश है; एक और उर्दू शब्दकोश है, जो उर्दू में, आगरा में 1851 में प्रकाशित हुआ था। उर्दू के कई व्याकरण भी हैं, ज़िनमें से एक 'सभयी' के द्वारा रचित है, जो कि फिलोलोज़ी की अन्य रचनाओं का भी लेखक है; *भाषा पिंगला* नामक हिन्दी छन्द–शास्त्र के निबन्धों की एक रचना है, जिसके कई संस्करण हैं।

इसके साथ मैं रामकृष्ण और अन्य लेखकों द्वारा हिन्दुस्तानी में लिखित अंग्रेज़ी व्याकरणों का ज़िक्र करूँगा।

भारत के आधुनिक साहित्य के ज़रिये इस देश का इतिहास सामने आता है जो क्रि संस्कृत में केवल कल्पित तरीक़े से मौजूद है। फिर भी यह इतिहास इस आधुनिक साहित्य में सिर्फ़ एक छोटी–सी जगह पाता है। लेकिन इसके बावजूद हम हिन्दुस्तानी पद्यों में कुछ इतिवृत्त (chronicles) पाते हैं जो कहीं और नहीं मिलेंगे।

पहले किसी मौक़े पर मैं 'चाँद' (जो कि राजपूताना का होमर (Homère) और थ्युक्लिद (Thucydide) दोनों है) द्वारा रचित कुछ ऐतिहासिक काव्यों का ज़िक्र कर चुका हूँ। इसी तरह लालकवि रचित *छत्र प्रकाश*, यानी कि छत्रसाल की कहानी है; छत्रसाल बुन्देलखण्ड का राजा था। *गोप चक कथा* (ग्वालियर की कहानी), और कुछ अन्य रचनाएँ भी हैं। आज, इनके अलावे मैं ज़िक्र कर सकता हूँ निम्नलिखित रचनाओं का : मान कबिश्चर का *राज विलास* (शाही मनोरंजन),

जो कि मेवाड़ के राजा और औरंगज़ेब के दुश्मन[139] रामराज सिंह का कवि था; *हमीर रस* (चित्तौड़ के राजा हमीर की कहानी); *हरिश्चन्द्र लीला* (राजा हरिश्चन्द्र की कहानी); कर्ण लिखित *सूरज प्रकाश* (सूर्यवंश की कहानी), जो कि एक कुशल कवि और अच्छा योद्धा था। यह पद्य में एक क्रॉनिकल है, जो वास्तव में अभय सिंह की कहानी बताता है। अभय सिंह मारवाड़ का राजा था, जिसने 1724 से 1728 तक शासन किया। लेकिन रचना की शुरुआत में, परिचय के तौर पर, सुर्यवंश से ख़ुद को जोड़ने वाले राठौरों के इतिहास पर एक सरसरी निगाह डाली गयी है। अन्य रचनाएँ हैं : *गर्ब चिन्तामणि*, जो कि गुजरात के प्रसिद्ध राजा करण पर कविता है, जिसे पठान सुल्तान अलाउद्दीन शाह सिकन्दर सानी, यानी कि दूसरे अलेक्सान्द्र ने सोलहवीं सदी के अन्त में परास्त किया था। साथ ही : *राज बत्ताना* (मेवाड़ का इतिहास), रिन्चोर्बत[140] के द्वारा; ह्रशभ चरित्र (एक प्रमुख जैन सन्त ह्रशभ की कहानी);[141] *वंसकुली* (वंशानुक्रम की किताब), बकुटा के द्वारा'[142] तथा *कल्पद्रुम*, (कल्प का वृक्ष)[143] एक क़िस्म का ऐतिहासिक जर्नल, जय सिंह के द्वारा।[144]

दरअसल, जो थोड़ी सर्वोत्कृष्ट ऐतिहासिक रचनाएँ हिन्दुस्तानी में हम पाते हैं, उनका पूरा श्रेय लगभग हिन्दी लेखकों को ही जाता है। उन्होंने कुछ मुस्लिम विषयों पर भी लिखा है, जैसे, हरिनाथ[145] द्वारा लिखित मुहम्मद शाह का एक इतिहास (*पोथी मुहम्मद शाह*)।

उर्दू डायलेक्ट में, इस शैली में, सिर्फ़ अनुवाद या संकलन के अलावा हम शायद ही कुछ पाते हैं। फिर भी, अपनी विशेष ख़ूबियों वाली कुछ रचनाएँ हम पाते हैं। मैं यहाँ ज़िक्र करूँगा दिल्ली[146] और आगरा[147] के दिलचस्प मोनोग्राफ़ों का और *कलकत्तानामा* का–कलकत्ता पर आधारित इसी तरह की रचना का। इन रचनाओं में फ़र्क़ सिर्फ़ यह है कि यह कलकत्ता वाली रचना छन्द में है; *अली नामा* "अली आदिल शाह की कहानी", नुसरती के द्वारा; *'गोरखाओं का इतिहास'* (Les annales de Gurkha)–नेपाल का वह प्रान्त, जिसके राजाओं ने पूरे नेपाल के ऊपर अपना वर्चस्व क़ायम कर लिया; सोमनाथ के

ध्वंस के बारे में एक कविता (Somnath Pathan);[148] अंग्रेज़ों के बंगाल में स्थापित होने के सम्बन्ध में एक इतिहास, नूर मुहम्मद के द्वारा; धरम नारायण के द्वारा सिन्धिया राजवंश का इतिहास, आदि की भी चर्चा होनी चाहिए। हिन्दुस्तानी में रोचक वृत्तान्त भी हैं, तैमूरलंग, बाबर, अकबर और जहाँगीर के वृत्तान्तों के अलावे भी। यह फ़ारसी से अनूदित या उनके अनुकरण हैं, जैसे कि पीताम्बर सिंह, मोहन लाल, अली हजिन और कई अन्य की रचनाएँ जिनकी चर्चा मैंने अपने पूर्व के विषय–परिचयी भाषणों में की है। इतिहास को जो तरज़ीह हम देते हैं, प्राच्य के लोग उससे बहुत दूर हैं। इसलिए भारत के एक आधुनिक इतिहासकार ने अपनी किताब के पुरलेख (epigraph) के तौर पर हाफ़िज़ का एक पद्य लिया है, जिसका अनुवाद यह रहा :

"संगीतकार और शराब से वास्ता रखो, लेकिन समय–सम्बन्धित रहस्यों से मतलब न रखो; क्योंकि कोई चाहे कितना भी होशियार क्यों न हो, समय के रहस्यों को न जान सका है, न जान सकेगा।"

यात्रा–वृत्तान्तों के सम्बन्ध में मैं निम्न का ज़िक्र करूँगा : लखनऊ के युसूफ़ ख़ान की, 1838 में फ़्रांस और इंग्लैंड की यात्रा, जो दिल्ली से प्रकाशित हुई; और करीम ख़ान की 1840 में दिल्ली से लन्दन की यात्रा (जिसका अनुवाद मैंने रिव्यू ऑफ़ ओरिएंट, "Revue de l'Orient" में प्रकाशित किया था)। इनमें से पहला जन्म से पठान है तथा दरवेश या सूफ़ी है। वह अपना उपनाम कमल पोश (कमल या दरवेशों का लिबास पहनने वाला) रखता है।

धार्मिक दर्शन, हिन्दू और मुस्लिम दोनों ही, हमें काफ़ी संख्या में रोचक सामग्री प्रदान करता है। हिन्दू श्रेणी में कबीर पन्थियों, सिखों, जैनों और वैष्णवों के भिन्न सम्प्रदायों की रचनाएँ मुख्य हैं। बेहतरीन रचनाओं में कुछ शैव रचनाएँ हैं: उदाहरण के लिए, *महादेव चरित्र*, *शिवलीलामृतम*, *गौर मंगल* आदि।

जहाँ तक मुसलमानों के धार्मिक दर्शन का सवाल है, यानी कि उनकी धर्ममीमांसा का, हिन्दुस्तानी में इसका प्रतिनिधित्व करते हैं निम्न रचनाएँ : उनके धर्म के ऊपर निबन्ध या तप / संन्यास सम्बन्धी रचनाएँ;

उनकी आस्था के काव्यात्मक विवरण; मुहम्मद, फातिमा के विषय में, इमान हसन और हुसैन के सम्बन्ध में कविताएँ; और यहाँ तक कि हमारे–प्रभु ईसा मसीह और वर्जिन मरियम के विषय में भी रचनाएँ हैं, जो कि त्रित्व–विरोधी (anti-Trinity; पिता, पुत्र और पवित्र आत्मा सम्बन्धी ईसाई सिद्धान्त : अनु.) मुसलमान हमेशा साथ और एक ही पंक्ति पर रखने का ख्याल रखते हैं।

मैंने पाया है कि मुस्लिम धर्ममीमांसा की अधिकतर हिन्दुस्तानी रचनाएँ सुन्नियों के द्वारा लिखी जाती हैं, जबकि भारत में शिया भी रहते हैं। हालाँकि ऐसी रचनाएँ भी हैं जिनका श्रेय शियाओं को जाता है, लेकिन इनमें से सबसे रोचक निबन्ध वे हैं जो भारत–विशेष के मुस्लिम सम्प्रदायों ने लिखी हैं; जैसे कि सैयद अहमदी (भारतीय वहाबी) और *रोशनाइयाँ* और उनके खण्डन।

न्यायशास्त्र का विषय धर्म से जुड़ा हुआ है, जितना हिन्दुओं में उतना ही मुसलमानों में भी। नागरिक क़ानून पूरी तरह से धार्मिक नियमों के अनुरूप है। इस शैली में, हिन्दुस्तानी साहित्य कुछ उपयोगी रचनाएँ प्रदान करता है, लेकिन जो आमतौर पर केवल अनुवाद ही होते हैं।

विज्ञान और कला ऐसा कुछ भी नहीं उपलब्ध करते जो कि किसी विशेष उल्लेख के योग्य हों; इस विधा की लगभग सभी रचनाएँ आधुनिक हैं और अंग्रेज़ी पर आधारित हो लिखी गयी हैं। बहरहाल, इस क़िस्म के संकलन और अनुवाद भारतीयों के लिए उपयोगी हैं; और इनमें हर प्रकार की रचनाएँ मिलती हैं जो कि भारतीयों को हमारे (पश्चिम के : अनु.) ज्ञान और यहाँ तक कि नवीनतम खोजों के बारे में जानकारी देती हैं।

मौलिक निबन्धों में हम कुछ वास्तुशिल्प और शिल्पकला सम्बन्धी निबन्ध पाते हैं। इनमें से कुछ "उद्यानों की औषधियों" पर और *चोब–चीनी* (चीन का smilax) नामक औषधि–विज्ञान के बारे में हैं; शिकार के लिए बाज़ को प्रशिक्षित करने और पालन करने की कला के बारे में एक रचना है, जो कि स्वर्गीय श्रीमान द हैमर (Hammer) के द्वारा लिखे निबन्ध के समान है; पशुपालन विज्ञान से सम्बद्ध रचना;

मोतियों के वज़न और क़ीमत के सम्बन्ध में[149] रचना; शतरंज के खेल के बारे में रचना; सपनों के विश्लेषण के बारे में रचना और पाक कला के बारे में भी रचनाएँ हैं।

भारतीय साहित्य के सबसे अहम हिस्सों में से एक है, प्राच्य भाषाओं से अनुवाद। वस्तुतः, ये प्राचीन और जटिल संस्कृत, फ़ारसी और अरबी टेक्स्ट को समझने में बहुत सहायक साबित हो सकते हैं, क्योंकि ये अनुवाद प्रकृति के उन्हीं नज़रों के बीच, उन्हीं परम्पराओं और प्रचलनों के बीच लिखे जाते हैं। मैंने पहले भी इनमें से कई का ज़िक्र किया है, इसीलिए यहाँ नहीं दुहराऊँगा।

मेरी जानकारी में वेदों का कोई हिन्दुस्तानी अनुवाद नहीं है; बहरहाल, भारत में एक अनुवाद–योजना की घोषणा की गयी है जो कि हिन्दुओं के पवित्र ग्रन्थों को एक सम्पूर्ण संस्करण के साथ छापेगा। जहाँ तक कुरआन की बात है, उसके कई अनुवाद हैं। इन अनुवादों की विशिष्टता उनकी ईमानदार सटीकता है।

सैयद अहमद, अपने *असर उस्सनादिद* में, अब्दुलकादिर और रफिउद्दीन के अनुवादों के बारे में बताते हैं। इनमें से अधिकतर हाशिये के नोट्स और टीकों के साथ आते हैं। इनमे से एक काफ़ी सहिष्णुता की भावना के साथ दिल्ली में प्रकाशित हुआ था–चूँकि, इसमें हम सुन्नी या परम्परागत व्याख्याएँ और शिया या विद्रोही व्याख्याएँ भी साथ–साथ पाते हैं। कुरान की एक व्याख्या अशरफ़ के द्वारा पद्य में की गयी है। मैं साथ ही यह बताना चाहूँगा कि फ़ारसियों (तत्कालीन फ़ारस के निवासी : अनु.) की तरह, भारत के मुसलमान अपने पवित्र ग्रन्थ के आम भाषा में अनुवाद की भर्त्सना (जैसे तुर्क करते हैं) नहीं करते, और भारतीय महिलाएँ शुक्रवार को कुरआन पढ़ती हैं, जैसे कि अंग्रेज़ महिलाएँ रविवार को बाइबिल पढ़ती हैं। इसके अलावा वे, तुर्क महिलाओं के मुक़ाबले (जो कि मुख्यतः अपनी सुन्दरता के लिए विख्यात हैं) बेहतर पढ़ी–लिखी होती हैं।

संस्कृत अनुवादों के सन्दर्भ में मैं ज़िक्र करूँगा निम्न रचनाओं का : *महाभारत, हितोपदेश* और *तर्क संग्रह*। तर्क संग्रह भारतीय दर्शन का

ग्रन्थ है (जिसे संस्कृत में ओनम भट्टर ने लिखा था)[150]। इसके अलावे कुछ भारतीय नाटक, जैसे कि विल्सन द्वारा अनूदित मुख्य नाटक, जो *संस्कृत नाटक* के शीर्षक से प्रकाशित हुए थे–दिल्ली से, 1845 में।

ऐसी ही एक अन्य रचना है *महिमा स्तोत्र*, जो कि संस्कृत से समर सिंह द्वारा अनूदित एक शैव रचना है।

दिल्ली में 1845 में रघुवंश का एक अनुवाद प्रगति में था; यह काव्य कालिदास द्वारा रघु के वंश पर रचा गया था; अद्यात्मा के रामायण का भी अनुवाद हो रहा था और संस्कृत से अन्य अनुवाद भी किये जा रहे थे। लेकिन मैं यह नहीं कह सकता कि उन पर काम पूरा हुआ कि नहीं। कक्षा–आरम्भ के अपने व्याख्यानों में मैंने कई अन्य अनुवादों का ज़िक्र किया है

संस्कृत के साथ–साथ मुझे अन्य आधुनिक भारतीय भाषाओं से कुछ अनुवादों का भी ज़िक्र करना होगा–तमिल, बांग्ला और मराठी से। मराठी में, अन्य के अलावा, *सत्य निरूपण* (सच्चाई पर निबन्ध) को कुछ प्रसिद्धि प्राप्त हुई है।

अरबी से हुए अनुवादों में अब्दुल्फेदा की कहानी है, जो क़रीम और इर्सी के द्वारा रचित है; इब्न खल्लिकां की कहानी है, जो सुभान बक्श के द्वारा लिखित है; *इखवान उस्सफा*, जिसकी हम पहले बात कर चुके हैं; *मिश्कत शरीफ* (बेहतरीन रौशनी), न्यायशास्त्र की प्रसिद्ध रचना है; *अदब उल्काजी* (न्यायाधीश का कर्तव्य), न्यायशास्त्र की एक अन्य रचना है, जो उतनी ही प्रसिद्ध है, इसकी रचना कुदुरी के द्वारा हुई है, और जो संक्षेप (मुख्तसर) में अनूदित है–ये प्रमुख रचनाएँ इस श्रेणी में आती हैं।

दिल्ली में हरीरी के सभाओं का एक शाब्दिक अनुवाद प्रक्रिया में था; लेकिन जिस वजह से मैंने अपना फ़्रांसीसी अनुवाद छोड़ा था, उसी वजह से भारतीय अनुवादकों ने अपना अनुवाद भी छोड़ दिया; यानी कि अरबी पुस्तक में शब्दों के खेल और अनुप्रास की जो ख़ूबी है, उसको पुनर्रचित करना असम्भव है।

अरबी साहित्य की महत्त्वपूर्ण रचनाओं में से एक *अलिफ़ लैला* (Les mille et une Nuits) के हिन्दुस्तानी में न सिर्फ़ मुस्लिम रचनाकार हुए हैं बल्कि हिन्दू भी। मुसलमानों में मैं ज़िक्र कर सकता हूँ कश्मीर के मौलवी हसन अली ख़ान का, जो एक समकालीन लेखक हैं और दिल्ली कॉलेज में प्रोफ़ेसर थे, और जो कि कई अन्य अनुवादों के लेखक भी हैं। इसके अलावे मैं ज़िक्र करूँगा शमसुद्दीन अहमद का, जिसने मद्रास में पहले दो सौ रातों (*अलिफ़ लैला* का अर्थ है 'हज़ार और एक रात' : अनु.) का अनुवाद प्रकाशित किया था। यह अनुवाद कलकत्ता के पहले संस्करण के अनुसार था, जिसे लिथोग्राफ़ी में पुनर्रचित किया गया था, और जो हाबिश (Habischt) और फ्लेषर (Fleischer) के अनुवादों से मूलतः अलग है। हिन्दुओं में, मैं ज़िक्र करूँगा नसीम दया शंकर[151] का, जिनका अनुवाद लखनऊ में 1244 (1828–29) लिथोग्राफ़ किया गया था–इसके तीन वॉल्यूम हैं, in-8° फॉर्मेट में।[152] अन्ततः दिल्ली में अरबी से उर्दू में अनूदित पचास रातें छपी हैं और इस रचना से कुछ चुनी हुई कहानियाँ प्रकाशित हुई हैं। इसके अलावा "गनीम, सौदागर का पुत्र"[153] की कहानी भी प्रकाशित हुई है।

आम भारतीय भाषाओं में अनुवाद के ज़रिये उपयोगी ज्ञान के प्रसार के लिए बनी समिति (वर्नाकुलर ट्रांसलेशन सोसाइटी : Vernacular Translation Society) ने अब्दुल्फेदा के भूगोलशास्त्र का एक अनुवाद छापा था। इस समिति ने रशीदुद्दीन के 'मंगोलों का इतिहास', 'प्राचीन इतिहास', और इब्न खाल्दुन के 'बर्बरों (Bérébères) के इतिहास' (बर्बर, उत्तरी अफ्रीका में निवास करने वाली एक प्रमुख जनजाति हैं : अनु.) और अन्य प्रसिद्ध रचनाओं के अनुवाद की घोषणा की थी, लेकिन मेरे ख़याल से ये अनुवाद कभी प्रकाशित नहीं हो पाये।

फ़ारसी के अनुवाद और अधिक संख्या में हैं। इस श्रेणी में मैं ज़िक्र कर सकता हूँ फ़ारसी की सबसे जानी–मानी रचनाओं के कई संस्करणों का, यानी कि 'गुलिस्तान' का–ऐसे संस्करण जिनमें से कुछ प्रकाशित हैं और जिनकी कई पुनरावृत्तियाँ छपी हैं।

इसके अलावा, सादी के बोस्ता का अनुवाद, 'मुग़ल' के द्वारा, जो कि कई अस्पष्ट खण्डों पर रौशनी डाल सकता है; मुंशी[154] ने प्रसिद्ध काव्य *शाहनामा* का गद्य में संक्षिप्त अनुवाद किया है; इसी रचना का एक अन्य अनुवाद मुहम्मद अली तिरमिज़ी के द्वारा किया गया है, और एक अन्य सुरूर के द्वारा भी, जिसका शीर्षक है *सुरूर–ए–सुल्तानी*, इस शीर्षक में लेखक के नाम की ओर इशारा है; काजिम के द्वारा ख़ास सोहराब के एपिसोड का अनुवाद; जलालुद्दीन रूमी की प्रसिद्ध कविता (जिनका शीर्षक है *मसनवी शरीफ*[155]) के कुछ संस्करण; अत्तार और सादी का पंदनामा; *मंतिक उत्तैर; हुस्न्–ओ–इश्क़*; दोस्त के द्वारा अनूदित *इज़हार–दानिश*; शराफत के द्वारा मुहम्मद आज़म के कश्मीर के इतिहास (शीर्षक है *बहार दानिश*) का अनुवाद, जिसकी कई आवृत्तियाँ छपी; ज़फ़र शाह की तबरी का इतिहास, और कई अन्य रचनाओं का अनुवाद।

इसी तरह कुछ भारतीय रचनाओं को प्राच्य अनुवाद का सम्मान प्राप्त हुआ। जैसे बिहारी के 'सतसई' का संस्कृत में अनुवाद हुआय *बाग़ ओ बहार* का अर्मिनिआई में; *राग दर्शन*[156] का फ़ारसी में। कई अन्य समकालीन उर्दू रचनाएँ फ़ारसी में अनूदित हुईं, जो कि आधुनिक भारत का लैटिन है। अन्य उदाहरण हैं, *धरम सिंह का क़िस्सा*[157] और *सूरजपुर की कहानी*, जो कि नैतिक कहानियाँ हैं जिनका फ़ारसी में अनुवाद किया गया है; पहले अनुवाद का शीर्षक है *क़िस्सा सादिक ख़ान* और दूसरे का शीर्षक है *क़िस्सा शमसाबाद*।

प्राच्य की भाषाओं के हिन्दुस्तानी अनुवादों के अलावा हम पाते हैं : अंग्रेज़ी से असंख्य अनुवाद (ये अनुवाद एक तरह से भारत के नये हुक्मरानों को अदा किया गया साहित्यिक शुल्क है), और फ्रांसीसी से भी, जैसे कि फ्लरी (Fleury) के ऐतिहासिक कैटेशिस्म (catechism : एक क़िस्म का क्रिश्चियन धार्मिक–पुस्तक : अनु.) का अनुवाद, जिसका श्रेय कैथोलिक पादरियों को जाता है हमारे विशिष्ट प्राच्यवादी श्रीमान सिल्वेस्त्र द सासी (Silvestre de Sacy, जो कि तासी का गुरु भी था : अनु.) के अरबी व्याकरण का अनुवाद, जिसे कुछ साल पहले,

दिल्ली के प्रेस के लिए तैयार किया जा रहा था; रोलिन (Rollin) का संक्षिप्त में 'इस्त्वार ओनसियन' (Histoire ancienne : प्राचीन इतिहास : अनु.), आदि। लेकिन, मुख्यतः अंग्रेज़ी के ज़रिये फ्रांसीसी रचनाएँ हिन्दुस्तानी में अनूदित की गयी थीं, और हमारे कई विद्वानों, जैसे कि श्री एली द बोमो (Elie de Beaumont[158]) को यह नहीं पता कि उनकी रचनाएँ हिन्दुस्तानी रूप में दिल्ली और आगरा में पढ़ी जाती हैं। सैयद अहमद ने अपनी रोचक पुस्तक "बाइबिल पर मुस्लिम टीका" में हिब्रू के हिसाब से बाइबिल के अनुवाद का एक प्रयास किया है।

इन अनुवादों की उपयोगिता पर कोई प्रश्न–चिह्न नहीं है, इनका उद्देश्य भारत की जनता को हमारे विज्ञान, हमारी कलाओं, हमारा प्राचीन और आधुनिक इतिहास, ग्रीस और रोम का ज्ञान देना है। यहाँ तक कि कुछ प्रसिद्ध रचनाएँ, जैसे रासेला (Rasselas), का ज़िल्बाश (Cazilbasch), विकैर द वेकफील्ड (Vicaire de Wakefield), रोबिनसन क्रूसो (Robinson Crusoé) और बुन्यान (Bunyan) की यात्राएँ तथा 'इकोनोमी ऑफ़ ह्यूमन लाइफ़' (Economy of human life) आदि से परिचित कराना भी है। ईसाई धर्म का प्रचार करना इनका सबसे महत्त्वपूर्ण उद्देश्य है; ईसाई धर्म वह जीवनदायी वृक्ष है जिसने जद्दासे चलकर पूरे संसार में अपनी छाया फैला दी है। ईसाई धर्म से सम्बन्धित अनुवादों में से कुछ सिर्फ़ हमारे सिद्धान्तों की व्याख्या करते हैं और हमारे पवित्र ग्रन्थों को भिन्न रूपों में पुनःप्रस्तुत करते हैं। कुछ अन्य अनुवाद वाद–विवाद (polemics) करते हैं, विशेषकर मुसलमानों के सन्दर्भ में; चूँकि, ईसाइयत के विरुद्ध उनके पूर्वाग्रह विशेषकर काफ़ी गम्भीर हैं।

इस श्रेणी में सबसे रोचक प्रकाशनों में से एक है अमरीकी प्रेस्बीटेरियन (Presbyterian) मिशनरियों के द्वारा 1844 में इलाहाबाद में तैयार कुरआन का एक संस्करण। इस संस्करण की प्रस्तावना में मुसलमानों की त्रुटियों का विरोध किया गया है और ईसाई धर्म के विरुद्ध उनकी सभी आपत्तियों को सुलझाया गया है; और साथ–ही साथ कुरआन के विरुद्ध एक टीका को भी इसका हिस्सा बनाया गया है, कुछ–कुछ वैसा जैसा माराची (Maracci) ने किया था।

वैसे, भारत में यह मार्ग पहले ही प्रोटेस्टेंट मिशनरी स्कुल्ज़ (Benj. Schultz) के द्वारा प्रशस्त किया जा चुका था, और उसकी पुस्तक (Compendiosa Alcorani refutatio, indicè) हाल शहर (Halle) में 1744 में प्रकाशित हो चुकी थी।

धार्मिक अनुवादों में से हैं : एंग्लिकन लितुर्जी (anglican liturgy : ईसाई उपासना–पद्धति सम्बन्धित : अनु.) का अनुवाद–जिसका हिन्दुस्तानी अनुवाद केवल भारतीयों में उसका प्रचार करने के उद्देश्य से ही नहीं किया गया था। लेकिन, कलकत्ता में, और निश्चय ही अन्य भारतीय शहरों में, धर्म–परिवर्तन कर चुके भारतीयों के लिए, या उनका धर्म–परिवर्तन करने के उद्देश्य से चैपल स्थापित किये गये हैं, जहाँ एंग्लिकन लितुर्जी के अनुसार हिन्दुस्तानी में दैवीय प्रार्थना की जाती है। जैसे लन्दन और जेरुसलेम में हिब्रू में किया जाता है यहूदियों के लिए। यहाँ तक कि अंग्रेज़ी मीटर पर हिन्दुस्तानी में ईसाई धर्म–गीत लिखे गये हैं, और उन्हें उन्हीं धुनों पर गाया जाता है जो सैंट पॉल और वेस्टमिनस्टर–ऐबी (Westminster-Abbey) में प्रयोग होते हैं। कुछ–कुछ वैसे जैसे पेरिस के लुथेरियनों (lu'thériens) ने अपने जर्मन धुनों पर फ़्रांसीसी शब्दों को बिठा लिया है।

पिछले कुछ समय तक भारतीय प्रकाशन आमतौर से पाण्डुलिपियाँ होती थीं, क्योंकि प्रिंटिंग–प्रेस को भारत में काफ़ी कम सफलता ही हासिल हुई थी। उसमें भारी–भरकम और बिना सुघड़पन के अक्षर ही पाये जाते थे; वह सिर्फ़ बहुत मोटे तौर पर ही फ़ारसी अक्षरों (nastalic) को प्रस्तुत कर पाते थे, जो ख़ास पाण्डुलिपियों के लिए इस्तेमाल होता था। कर्सिव (Cursive) अक्षरों (जिन्हें शिस्कस्ता अक्षर कहते हैं) को ये प्रिंटिंग–प्रेस बिल्कुल भी प्रस्तुत नहीं कर पाते थे, न ही शीर्षकों और प्राच्य कैलीग्राफ़ी के अलंकरणों को। सौभाग्यवश, लिथोग्राफ़ी ने मुश्किलों को सुलझाया, और इसे सोत्साह भारतीयों के द्वारा स्वीकार कर लिया गया। दिल्ली का पहला लिथोग्राफ़िक प्रेस 1837 में ही स्थापित हो पाया, और 1852 में ही 34 प्रेस उत्तर–पश्चिम के प्रान्तों में मौजूद थे। उत्तर के लगभग सभी शहरों में और पूरे भारत

के लगभग सभी मुख्य शहरों में यह स्थापित हो चुके थे। उदाहरण के लिए, केवल लखनऊ और कानपुर शहरों में इनकी संख्या 23 थी, और इन दो शहरों में लिथोग्राफ़िक रचनाओं की संख्या पिछले कुछ वर्षों के दौरान, कई सौ तक पहुँच चुकी थी,[159] जिनमें से कुछ के लगभग दस संस्करण आ चुके थे। आगरा गवर्नमेंट गज़ट (Agra Government Gazette) के 1 जून 1855 के अंक में प्रकाशित एक सूची नक्शों और लिथोग्राफ़िक चित्रों के अलावा लगभग 200 की संख्या में हिन्दुस्तानी लेखों के छपने की बात बताती है। इनमें से कई रचनाएँ भारतीयों हेतु साहित्य, विज्ञान और कलाओं पर मात्र प्रारम्भिक रचनाएँ हैं, और इसलिए इनकी हमारे लिए बहुत थोड़ी ही उपयोगिता है। फिर भी इनमें से एक अच्छी संख्या वैसी रचनाओं की है जिससे योरोपीय विद्वान लाभ उठा सकते हैं, जैसे कि करीमउद्दीन के द्वारा *अनवार–इ सुहैली* और *गुलिस्तान* का संक्षिप्त संस्करण; अमीन चन्द के द्वारा *सफ़रनामा*–जो कि पंजाब, कश्मीर, सिंध, दक्कन के एक हिस्से, खानदेश (Khandeisch) तथा मालवा और राजपूताना में यात्राओं का विवरण है; *छन्दो दीपिका* यानी "हिन्दी छन्द–शास्त्र का निबन्ध", योरोप में जो अभी तक अज्ञात है, आदि।

भारतीयों में साहित्यिक शिक्षा और लिथोग्राफ़ी के प्रयोग का प्रसार करने में एक संस्थान ने बहुत योगदान दिया है, जो कि तारीफ़ के योग्य है। वह है *वर्नाकुलर ट्रांसलेशन सोसाइटी*, जिसके शुरुआत में बतौर सेक्रेटरी हमारे देश (फ़्रांस : अनु.) के श्रीमान बूत्रो (M. Boutros) थे, जो उस समय दिल्ली में भारतीयों के कॉलेज के प्रिंसिपल थे। वस्तुतः, इस संस्थान ने भारतीयों को संस्कृत, फ़ारसी और अरबी साहित्य की श्रेष्ठ कृतियों के साथ–ही–साथ जानी–मानी उपयोगी अंग्रेज़ी रचनाओं के अनुवाद उनकी आम भाषाओं में उपलब्ध कर उनकी बहुत सेवा की।

ज़ाहिर है कि प्रिंटिंग–प्रेस का आना हमें उस क़िस्म के साहित्य की चर्चा करने की ओर ले जाता है जो काफ़ी समय तक प्राच्य में अज्ञात थी–हालाँकि इसने भारत में सराहनीय प्रगति की है।

मैं प्रेस की बात करना चाहता हूँ, जिसका साम्राज्य अधिकाधिक विस्तृत हो रहा है और इससे अछूते भारतीय लोगों पर भी प्रभुत्व जमाना शुरू कर रहा है। मैं 50 से ज़्यादा भिन्न हिन्दी या हिन्दुस्तानी अख़बारों के बारे में जानता हूँ। कलकत्ता में, कुछ वर्ष पहले, भारतीयों के द्वारा प्रकाशित 16 अख़बार थे, जिनमें पाँच फ़ारसी या हिन्दुस्तानी में, नौ बंगला में और दो अंग्रेज़ी[160] में थे। कुछ समय से मौलवी नसीरुद्दीन *मार्तण्ड* नामक पत्र प्रकाशित करते रहे हैं, जो कि पाँच कॉलम में और पाँच भाषाओं में है : हिन्दी, हिन्दुस्तानी, बांग्ला, फ़ारसी और अंग्रेज़ी[161] में। कुछ समय पहले एक अख़बार, जो विशेषकर महिलाओं के लिए है एवं आम भाषा (vernacular) में लिखी हुई है, की घोषणा की गयी। बम्बई में जन साधारण भारतीयों के लिए तीन या चार हिन्दुस्तानी अख़बार[162] हैं, और दो विशेषकर मुसलमानों के लिए हैं; चार अख़बार गुजराती में पारसियों के लिए, और दो मराठी में उन हिन्दुओं के लिए हैं जो मराठी बोली (idiome) का उपयोग करते हैं। मद्रास में भी कई हिन्दुस्तानी अख़बार[163] हैं, और यह संख्या दिल्ली, मेरठ, आगरा, लाहौर, बनारस, लखनऊ में[164] और भी बड़ी है। सेरामपुर, किद्दरपुर, मिर्ज़ापुर, भरतपुर, मुल्तान, बरेली, इन्दौर[165] आदि में भी यही स्थिति है। अगर ये अख़बार आसानी से योरोप पहुँच सकते तो हम अपने यहाँ अख़बारों में पुनःप्रकाशित करने योग्य निःसन्देह कुछ रोचक जानकारियाँ इनसे पाते, और हम उन पर होरास (Horace) के यह शब्द लागू कर सकते थे :

............alterius sic

Altera poscit opem res et conjurat amicè.

(अनु. : "...thus one thing demands the aid of the other and both unite in friendly assistance".) (eudict.com; accessed : 15/11/17)

छठा व्याख्यान : 2 दिसम्बर 1855

महोदय,

हर वर्ष, मेरी कक्षा की शुरुआत में, भारत में चल रही साहित्यिक गतिविधियों की आपको जानकारी देना मुझे प्रिय है। वे साहित्यिक गतिविधियाँ जो विशेषकर भारतीय (indienne) नाम से जानी जाने वाली भाषा के माध्यम से चलती हैं, जो कि आप यहाँ, उसके दो शाखाओं, हिन्दू और मुसलमान, में पढ़ने आते हैं। इस बार यह काम मेरे लिए आसान है, कम–से–कम उत्तर–पश्चिम के प्रान्तों के लिए; क्योंकि मैंने हाल ही में, भारतीयों के प्रेसों और इनमें छपने वाले अख़बारों और कृतियों के बारे में इसी वर्ष प्रकाशित सरकारी रिपोर्टें प्राप्त की हैं, इन प्रान्तों के अंग्रेज़ी सरकार के *रिकॉर्ड* में से। साथ ही मेरे हाथों में पिछले 1 जून के *आगरा गवर्नमेंट ग़ज़ट* में छपी इन कृतियों की एक लिस्ट भी है।

पिछले एक व्याख्यान में मैंने आपको पहली जनवरी 1852 तक इन प्रेसों के हालात पर जानकारी दी थी। सरकारी जानकारियों के हवाले से, इस वक़्त तक भारतीयों के पास, उत्तर–पश्चिम के प्रान्तों में, 32 छापाखाने थे, और वहाँ 26 हिन्दुस्तानी अख़बार छपते थे। 1851 के दौरान, इन छापाखानों से, 126 भिन्न रचनाएँ प्रकाशित हुई थीं, लगभग सभी हिन्दुस्तानी में। पहली जनवरी 1853 तक, छापाखानों की संख्या 37 तक पहुँच चुकी थी, हिन्दुस्तानी अख़बारों की तीस तक, और 1852 के दौरान प्रकाशित रचनाओं की संख्या 130 तक थी। अन्ततः, मेरी जानकारियों की समय–सीमा तक,

यानी पहली जनवरी 1854 तक, हम 40 छापाखाने और 33 हिन्दी अख़बार पाते हैं और हमें जानकारी मिलती है कि 195 रचनाएँ 1853 के दौरान प्रकाशित हुई थीं। इस काल में, जिन पुराने अख़बारों के बारे में मैंने आपको जानकारी दी थी, उनमें से कुछ निकलने बन्द हो गये थे। लेकिन हाल–फ़िलहाल में स्थापित अख़बारों की संख्या पहली जनवरी 1852 की संख्या से तीन ज़्यादा थी। जो अख़बार निकलना बन्द हो गये हैं वह निम्न हैं : *साईरिन हिन्द*, बनारस से छपने वाला अख़बार, जिसके बारे में मैंने 16 जनवरी 1851 के "देबा" (Débats–सम्भवतः एक फ्रेंच जर्नल का नाम : अनु.) में एक विस्तृत आलेख प्रकाशित किया था। साथ ही, बाग़–ओ–बहार, उसी शहर से और *बनारस ग़ज़ट*, जो अपने अंग्रेज़ी शीर्षक के बावजूद, उर्दू में लिखा जाता था। इसके अलावे दिल्ली का *फवाईद उन्नाज़िरिन*, मेरठ का *मिफ़ताह उलख़्बार*, लाहौर का *दरया नूर*, *शिमला अख़बार*, लुधियाना से *नूर अल नूर*, और अमृतसर से *बाग़ नूर*।

पहली जनवरी 1854 तक जो 40 छापाखाने उत्तर–पश्चिम के प्रान्तों में मौजूद थे वह इस प्रकार वितरित थे–आगरा में दस, बरेली में एक, बनारस में सात, भरतपुर में एक, कानपुर में दो, कोइल (Coïl) में एक, दिल्ली में दस, ग्वालियर में एक, इन्दौर में एक, मेरठ में दो, लाहौर में दो, मुल्तान में दो और सिआलकोट में एक।

नये अख़बार, जिनके बारे में आपको जानकारी देने का अवसर मुझे प्राप्त नहीं हुआ, वह इस प्रकार हैं : आगरा में *नूर उलब्सार* और *बुद्धि प्रकाश*, जो कि समरूप अख़बारें हैं, चूँकि यह एक ही संस्करण प्रकाशित करते हैं, पहला मुस्लिम डायलेक्ट में और दूसरा हिन्दू डायलेक्ट में। इन दोनों का ही सम्पादक सदासुखलाल है, जो अंग्रेज़ी में दक्ष एक विद्वत् हिन्दू है, और कई रचनाओं का लेखक भी। इन अख़बारों को उचित ही सफलता प्राप्त हुई है, जिसकी वजह यह है कि बड़ी संख्या में रोचक समाचारों, कहानियों को इन अख़बारों में जगह दी जाती है, और साथ ही इतिहास, भूगोलशास्त्र, भूशास्त्र, शिक्षा, आदि विषयों पर मूलभूत लेख भी इस अख़बार में छपते हैं।

इसका स्टाइल सुन्दर लेकिन अक्लिष्ट है, चूँकि यह प्राच्य के लोगों के द्वारा अक्सर इस्तेमाल होने वाली आडम्बरपूर्ण और अलंकृत भाषा से रहित है।

बनारस में, एक नया उर्दू अख़बार, आफ़ताब–ए–हिन्द स्थापित हुआ था, जिसका सम्पादक बाबू गोबिन्द रघुनाथ है। इन्हें श्रेय जाता है सिखों के एक इतिहास और कई अन्य माननीय रचनाओं का। यह अख़बार अपने त्रुटिरहित स्टाइल और इसमें नियमित पाये जाने वाले वैज्ञानिक और साहित्यिक जानकारियों के महत्त्व के लिए सम्मानित है।

अलीगढ़ ज़िले के कोईल (Coïl) में, 1853 में, *फ़तह उतख़्बार* नामक उर्दू समाचार पत्र सफलतापूर्वक स्थापित किया गया। यह अपने आडम्बरपूर्ण शीर्षक के बावजूद सामान्य और स्पष्ट स्टाइल में लिखी जाती है। हम इसमें समसामयिक ख़बरों और आगरा के सरकारी अख़बार के उद्धरणों के अलावा, न्यायालय के समक्ष प्रस्तुत मामलों का संक्षिप्त ब्यौरा पाते हैं।

मुग़ल साम्राज्य की पुरानी राजधानी दिल्ली में पहले से मौजूद पाँच हिन्दुस्तानी अख़बारों के अलावे 1853 में तीन नये अख़बार स्थापित किये गये हैं, जिससे इनकी कुल संख्या *आठ* तक पहुँचती है, जबकि कोन्स्तान्तिनोपल में, तुर्की भाषा में मात्र *पाँच* अख़बार छपते हैं। नये अख़बार निम्न हैं : *सादिक उल अख़बार*, मुस्तफ़ा ख़ान के द्वारा प्रकाशित, जो कि उसके नाम के अनुसार मुस्तफ़ाई नामक छापाखाने का निदेशक है। यह छापाखाना, जो पहले लखनऊ में स्थापित हुआ था, किन्हीं परिस्थितियों की वजह से इस शहर में बन्द हो गया। अतः मुस्तफ़ा ख़ान ने दो नयी शाखाएँ स्थापित कीं, एक कानपुर में और दूसरी दिल्ली में। इस आख़िरी छापाखाने से यह अख़बार प्रकाशित होता है, और इसे इसी नाम से प्रकाशित एक फ़ारसी अख़बार से भ्रमित नहीं करना चाहिए। दिल्ली के अन्य नये अख़बार हैं : *नूर–ए–मशरिकी* (यानी पूरब की रौशनी) और *नूर–ए–मगरीबी* (यानी पश्चिम की रौशनी)–दोनों अख़बार भारतीयों में उपयोगी ज्ञान के प्रसार के लिए और उनमें लोकोपकार की भावना प्रोत्साहित करने

हेतु लिखे जाते हैं। लेकिन, अपने शीर्षकों के अनुरूप, पहला अख़बार प्राच्य विचारों के अनुसार और दूसरा पाश्चात्य, यानी कि योरोपीय सोच के हिसाब से यह काम करते हैं।

ग्वालियर में, लक्ष्मण प्रसाद, जो वर्तमान में स्थानीय सरकार का अफ़सर है, 1853 से एक आधिकारिक हिन्दुस्तानी अख़बार प्रकाशित करता है–दो कॉलमों में, एक हिन्दी और एक उर्दू। यही विद्वान पहले बरेली से एक अख़बार निकालता था, जिसमें हमने निश्चित साहित्यिक रुचि के कुछ लेख पाये थे : उदाहरण के लिए, एक लेख दिल्ली की उर्दू और लखनऊ की उर्दू की सापेक्षिक उत्कृष्टता पर है।

एक नवीन उर्दू अख़बार 1853 से मुल्तान से निकल रहा है, उस अख़बार के अलावे जो पहले से वहाँ मौजूद है। यह अख़बार है *शुआ–ए–शम्स* (सूरज की किरणें), जो कि महाराजा होलकर के द्वारा संरक्षित है, और एक काफ़ी विद्वत् फ़क़ीर गुलाम नसीरुद्दीन के द्वारा लिखित है।

अन्ततः, सियालकोट से 1853 के जून महीने से चश्मा–ए–फ़ैज़ छपता है। पंजाब के सियालकोट शहर में, और इसी नाम से जाने जाने वाले ज़िले में, शायद भारत में किसी अन्य जगह के मुक़ाबले शिक्षा के लाभों को सबसे अधिक सराहा जाता है। चूँकि, फ्रेंड्स ऑफ़ इंडिया (Friend of India) ने कुछ समय पहले जानकारी दी थी कि इस क्षेत्र के नौ सौ पचास गाँवों ने अंग्रेज़ी सरकार द्वारा भारतीयों की शिक्षा के लिए शुरू किये गये विशेष कर का अग्रिम भुगतान कर दिया था, ताकि परिकल्पित विद्यालय अविलम्ब स्थापित किये जा सकें।

विज्ञान से सम्बद्ध कमोबेश बुनियादी (एलीमेंट्री) हिन्दुस्तानी किताबों का, जो उत्तर–पश्चिम के प्रान्तों में 1852 और 1853 में प्रकाशित हुए थे, मैं आपसे ज़िक्र नहीं करूँगा। मैं आपको सिर्फ़ वह मुख्य रचनाएँ इंगित करूँगा जिन्हें ललित साहित्य, दर्शन और इतिहास की श्रेणी में रखा जा सकता है। इस लिहाज़ से, मुझे ज़िक्र करना होगा निम्न रचनाओं का : *चिराग हक़ीक़त*, जो कि सूफ़ियों के धार्मिक सिद्धान्तों पर एक लेख है; *तज़किरात उत्तम्किन*,

जो कि प्रकृति की घटनाओं, उत्कृष्ट स्मारकों एवं अद्भुत जानवरों के ऊपर रचना है और इनके अलावे नैतिक चिन्तन व ऐतिहासिक कहानियों से सम्बन्धित रचनाएँ भी हैं। *अजायब रोज़गार* उसी रचना का दूसरे शीर्षक से एक अन्य संस्करण लगता है। *मख्ज़ा कुदरत* और *खियालत उस्सनायी*, एक ही शैली की किताबें हैं, जो धार्मिक नज़रिये से प्रकृति की तस्वीर पेश करती हैं।

मुझे ज़िक्र करना होगा इन निम्न रचनाओं का भी : *मनु के नियमों* का *मनु संहिता* शीर्षक से उर्दू अनुवाद.तथा बगदाद के अब्दुल्हसन् के द्वारा, न्यायशास्त्र पर मशहूर अरबी आलेख *मुख़्तसर कुदुरी; भूत निहंग* नामक रचना, ईसाई धर्म में परिवर्तित विद्वान हिन्दू राम चाँद के द्वारा, जिसके बारे में चर्चा करने का अवसर मुझे पहले प्राप्त हुआ था : भूत–प्रेतों के सम्बन्ध में भारतीयों के सहज विश्वास के प्रति उन्हें सचेत करने हेतु यह रचना लिखी गयी है। अतः तब जबकि योरोप में हम आत्माओं से सम्पर्क की सच्चाई स्थापित करने में व्यस्त थे, उसी समय हिन्दू लोग योरोपीय और ईसाई विचारों से प्रभावित होकर अपने देशवासियों को इनसे हतोत्साहित कर रहे थे।

मैं नहीं भूलना चाहता कुछ नैतिक उपन्यासों को, जैसे : *सुबुद्धि कुबुद्धि*, अच्छे और बुरे विवेक के बीच विरोध सम्बन्धी रचना; *बंजारा*, जो सांसारिक चीज़ों की अस्थिरता पर ज़ोर डालने के लिए लिखी गयी कहानी है; फ़ारसी से मुहम्मद अज़ीम के द्वारा अनूदित 'इस्त्वार द्यु काश्मीर' (Histoire du Cachemire : कश्मीर का इतिहास); 'इस्त्वार द्यु ज्यूरिसकांस्युलत म्युजुल्मा' (Histoire des jurisconsultes musulmans : मुस्लिम न्यायशास्त्र का इतिहास), सुभान के द्वारा; *'वोयाज़ ऑन योरोप'* (Voyages en Europe : योरोप की यात्रा), युसूफ़ अली ख़ान के द्वारा; और इससे कहीं ज़्यादा रोचक 'वोयाज़ द्यु प्रेन्स द' इन्दौर' (Voyages du prince d'Indore : इन्दौर के राजकुमार की यात्राएँ), भारत के सबसे कम प्रचलित हिस्सों में यात्राओं का विवरण, अमीन चाँद के द्वारा प्रकाशित; अन्ततः, इमाम बक्श सभायी की रचनाएँ : उसका काव्यात्मक संकलन, और उर्दू व्याकरण–इस रचना की अहमियत इसके अन्त में

आने वाले कहावतों और मुहावरों के संकलन की वजह से बढ़ जाती है। जीवनीकार करीम हमें सूचित करता है कि यह विद्वान समकालीन लेखक दिल्ली का सबसे कुशल फ़ारसीविद (persiste) माना जाता है और इसी वजह से उसे इस शहर के निवासियों के कॉलेज में फ़ारसी का प्रोफ़ेसर नियुक्त किया गया था। वह यहाँ *चेलों का कूचा* (यानी की छात्रों की गली : अनु.) में रहता है, और पुराने तरीक़े के कपड़े पहनता है। उसकी दाढ़ी लाल है, उसके चेहरे पर चेचक के दाने हैं और वर्तमान में वह लगभग साठ साल का है।

मौलिक या एशिया की अन्य भाषाओं से हिन्दुस्तानी में अनूदित काल्पनिक रचनाओं में—मैं ज़िक्र करूँगा (1852 और 1853 के प्रकाशनों में) निम्न रचनाओं का : *कृष्ण बालपन*, जो कृष्ण के बचपन पर कविता है; मुहम्मद हुसैन का *लैला मजनूँ*; *सफीना ज़राफा*, जो एक मज़ेदार नाटकों का संकलन है; आधुनिक हिन्दुस्तानी शायरों के सरताज सौदा के कसीदों पर एक टीका; पिछले सदी के सबसे प्रसिद्ध हिन्दुस्तानी शायरों में से एक, 'दर्द' के दीवान का एक संस्करण; लिथोग्राफ़िक चित्रों से सज्जित *रामायण* का एक सुन्दर संस्करण; *अनवर–ए सुहैली* से कुछ उद्धरण—यह फ़ारसी साहित्य का वह मास्टर पीस है जिसका विद्वान श्रीमान ईस्टविक (Mr Eastwick) जो साहित्यिक रूप से काफ़ी सक्रिय हैं, ने हाल में एक वफ़ादार और सुन्दर अंग्रेज़ी अनुवाद छपवाया है।

ब्रिटिश इंडिया के एक अधिकारी ने 23 सितम्बर 1854 की एक रिपोर्ट में इन भारतीय रचनाओं के बारे में अपना दम्भपूर्ण तिरस्कार प्रकट किया है। मैं समझता हूँ कि यहाँ उपस्थित लोग उस अधिकारी की राय से सहमति नहीं रखते होंगे। उसने विशेषकर *बाग़–ओ–बहार*, *गुल–ए बकावली*, *अखलाक–ए जलाली*, *जुब्दत उल्ख़्याल*, *प्रेम सागर*, *सतसई* और *राजनीति*–जैसी हिन्दुस्तानी साहित्य की सराहनीय रचनाओं को बचकाना एवं उत्तम व उदार भावनाओं को पैदा कर सकने में असमर्थ बताया है। यह व्यक्ति इस हद तक कहता है कि *राजनीति* का पाठ (जो कि, जैसा हम जानते हैं, *हितोपदेश* का मात्र एक हिन्दी संस्करण है,

और जो उचित ही इतना प्रसिद्ध है), सिर्फ़ वही असर पैदा कर सकता है जो स्पार्टन लोगों (Spartans) पर नशे में धुत्त एक हेलोट (Helot) का दृश्य पैदा करता था।[166] यह अधिकारी समझता है कि भारतीय साहित्य को पूर्णतः अंग्रेज़ी रचनाओं के अनुवादों से पुनर्निर्मित करने की ज़रूरत है। वह यह भूल जाता है कि इनमें से कुछ रचनाएँ इतनी रोचक हैं कि योरोप में उन्हें इस क़दर सफलता प्राप्त हुई जितना कि किसी भी योरोपीय रचना को कभी नहीं हुई। अगर सिर्फ़ एक ही उदाहरण लिया जाये तो *अलिफ़ लैला* संकलन का नाम लेना होगा–वह अति मनोरंजक किताब जो आप पढ़ सकते हैं और जो मुस्लिम रिवाजोंके बारे में सबसे बेहतर जानकारी देती है। दरअसल, यह कमोबेश एक हलका–फुलका पाठ है, लेकिन वह 'गुलिवर की यात्राओं' से बेहतर है, जिसे एक अन्य ब्रिटिश इंडिया के अधिकारी ने हिन्दुस्तानी में अनुवाद करने का इरादा ज़ाहिर किया है।

मैं मानता हूँ कि जिन रचनाओं को इतने तिरस्कार से देखा जाता है, वह हालाँकि कल्पित/पौराणिक कहानियाँ हैं लेकिन इतिहास भी अक्सर झूठ बोलता है, और ये झूठ अधिक ख़तरनाक हैं। बायरन (Byron) ने इस सन्दर्भ में यह कहा था (Lara, canto I, xj) :

.... History's pen its praise or supplies;
And lies like truth, and still most truly lies.

अंग्रेज़ी से जो अनेक अनुवाद प्रकाशित हुए हैं, उनमें निम्न प्रमुख हैं : रेवरेंड श्रुमान (Rév. J.A. Shurman) का *तारीख़–ए मुताकदीमीन ओ मुताख्ख़ीरीन*; गोल्डस्मिथ का 'ग्रीस और रोम का इतिहास'; 'प्राचीन काल के दार्शनिकों का जीवन'–अलेक्ज़ान्द्र, देमोस्थेन और सीसेरों (Alexandre, Démosthène और Cicéron) के बारे में; 'मेरीटाइम एंड इनलैंड डिस्कवरीज़' (Maritime and Inland Discoveries); मार्षम (Marsham) के द्वारा 'बंगाल में अंग्रेज़ों के आधिपत्य का इतिहास'; 'चीनी साम्राज्य का इतिहास', जेसुइट मिशनरियों की कहानियों पर आधारित, एंग्लो–इंडियन और उत्साही कैथोलिक कोरकोरन (J. F. Corcoran) के द्वारा।

यह अफ़सोस की बात है कि अंग्रेज़ी से हिन्दुस्तानी में प्राच्य देशों के इतिहास, उनकी राजनीति, और यहाँ तक कि उनके धर्मों से सम्बन्धित रचनाओं के भी अनुवाद हुए हैं। यह ना सिर्फ़ प्राच्यवाद के नज़रिये से अफ़सोसजनक है, बल्कि, भारतीयों के लिहाज़ से भी (जिनके लिए यह रचनाएँ लिखी गयी हैं) यह दुर्भाग्य की बात है। जैसे, उदाहरण के लिए, 'मुग़ल बादशाहों का इतिहास' Edinburgh Cabinet Library से अनूदित; 'भारत का भूगोल', जो कि Murray's Encyclopaedia of Geography से अनूदित है; 'फ़ारस का इतिहास', मॉडर्न ट्रैवलर (Modern Traveller) से अनूदित, और कई अन्य अनुवाद। इस तरह का रवैया, भारत के साथ बर्बर मुल्क के समान व्यवहार करने जैसा है। चूँकि इसका आशय यह होगाकि यह मान कर चला जाये कि हम इस मुल्क को ख़ुद यहाँ के निवासियों से बेहतर जानते हैं, जो कि बमुश्किल स्वीकार्य है क्योंकि इस मुल्क में अपनी ख़ुद की उत्कृष्ट साहित्यिक रचनाएँ हैं। साथ ही, हम इस बात को नज़रअन्दाज़ कर देते हैं कि प्राच्य के विषय में हमारी रचनाएँ वहाँ के निवासी लेखकों के द्वारा प्रदत्त जानकारी के आधार पर ही लिखी जाती हैं। लेकिन कभी–कभी उनके टेक्स्ट्स को ग़लत तरीक़े से समझा जाता है। अगर आप इन दोषों में वह दोष जोड़ दें जो कि किसी भी अनुवाद में निहित होते हैं, तो आपको काफ़ी दोषपूर्ण किताबें ही मिलेंगीं, जो कि भारतीयों को उनके अपने देश और अपने इतिहास के बारे में एक ग़लत नज़रिया ही देंगी। हिन्दुस्तानी में मौलिक ऐतिहासिक रचनाओं की कमी के चलते, क्यों न अंग्रेज़ी रचनाओं के बजाय फ़ारसी रचनाओं का अनुवाद किया जाये? या फिर क्यों न फ़ारसी रचनाओं को कम–से–कम समकालीन हिन्दुस्तानी टेक्स्ट्स के आधार के तौर पर लिया जाये, तथा उन हिस्सों को सम्पादित किया जाये जो कि स्पष्टतः ग़लत या अनैतिक नज़र आते हों? वैसे भी इस क़िस्म का अनुवाद भारतीय लेखकों के लिए काफ़ी अधिक आसान और काफ़ी अधिक सुखद भी होगा। वह अपने ही क्षेत्र में होंगे, और हम उन्हें गम्भीर ग़लतियाँ करते नहीं पायेंगे। फिर ऐसी नौबत ही नहीं आयेगी

कि भारतीयों अनुवादकों को उनके लिए नितान्त अपरिचित योरोपीय विचारों और संकेतों (allusions) को हिन्दुस्तानी शब्दों द्वारा अकुशलता से अभिव्यक्त करना पड़े। होरास (Horace) ने जो निर्देश अपनी रचना 'आर्ट पोएटिक' (Art poétique) में दिया है उसे आत्मसात करना तो इस सन्दर्भ में दूर की बात लगती है :

Nec verbum verbo curabis reddere, fidus
Interpres...[167]

उदाहरण के तौर पर, उत्तर–पश्चिम के प्रान्तों के लिए अंग्रेज़ी सरकार के सेक्रेटरी, आदरणीय श्रीमान मुइर (M.W. Muir) ने, दिल्ली कॉलेज के चार प्रोफ़ेसरों के द्वारा किये गये टेलर के 'हिस्ट्री ऑफ़ मोहमेडनिज़म' ('Taylor's History of Mohamedanism') के अनुवाद का सावधानीपूर्वक निरीक्षण करने के बाद, मेरी तरह ही इस समस्या की ओर इशारा किया। इस इतिहास के पहले अध्याय में ही, आहरीमान मुइर ने कई भ्रमित, अबोधगम्य और यहाँ तक कि स्पष्टतः गलत सूचनाएँ पायीं, जिनमें से कई उसने अपनी प्रति के हाशिये में नोट किये। यह विशिष्ट अधिकारी आगे कहते हैं कि "यह इसलिए और भी अधिक अफ़सोसजनक है क्योंकि अपने ख़ुद के साहित्य में दक्ष कोई भी मुसलमान सबसे पहले यह ग़लतियाँ ढूँढ़ सकता है। अतः हर रचना पर और यहाँ तक कि हमारे सभी अनुवादों की बदनामी से हम नहीं बच पायेंगे।"

मैंने यह भी पाया कि इस अनुवाद की ज़िम्मेवारी केवल मुसलमानों को दी जाये यह ध्यान भी नहीं रखा गया; बल्कि दो मुसलमानों और दो हिन्दुओं को यह ज़िम्मा सौंपा गया। इन दो मुस्लिम प्रोफ़ेसरों के द्वारा अनूदित हिस्सा काफ़ी हद तक सही है; लेकिन दो हिन्दू प्रोफ़ेसरों के द्वारा अनूदित हिस्सों के साथ ऐसी बात नहीं, जहाँ हम अरबी की वर्तनी की अशुद्धताएँ भी पाते हैं। इसके अलावे, इन अध्यायों में हिन्दू प्रोफ़ेसरों ने योरोपीय लेखक द्वारा कुरआन और मुस्लिम धर्म के बारे में इस्तेमाल किये वाक्यरीतियों (expressions) को क्षीण करने का ख़याल भी नहीं रखा, जो इनको पढ़ने वाले मुसलमानों को नागवारा होगा,

बावजूद उन परम्परागत आदरसूचक जुमलों के जो मक्का के पैगम्बर के नाम के बाद आते हैं, और जो आलेख की सम्पूर्णता से मेल नहीं खाते।

मैं इससे अनभिज्ञ नहीं हूँ कि इन प्रकाशनों को अपना संरक्षण देकर, अंग्रेज़ी सरकार की मंशा भारतीयों में न सिर्फ़ योरोपीय विचारों की घुसपैठ करवाना है बल्कि ईसाई विचारों की भी। इस सम्माननीय लक्ष्य को देखते हुए इसकी आलोचना कर सकना सम्भव नहीं। लेकिन मेरी राय में इस लक्ष्य को हासिल करना, कम–से–कम परोक्ष तौर पर, प्राच्य की ऐतिहासिक रचनाओं को छाँटकर सम्भव होगा। जहाँ तक बात है दर्शन और ईसाई नैतिकता सम्बन्धी रचनाओं की, उनके अनुवाद में कुछ भी आपत्तिजनक नहीं हैं, और यह बेशक भारतीयों के लिए बहुत उपयोगी और बहुत लाभदायक है। इसलिए मैं बिल्कुल उचित मानता हूँ निम्न अनुवादों को : रोबिनसन क्रूसो (Robinson Crusoé) का अनुवाद; और सबसे अधिक श्री रामेंशाव (E. Rawenshaw) के द्वारा अंग्रेज़ी के ज़रिये हिन्दुस्तानी में सराहनीय तरीक़े से अनूदित रचना 'ईश्वर के अस्तित्व के बारे में फेनेलों (Fénelon) के विचार' को। मैं, जहाँ तक सम्भव हो, योरोपीय श्रेष्ठ–रचनाओं के भी अनुवाद को उचित मानता हूँ। जैसे मुझे ख़ुशी के साथ यह जानकारी मिली कि बनारस के *सुधाकर* में शेक्सपियर के 'मिडसमर नाइट्स ड्रीम' (Midsummer Night's Dream) का हिन्दी अनुवाद प्रकाशित हुआ था। यह वास्तव में एक बेहतरीन कार्य है; बांग्ला में 'मर्चेंट ऑफ़ वेनिस' (Merchant of Venice) का जो अनुवाद किया गया था उससे काफ़ी बेहतर, चूँकि बंगला अनुवाद कुछ हल्के–फुल्के परिवर्तनों के साथ, प्राच्य रिवाजों के हिसाब से ज़्यादा ढला हुआ है। निश्चय ही जल्द ही हिन्दुस्तानी में इस महान अंग्रेज़ नाटककार की सभी महान रचनाएँ अनूदित की जायेंगी, और कौन जानता है कि पहले से ही दिल्ली और आगरा के थिएटरों में (पेरिस में पिछले कुछ समय में मिली सफलता से अधिक सफलतापूर्वक), मैकबेथ की लाजवाब ट्रेजेडी खेली जा रही हो; और शायद इसकी प्रशंसा हेतु, भारतीय शब्दों में सम्भवतः (उदाहरण के लिए)

यह सुन्दर पद्य कहे जा रहे हों, जिसे उस महान कवि ने डंकन की मौत के बाद मैकबेथ से बुलवाया था :

Methought, I heard a voice cry : "Sleep no more!
Macbeth does murder sleep, the innocent sleep;
Sleep, that knits up the ravell'd sleave of care,
The death of each day's life, sore labour's bath,
Balm of hurt minds, great nature's second course,
Chief nourisher in life's feat."

सातवाँ व्याख्यान : 4 दिसम्बर 1856

महोदय,

हमारी पिछली भेंट के बाद से, भारत की एक विशाल सल्तनत में, जिसकी ख़ास भाषा हिन्दुस्तानी है, एक बड़ी महत्त्वपूर्ण घटना घटी है। प्राचीनकाल की अयोध्या यानी अवध का सुल्तान, भगवान राम का उत्तराधिकारी, वाजिद अली शाह, भारत की अंग्रेज़ सरकार के द्वारा अपनी सल्तनत से बेदखल कर दिये गये। मेरा मक़सद यहाँ इस सर्वथा राजनीतिक क्रान्ति की चर्चा करना या फिर शासक के रूप में वाजिद अली की ख़ूबियों और कमियों को परखना भी नहीं है; लेकिन मेरी उनमें रुचि एक विशिष्ट साहित्यकार और उत्कृष्ट हिन्दुस्तानी शायर के रूप में है। उनका तख़ल्लुस या शायराना उपनाम *अख़्तर* यानी "सितारा" है, क्योंकि वह वस्तुतः आधुनिक भारत के काव्यात्मक क्षितिज के सितारों में से एक हैं। मैं आपसे पहले भी इस सल्तनत के राजकुमारों की परम्परा के इस क़ाबिल वारिस की रचनाओं की चर्चा कर चुका हूँ। इन सभी ने हिन्दुस्तानी साहित्य को संरक्षण दिया और इनमें से अधिकांश ने स्वयं भी इसको सींचा, जैसे कि : सफ़दर जंग, शुजाउद्दौला, असफुद्दौला (वह एक हिन्दुस्तानी शायर के बतौर सिर्फ़ अपने सामान्य नाम 'असफ' से पहचाने जाते हैं), सआदत अली ख़ान, गाज़िउद्दीन हैदर (वह प्रसिद्ध फ़ारसी शब्दकोश, जिसका शीर्षक *हफ़्त कुल्ज़ुम* है, के रचयिता हैं), नसीरउद्दीन हैदर, नासीरुद्दौला और अमजद अली शाह (यह तख़्त से बेदखल राजा के पिता हैं)। वाजिद अली को उस महान और साहसी रानी का पुत्र होने का भी सम्मान प्राप्त है,

जिसका अपने परिवार के हितों के लिए समर्पण उसे महासागर पार कर इंग्लैंड ले आया। इस रानी ने समुद्र कभी देखा भी नहीं था और जहाज़ क्या होता है उसे पता भी नहीं था, फिर भी अपने पुत्र के ख़िलाफ़ की गयी कार्यवाही के विरुद्ध दरख़्वास्त करने वह इंग्लैंड पहुँची।

लेकिन हम उस दिशा में चलते हैं जो मेरे वार्षिक व्याख्यान का आमतौर पर विषय होता है, यानी कि भारत में हिन्दुस्तानी भाषा में हुई साहित्यिक गतिविधियों का ब्यौरा। हिन्दुस्तानी भाषा को मैंने फ़्रांसीसी की बहन[168] कहा था, लेकिन यह दरअसल फ़्रांसीसी की मौसेरी बहन है, जैसे कि वह इतालवी की भी है[169] चूँकि संस्कृत भाषा लैटिन की बहन और हिन्दुस्तानी या दरअसल हिन्दी या आधुनिक भारतीय बोली की माँ है। हिन्दुस्तानी शब्द, जैसा कि मैं आपसे कई बार कह चुका हूँ, दरअसल एक वर्ग नाम (generic name : अनु.) है, जो हिन्दुस्तान की भाषा को इंगित करता है, और विशेषकर उत्तर–पश्चिम के प्रान्तों और पंजाब की भाषा को। फ़ारसी और अरबी शब्दों से मिश्रित हिन्दुस्तानी को उर्दू कहते हैं; यह पूरे हिन्दुस्तान में मुसलमानों के द्वारा इस्तेमाल की जाती है और शुद्धता से मुख्यतः उनकी राजधानियों दिल्ली, आगरा, लखनऊ और हैदराबाद में इस्तेमाल होती है। हिन्दुओं की हिन्दुस्तानी है हिन्दी : यह लगभग पूर्णतः संस्कृत शब्दों (या तो शुद्ध शब्द या परिवर्तित) से बनी है। हिन्दी के लिए आमतौर पर इस्तेमाल होने वाली वर्णमाला है *देवनागरी* यानी कि "देवताओं की लेखनी"। आम बोलचाल में इसका नाम है *नागरी* "लेखनी"; लेकिन इसके अलावे *कायस्थी* और *सर्राफ़ी* नाम की लिपियाँ भी इस्तेमाल होती हैं जो कि नागरी का एक विकृत रूप है। यह सर्राफ़ी लिपि मथुरा, अलीगढ़ और मैनपुरी ज़िलों में हिन्दी लिखने में इस्तेमाल होती है। आगरा में नागरी स्कूलों की संख्या कायस्थी स्कूलों की संख्या से थोड़ी ज़्यादा है; लेकिन अन्य ज़िलों में, कायस्थी लिपि ही हर जगह इस्तेमाल होती है। कायस्थी लिपि को आमतौर पर *कैथी नागरी* या "कायस्थों की लेखनी" कहते हैं। कैथी कायस्थों का प्रचलित नाम है, जो कि लेखकों की उपजाति के सदस्य हैं।

आमतौर पर इसी उपजाति के लोग *पटवारी* (गाँवों के लेखाकार) होते हैं। *सर्राफ़ी* लिपि, जिसे *महाजनी* भी कहा जाता है, वह लिपि है जिसका उपयोग *सर्राफ़* और *महाजन* करते हैं। यह लिपि, ख़ास तौर पर व्यापारिक लेन–देन के लिए इस्तेमाल होने वाली एक क़िस्म की संख्याओं की लेखनी है, जिसे केवल इसमें दीक्षित लोग ही पढ़ सकते हैं। बहरहाल, अगर हम प्रवाही (cursive) नागरी वर्णमाला जानते हैं तो बिना विशेष परेशानी के सर्राफ़ी अक्षरों से अभ्यस्त हुआ जा सकता है; जबकि एक भारतविद् जिसने संस्कृत कभी भी कलात्मक तरीक़े से उकेरे सुन्दर लिपि में नहीं पढ़ी है तो वह बनियों[170] की गुत्थियों को नहीं समझ पायेगा। उर्दू के लिए विशेष लेखनियों में इस्तेमाल होने वाली लिपि है *नेस्तालिक*। इसे ऐसा नाम इसलिए दिया गया क्योंकि यह मिश्रण है *नक्षी* (cursive या प्रवाही) और *तालिक* (लटकन) का; और, आम बोलचाल में इसे *शिकस्ता* (खण्डित) कहते हैं, जिसका नाम सूचित करता है कि यह लापरवाही के साथ लिखी जाती है।

1854 में, उत्तर–पश्चिम के प्रान्तों में और पंजाब में भारतीयों के पास 37 प्रेस और 33 अख़बार थे। इन अख़बारों की बिक्री–प्रतियों की संख्या 2216 तक थी[171]। वह अख़बार जिसकी प्रसिद्धि सबसे अधिक थी, वह था *कोह–इ–नूर*, जो कि लाहौर का उर्दू अख़बार है। हालाँकि इसके नियमित ग्राहकों की संख्या 349 ही थी और इसका सम्पादक था हरसुख राय, जो इसी नाम के एक छापाखाने का डायरेक्टर था। मैं यहाँ अंग्रेज़ी में लिखे अख़बारों की बात नहीं कर रहा जिनके बिक्री–प्रतियों की संख्या पिछले वर्ष की संख्या (यानी कि 103,615[172]) की तुलना में 58,793 से बढ़कर 162,408 तक पहुँच गयी है।

इसके अलावे, इन छापाखानों ने इसी वर्ष के दौरान 207 प्राच्य रचनाएँ भी प्रकाशित की। 1855 के सम्बन्ध में पुख्ता जानकारियाँ मेरे पास उपलब्ध नहीं हैं; लेकिन इसमें सन्देह की गुंजाइश नहीं कि इस वर्ष के दौरान छपी रचनाओं की संख्या इससे कहीं बड़ी है। इन रचनाओं में सम्भवतः पिछले वर्षों की भाँति, शुद्धतः साहित्यिक अंग्रेज़ी रचनाओं के अनुवाद भी हैं। अंग्रेज़ी साहित्य की इन उत्कृष्ट कृतियों

(masterpieces) के सम्भावित अनुवादों की तारीफ़ ही होनी चाहिए, बशर्ते वह कोई ऐसा सुधार लाने का प्रयास न करें जो उर्दू साहित्य के स्वरूप को विकृत करे। मिल्टन (Milton) ने कहा था :

.... Be not over exquisite

To cast the fashion of uncertain evils.

दिल्लीवासियों के कॉलेज के सुयोग्य प्रिंसिपल, श्रीमान फ्रांसिस टेलर ने मुझे कुछ सप्ताह पहले मुग़ल साम्राज्य की राजधानी में हाल में छपे हिन्दुस्तानी रचनाओं की एक सूची भेजी है; और इस सूची में कुछ ऐसी किताबें हैं जिनकी चर्चा मैंने अभी तक आपसे नहीं की है, तथा जो भारतीय साहित्य के लिए अति महत्त्वपूर्ण योगदान हैं। साथ ही, आगरा प्रशासन द्वारा फ्रेंच इंस्टिट्यूट (Institut de France) को भेंट की गयी एक सौ पचहत्तर भिन्न पुस्तकों में से मैंने कुछ नयी पुस्तकें पायी हैं। इन पुस्तकों को मेरे आदरणीय मित्रों श्रीमान विलियम मुइर (भारत के उत्तर–पश्चिम के प्रान्तों के प्रशासन के सेक्रेटरी) और श्रीमान एच. एस. रीड (भारत के उत्तर–पश्चिम प्रान्तों में सार्वजनिक शिक्षा के डायरेक्टर) के सहयोग से भेजा गया है। यह दोनों ही हिन्दुस्तानी साहित्य के उत्साही प्रवर्तक हैं, जो कि आसानी से भारत में फ़ारसी और संस्कृत साहित्य की जगह लेने वाला है। हालाँकि ये पुस्तकें अंग्रेज़ी सरकार ने भारतीयों के कॉलेजों और विद्यालयों के लिए प्रकाशित करवाये थे, लेकिन इनमें से कई किताबें योरोपियों के लिए कम उपयोगी नहीं हैं। सबसे अधिक यह अंग्रेज़ी अधिकारियों के लिए उपयोगी हैं (नागरिक और सैन्य सेवाओं दोनों के लिए) जिनसे हिन्दुस्तानी जानने की अपेक्षा की जाती है। बंगाल प्रान्त में भी हिन्दुस्तानी उपयोगी है, हालाँकि वहाँ की जनता कई ज़िलों में बंगाली बोलती है, जो कि इन क्षेत्रों की ख़ास डायलेक्ट है। फिर भी बंगाल के कई इलाक़ों में हिन्दुस्तानी इस्तेमाल की जाती है, जो कि कलकत्ता के न्यायालयों में और प्रान्त के अन्य शहरों में प्रयोग होने वाली एकमात्र भाषा है।[173]

जिन दो सूचियों की मैंने अभी चर्चा की है उनके हवाले से मैं एक नये *तज़किरे* (*तज़किरा* "हिन्दुस्तानी शायरों की संकलनात्मक जीवनी" को कहते हैं) का ज़िक्र करूँगा, जिसका शीर्षक है *गुलिस्तान–ए–सुखन*। इसकी रचना की है मिर्ज़ा कादिर बक्श ने जिनका उपनाम है साबिर। वह मिर्ज़ा मुकर्रम बख्त का पुत्र है और दिल्ली के शाही परिवार का राजकुमार है। इस परिवार का मुखिया सिराजुद्दीन अभी भी बादशाह की पदवी (*शाह*) से सम्मानित किया जाता है, यहाँ तक कि 'बादशाहों का बादशाह' की पदवी (*बादशाह*) से भी। साबिर मौलवी इमाम बक्श सभाई का शागिर्द है जो समकालीन हिन्दुस्तानी लेखकों में सबसे विशिष्ट नामों में से एक है।

काव्य के लिए झुकाव भारतीयों में जस का तस बना हुआ है। हम इसके लिए उन्हें दोष नहीं दे सकते। अरस्तु अपनी रचना 'पोएटिक' (Poétique) के नवें अध्याय में कहता है : "काव्य इतिहास से कहीं अधिक दार्शनिक और अधिक जानकारी देने वाला है।"[174] हालाँकि जो सूची मेरी आँखों के सामने है उसमें कुछ ही नयी पद्यात्मक रचनाएँ हैं। इसमें हम सिर्फ़ यह निम्न रचनाएँ पाते हैं : *ज्ञान चालीसी*, जो कि हिन्दी में *दोहों* का संकलन है; यह पण्डित श्रीलाल के द्वारा रचित है, जो कई उपयोगी रचनाओं का लेखक है, तथा *पुष्प बाटिका*, जो कि बंसीधर के द्वारा गुलिस्तान की आठवीं किताब का हिन्दी अनुवाद है; आगरा से 3000 प्रतियों में छपी यह रचना राजाओं के व्यवहार की चर्चा करती है। एक अन्य लेखक, कमरुद्दीन ने *गुलिस्तान* के उद्धरण फ़ारसी टेक्स्ट के साथ उर्दू में प्रकाशित किये हैं; उसने यही कार्य *बोस्तान* के लिए भी किया है : उसका अनुवाद साथ ही साथ सुन्दर और मूलपाठ से वफ़ादार भी है।

उत्तर–पश्चिम के प्रान्तों में हाल में प्रकाशित हुए दर्शन और नैतिकता सम्बन्धित रचनाओं में ख़ास हैं निम्न रचनाएँ : *सिफत रब्बुललामीन*, यानी कि ईश्वर के गुणों का बखान; इसे बाबु श्री दास ने रचा है, जो कि अपने ग़ैर–ईसाई नाम के बावजूद ईसाई है (श्री दास नाम का अर्थ है 'लक्ष्मी का सेवक'; लक्ष्मी हिन्दुओं के लिए सिरीस[175]

(Cérès) और वीनस, जो कि प्राचीन रोमन धर्म में समृद्धि की देवियाँ हैं, दोनों ही है)। बाबु **श्री** दास का नाम ईसाई हिन्दुस्तानी लेखकों की छोटी संख्या में शामिल कर लेना चाहिए; इनका ज़िक्र मैंने कुछ समय पहले किया था।[176]

भोज प्रबन्ध सार, बंसीधर की एक टीका के साथ प्रकाशित हुआ है। जैसे कि आप जानते हैं, भोज एक तरह से भारत का सुलेमान (बाइबिल का एक पात्र : अनु.) और मालवा का एक प्रसिद्ध राजा था, जिसने उज्जैन में पाँचवीं शताब्दी में शासन किया और जिसकी चर्चा भारतीय रचनाओं में अक्सर होती है।

बुद्धि विद्योद्योत एक हिन्दी रचना है जिसमें बुद्धि और शिक्षा के लाभों के बारे में चर्चा है।

टॉड की 'हिंट्स ऑन सेल्फ–इम्प्रूवमेंट' ("Hints on self improvement") नामक पुस्तक में से एच.सी. टर्नर द्वारा चुने गये अंशों का बंसीधर के द्वारा हिन्दी अनुवाद *शिक्षा मंजरी* के नाम से प्रकाशित हुआ है।

मेरे ख़्याल से हाल में प्रकाशित नैतिक आख़्यानों में से कुछेक की चर्चा करना यहाँ उचित ही होगा; जैसे कि *फर्रुख़ाबाद की कहानी*, *सूरजपुर की कहानी* और *बुद्ध फलोदय*। यह आख़िरी रचना, पण्डित कृष्ण दत्त द्वारा रचित है, जो आगरा के केन्द्रीय विद्यालय के संयुक्त प्रोफ़ेसर हैं। यह हिन्दुओं की परिपाटी के लिहाज़ से, हिन्दी में *कुबुद्धि सुबुद्धि* की एक पुनर्रचना है। *कुबुद्धि सुबुद्धि* उर्दू में मुसलमानों की परिपाटी के लिहाज़ से लिखित रचना है, जिसकी चर्चा मैं आपसे पिछले वर्ष कर चुका हूँ।

मेरी नज़रों के समक्ष मौजूद सूचियों में दर्ज़ ऐतिहासिक रचनाओं में से बेहतर रचनाओं के तौर पर मैं पाता हूँ निम्न रचनाओं को:

मिरखोंद की प्रसिद्ध रचना रौज़त उस्सफा का हिन्दुस्तानी अनुवाद। यह फ़ारस का एक सामान्य इतिहास है–सबसे प्राचीन काल से लेकर सोलहवीं शताब्दी के अन्त तक, जिस काल में लेखक जीवित था।

मौलवी उबैदुल्ला अबू मुस्लिम के द्वारा *तुह्फत उल हिन्द* नामक रचना भी है जो हिन्दुओं के धर्म पर टीका है। यह व्यक्ति एक मुसलमान डॉक्टर है। जिस तरीक़े से मुसलमान हिन्दुओं के धार्मिक विचारों की चर्चा करते हैं वह रोचक है : उन्हें वह अपने ख़ुद के विचारों के हिसाब से बहुत अच्छी तरीक़े से ढाल लेते हैं, बिना उन्हें पूरे तरीक़े से परिवर्तित किये हुए।[177]

मैं *तज़किरात उल्माशेख* की फिर से चर्चा करूँगा, जो सदासुखलाल की अंग्रेज़ी से अनूदित जीवनात्मक रचना है; साथ ही 'विल्सन्स मैन्युअल ऑफ़ एन्शिएंट हिस्ट्री' ("Wilson's Manual of ancient history") का उर्दू में अनुवाद *तारिख–इ आलम* के शीर्षक से और हिन्दी अनुवाद *जगत वृत्तान्त* के शीर्षक से प्रकाशित हुआ है। दोनों शीर्षकों का अर्थ है "संसार का इतिहास"।

नये प्रकाशनों में शिक्षात्मक रचनाओं का विशेष स्थान है। सर्वप्रथम मुझे ज़िक्र करना होगा *छन्दों दीपिका* का, जो कि 1854 में आगरा में छपा हिन्दी काव्यशास्त्र पर आलेख है। अब तक हिन्दी डायलेक्ट का काव्यशास्त्र (prosody) लगभग अज्ञात था। यह दरअसल संस्कृत काव्यशास्त्र का ही हलके–फुल्के बदलावों के साथ दूसरा रूप है। जैसे कि उर्दू का काव्यशास्त्र फ़ारसी के सम्बन्ध में है। फिर भी, इस विषय पर एक पेशेवर निबन्ध की कमी थी और बंसीधर ने इस कमी को पूरा किया है।

अगर हम ज़िक्र करें भिन्न प्रकार के व्याकरणों का जो हाल में उर्दू और हिन्दी में प्रकाशित हुए हैं तो हमें काफ़ी विस्तार में जाना पड़ेगा। ऐसी रचनाएँ जितनी कि उर्दू और हिन्दी के लिए उपलब्ध हैं, उतनी ही फ़ारसी और संस्कृत में भी। यहाँ यह कहना ही काफ़ी होगा कि योरोपीय लोग निश्चय ही इनसे सीख सकते हैं।

उसके बाद आते हैं कई पत्रात्मक गाइड (epistolarymanuals), जैसे कि : श्रीलाल द्वारा हिन्दी में लिखित *पत्तर मलिका*; उर्दू में कमरुद्दीन द्वारा लिखित *इंशा खिरद अफरोज़* (बुद्धि के विकास हेतु चिट्ठियों के नमूने), जिसके हज़ारों प्रतियों में छपे कई संस्करण हैं;

इंशा खलीफ़ा, जो कि शाह मुहम्मद के पत्रात्मक गाइड का एक क़िस्म का उर्दू संक्षेपीकरण है। यह फ़ारसी टेक्स्ट के साथ छपा है। शाह मुहम्मद की यह रचना भारत में निस्सन्देह क्लासिक है, जैसा कि उत्तर–पश्चिम के प्रान्तों के सार्वजनिक शिक्षा के कुशल डायरेक्टर श्रीमान रीड बताते हैं। उन्होंने 1853–54 में भारतीय विद्यालयों के निरिक्षण के दौरान यह निबन्ध 343 विद्यालयों के छात्रों के पास पाया था।

फिर हम पाते हैं *सुधा दर्पण*–यह एक हिन्दुस्तानी निबन्ध है, जो हिन्दुओं के नज़रिये से शुचिता के सम्बन्ध में है। इसका रचनाकार मथुरा के विद्यालयों का इंस्पेक्टर सेठ बिद्धि चन्द नारायण है, जो कई अन्य रचनाओं का लेखक भी है।

बिद्यांकर सहरीलाल की हिन्दी रचना है, जिसे उर्दू में बंसीधर के द्वारा *हसाइए उल मौजुदात* (सांसारिक वस्तुओं की सच्चाई) शीर्षक से पुनर्लिखित किया गया। यह चर्चा करता है भौतिक संसार की, तारों और सौर्यमण्डल की, गर्मी, रौशनी, पर्यावरण, पाला, बादलों की, पशु, वनस्पति और खनिज जगत आदि की।

मुझे कृषि आधारित कुछेक रचनाओं की भी चर्चा करनी होगी, जिनमें निश्चय ही कुछ ऐसी जानकारियाँ मिलेंगी जो हमारे कृषक समाजों के लिए लाभदायक होंगी। जैसे कि कृषि पर निबन्ध *खेत करण,* जो उत्तर–पश्चिम प्रान्तों के भारतीयों के चलन के अनुसार फतेहगढ़ के डिप्टी कलेक्टर कालीराय द्वारा हिन्दी में लिखित रचना है। यह एक माननीय समकालीन लेखक है। यह निबन्ध कई दफे आगरा और दिल्ली में प्रकाशित हुआ था। जितनी बार हिन्दी में, उतना ही उर्दू में भी। यह भिन्न क़िस्म के भूमियों, जोत के उपकरणों, खेतों की सिंचाई करने के भिन्न तरीक़ों, आदि की, चर्चा करता है। इसमें बताया गया है वह तरीक़ा जिससे राजकोष की मालगुजारी का अन्दाज़ा किया जा सकता है, और यह भी कि किस तरह अधिक मालगुजारी के ख़िलाफ़ दरख़्वास्त की जाये। इस आलेख के साथ चित्र भी हैं, और तकनीकी शब्द इसमें फ़ारसी और देवनागरी अक्षरों में साथ–साथ लिखे गये हैं।

बंसीधर की हिन्दी रचना *किसान उपदेस* गाँवों की आबादी, जोत–क्षेत्र सम्बन्धी जानकारियों और पटवारियों के सालाना खातों की चर्चा करती है। मेरे ख़्याल से यही रचना उर्दू में *पन्द्–नामा–इ काश्तकारां* (खेतिहरों के लिए मश्वरे की किताब) शीर्षक से पुनर्रचित की गयी है। इसकी रचना मोहनलाल ने रोशनअली के सहयोग से की है; यह दोनों शिक्षित हिन्दू हैं, और दोनों ही विशिष्ट समकालीन लेखक भी हैं। इस रचना का एक फ़ारसी–उर्दू संस्करण भी है।

इस सूची में क्या मैं अपनी रचना "Notice des Biographies originales des auteurs qui ont écrit en langue indienne ou hindoustanie"[178] ('भारतीय भाषा या हिन्दुस्तानी में लिखने वाले लेखकों की मौलिक जीवनियों पर नोटिस' : अनु.) को जोड़ सकता हूँ? हाल में मुहम्मद ज़ुकाउल्लाह द्वारा उर्दू डायलेक्ट में इसका अनुवाद दिल्ली में प्रकाशित हुआ है और मात्र तीन दिन पहले इसकी कुछ प्रतियाँ मुझे प्राप्त हुईं। यह शायद थोड़ी उकताने वाली रचना है, हालाँकि मैंने इसे संक्षेपित करने का यथा सम्भव प्रयास किया है। मैं यह स्वीकार करता हूँ कि हिन्दुस्तान की सुन्दर भाषा पर अपनी विनम्र रचनाओं को स्वयं हिन्दुस्तानियों के द्वारा सराहा जाते हुए देखना मेरे लिए बहुत सन्तोषजनक है। वैसे, यह पहली बार नहीं कि इन रचनाओंको हिन्दुस्तानी में अनूदित होने का सम्मान प्राप्त हुआ है : कुछ वर्ष पहले, दिल्ली में ही, *तबसात–इ शुअरा–ए हिन्द*, (भारतीयों शायरों की क़तार) शीर्षक से मेरी 'इस्त्वार द ला लितेरात्युर हिन्दुस्तानी' ("Histoire de la littérature hindustanie" : 'हिन्दुस्तानी साहित्य का इतिहास' : अनु.) का एक अनुवाद प्रकाशित हुआ था।

भारतीयों के विद्यालयों हेतु तैयार रचनाओं में से अधिकांश, मुस्लिम और हिन्दू दोनों आबादियों के फ़ायदे के लिहाज़ से, उर्दू और हिन्दी में साथ ही साथ लिखे गये थे। और कभी–कभी यह फ़ारसी में भी रचे गये, जो कि मुस्लिम भारत की लैटिन है। फ़ारसी आमतौर पर विद्यालयों में सिखाई जाती है, हिन्दुओं को भी; यह उर्दू के साथ–साथ पढ़ाई जाती है, जिसे समझने के लिए फ़ारसी लगभग अपरिहार्य है।

मैंने आपसे भिन्न क़िस्म की धार्मिक पुस्तकों की चर्चा नहीं की है, जिन्हें उत्साही मिशनरी भारतीयों के बीच प्रचार करने के लिए प्रकाशित करते हैं। इन प्रकाशनों में पहले स्थान पर हमेशा पुराना टेस्टामेंट, और सबसे अधिक, नया टेस्टामेंट रहते हैं। इस बात पर कोई मतभेद नहीं हो सकता कि अगर पवित्र ग्रन्थों के अध्ययन से, वस्तुतः, मात्र कुछेक भारतीयों का ही धर्म–परिवर्तन होता है, फिर भी जो लोग इन्हें पढ़ते हैं, यह अध्ययन निश्चय ही उन्हें बेहतर और ज़्यादा खुशहाल बना सकता है, चूँकि हम यंग (Young) की तरह उनसे कह सकते हैं :

Retire and read the Bible, to be gay,
There truth abounds of sov'reign aid to peace ....
Read and revere the sacred page, a page
Where triumphs immortality: a page
Which not the whole creation could produce,
Which not the conflagration shall destroy.

आठवाँ व्याख्यान : 10 दिसम्बर 1857

उत्तर भारत में इस वर्ष जो भयावह घटनाएँ हुई हैं (विशेषकर उत्तर–पश्चिम प्रान्तों में, जो कि वह प्रान्त हैं, जहाँ की मुख्य भाषा हिन्दुस्तानी है, और जहाँ वह विशेष तौर पर विकसित है), उनकी वजह से वहाँ साहित्यिक कार्य बिल्कुल ठप हो चुके थे। इसलिए मैं अपने वार्षिक व्याख्यान में, आमतौर पर जो उर्दू और हिन्दी ज़बानों के प्रकाशनों और अख़बारों की संख्या आदि सम्बन्धी विवरण देता रहा हूँ, वह मैं इस दफे नही दे पाऊँगा। यह आपको ज्ञात है कि हिन्दुस्तान की अंग्रेज़ी हुकूमत के ख़िलाफ़ एक नयी और बहुत असामान्य बग़ावत की शुरुआत हो चुकी है।[179] यह बग़ावत असामान्य इसलिए है, क्योंकि जो भी कहा जाये, लेकिन हिन्दुस्तानी लोग अपनी मनमौजी और अत्याचारी स्वदेशी सरकारों की तुलना में अंग्रेज़ी सरकार को बेहतर समझते हैं। यह अंग्रेज़ी सरकार भले ही बहुत पितृतुल्य न हो, लेकिन कम–से–कम स्थापित नियमों के अनुरूप चलती है। अनेक हिन्दुस्तानियों से मिलकर और उन्हीं की कृतियों को पढ़कर यह तथ्य मुझे ज्ञात हुआ है। फिर भी अंग्रेज़ों का यह सुन्दर हिन्दुस्तानी साम्राज्य, जिसकी यूरोप के राष्ट्र प्रशंसा करते हैं और जिससे ईर्ष्या करते हैं (यह 131,990,000 निवासियों के साथ 37,412 वर्ग मील क्षेत्र पर फैला हुआ है[180]), अचानक से हिंसक तौर पर हिल गया है, जैसे कि थॉमस मूर की इन पद्यों को सार्थक साबित करने के लिए :

All that's bright must fade,
The brightest still the fleetest.

(जो भी उज्ज्वल है वह फीका पड़ जाता है
जो जितना उज्ज्वल हो वह उतना उतना ही ज़्यादा। अनु.)

भारत की अंग्रेज़ी सरकार पर यह आरोप है कि उसने ईसाई पादरियों द्वारा धर्म–परिवर्तन को प्रोत्साहन देकर विद्रोह का मार्ग प्रशस्त किया है। यह मिथ्या है, क्योंकि दरअसल अंग्रेज़ धर्मावलम्बियों ने हमेशा इस बात की शिकायत की है कि अंग्रेज़ी प्रशासन उनके प्रयासों को लेकर न केवल उदासीन रहा है, बल्कि उसने इसमें अड़चनें भी पैदा की हैं। अख़बारों में यह भी पढ़ने में आया है कि जो सिपाही ईसाई बन गये थे उन्हें निकाल दिया गया थाय निस्सन्देह, इसलिए कि हिन्दुस्तानियों को ऐसा न लगे कि अंग्रेज़ी सरकार उनका धर्म–परिवर्तन करने को इच्छुक है। इसके अलावा, उत्साही ईसाइयों ने अक्सर ईस्ट इंडिया कम्पनी पर अन्धविश्वास सहन करने, और यहाँ तक कि सबसे आपत्तिजनक बुतपरस्त परम्पराओं के साथ समझौता करने का आरोप लगाया है। इन्होंने कम्पनी पर मूर्तिपूजक हिन्दुओं और मूलतः अद्वैतवादी मुसलमानों में भेद नहीं करने का आरोप भी लगाया है। कभी भी प्रोटेस्टेंट पादरियों को कैथोलिक पादरियों से ज़्यादा अहमियत नहीं दी गयी। अंग्रेज़ी हुकूमत ने कैथोलिक पादरियों को पूरी छूट दी हुई थी। वह कैथोलिक पादरियों का अपने सैनिक ठिकानों पर इलाज भी करते थे, एवं, उन्होंने आगरा में, यानी अंग्रेज़ी इलाक़ों के बिल्कुल मध्य में, महिलाओं के एक कान्वेंट की अनुमति दी हुई थी। साथ ही, कैथोलिकों (वैसे भी जिनकी संख्या भारत में प्रोटेस्टैंट से ज़्यादा है) के पास दो बिशप या अपोस्टोलिक विकार्स (apostolic vicars) बंगाल प्रेसिडेंसी में हैं और दो बम्बई प्रेसिडेंसी में। बाक़ी मद्रास, हैदराबाद, विशाखापत्तनम, मैसूर, कोयम्बटूर, सरधना, आगरा, पटना, वेरपोली, कनारा (या मैंगलोर), कीलों और मदुरै में हैं। कुल मिलाकर सोलह बिशप या अपोस्टोलिक विकार्स हैं।[181] जबकि एंग्लिकन (यानी प्रोटेस्टैंट : अनु.) लोगों के पास भारत में केवल तीन बिशप हैं : कलकत्ता, मद्रास और बम्बई में। सच्चाई यह है कि दिल्ली में एक बिशप का क्षेत्र स्थापित करने और लाल पत्थर की पुरानी मस्जिद (*जामा मस्जिद*) को चर्च में तब्दील करने की कोशिश है–

बशर्ते कि हिन्दुस्तान की राजधानी को दुबारा हासिल करने की कोशिश में किये गये ब्रिटिश हमले के बाद यह इमारत बच जाये तो। दूसरी तरफ़ कैंटरबरी का बिशप तीन अन्य बिशप–क्षेत्र स्थापित करने की माँग कर रहा है : पंजाब के लिए लाहौर में, पश्चिमोत्तर प्रान्तों के लिए आगरा में और दक्षिणी कर्नाटक के लिए तिरुनलवेली में। और तो और, कैथोलिक और प्रोटेस्टैंट दोनों ही पादरी अपने धर्मोत्साह में एक–दूसरे को टक्कर दे रहे हैं। कैथोलिक मुख्यतः हिन्दुओं का धर्म परिवर्तन कर रहे हैं और प्रोटेस्टैंट मुख्यतः मुसलमानों का (चूँकि वह मूर्तियों और तस्वीरों से खार खाते हैं)।

विद्रोह का तात्कालिक कारण क्या सीधे तौर पर चर्बी वाले कारतूस नहीं हैं, जिनके उपयोग से हिन्दुस्तानियों की जाति नष्ट होती थी? तथा, अवध राज्य पर अंग्रेज़ों का हालिया क़ब्ज़ा भी क्या इस विद्रोह का कारण नहीं? हालाँकि, वैसे तो हिन्दुस्तानी पदक्रम के हिसाब से अवध का राजा वास्तव में सिर्फ़ एक *नवाब* और *प्रान्तों का वज़ीर* था और उसके *राजा* के ओहदे को तैमूर और अकबर के जायज वंशज (जो दिल्ली के नाममात्र के तख़्त पर बैठता है) के द्वारा स्वीकृति नहीं है। उन ख़तरनाक कारतूसों के मुद्दे पर असन्तोष के मुखपत्र हिन्दुस्तानी अख़बारों ने विद्रोह के पूर्व की अख़बारों की अबाध आज़ादी का लाभ उठाया और हिन्दुस्तानियों को उनके उपयोग से इनकार करने के लिए उकसाया। चूँकि, बकौल उनके, अंग्रेज़ इन कारतूसों के ज़रिये उन्हें ईसाई बनाना चाहते थे। सच्चाई हो या बहाना, हमें उन लोगों की नासमझी पर खेद प्रकट करना चाहिए, जिन्हें ऐसा लगता था कि वे बिना किसी ख़तरे के उन पूर्वाग्रहों को पाँव तले रौंद सकते हैं, जो कि हिन्दुस्तानियों की आस्था का सार ही हैं।

जो भी कारण रहा हो, विद्रोही आन्दोलन इस साल लगभग पूरे हिन्दुस्तान में नज़र आया। आप सभी जानते हैं कि मई महीने के शुरुआत में सिपाहियों की पहली रेजिमेंटों ने मेरठ में विद्रोह किया। वहाँ से उन्होंने दिल्ली की तरफ़ कूच किया, जिसे उन्होंने क़ब्ज़े में ले लिया। यह कार्रवाई मुसलमानों के द्वारा निर्देशित की गयी थी;

वह हिन्दुस्तान के भूतपूर्व विजेता और शासक थे। उनकी ऊर्जा के मद्देनज़र यह स्वभाविक था कि वे इस बग़ावत के मुखिया होते। उन्होंने *महान मुग़ल* की गद्दी को पुनः स्थापित किया। वही सुल्तान जिसे ईस्ट इंडिया कम्पनी ने *बादशाह* की उपाधि दी थी, उसे मुसलमानों ने *खलिफत की पनाह* का दर्ज़ा दिया और हिन्दुओं ने उसे *नौ–राजा*, अथवा 'नया राजा' स्वीकारा। ईस्ट इंडिया कम्पनी ने सुल्तान और उनके परिवार को सालाना लगभग डेढ़ लाख पाउंड (3,750,000 फ्रैंक) की पेंशन देना तय किया था। इस सुल्तान का नाम है *सिराजउद्दीन* मोहम्मद बहादुर शाह सानी[182]। उसने इस मौक़े पर अपना नाम बदल कर सिराजउद्दीन हैदर शाह गाजी (यानी 'काफ़िरों से लड़ने वाला' या 'धर्म का रक्षक') कर दिया। अपने संक्षिप्त शासनकाल (यानी कि विद्रोह के बाद और अंग्रेज़ों की पुनः विजय से पहले : अनु.) में उसके द्वारा चलाये सिक्कों पर हम यही नाम ख़ुदा हुआ पाते हैं। इन सिक्कों पर (प्राच्य परम्परा के अनुसार) ये तुकबद्ध पंक्तियाँ ख़ुदवाई गयीं :

बाज़ार जद सिक्का नुसरत तराजी
सिराजउद्दीन हैदर शाह गाजी

अर्थात्, विजय के प्रतीक के रूप में, यह सोने का सिक्का, सिराजउद्दीन हैदर शाह गाजी ने चलवाया।

हम जानते हैं कि सिराज के शासन के चार महीने कैसे समाप्त हुए। यह भी हमें पता है कि दिल्ली के पतन के बाद, किस तरह बादशाह को अपनी बेगम *जीनत महल* और परिवार के पाँच राजकुमारों के साथ गिरफ़्तार किया गया। इन राजकुमारों में से तीन को तो तुरन्त मार दिया गया और बाक़ी दो को मुक़दमा चलाकर मौत दी गयी। हालाँकि, अभी तक बूढ़े बादशाह और उनकी बेगम की जान बख़्श दी गयी है।

दिल्ली के सिपाहियों का व्यापक क़त्लेआम हुआ; इनमें से एक बड़ा हिस्सा मैदान छोड़ भाग गया और (कृष्ण के पवित्र शहर) मथुरा में इसकी ज़बरदस्त पराजय हुई। साथ ही अंग्रेज़ों को अन्य मौक़ों पर भी विजय प्राप्त हुई है। इस सबकी वजह से, सम्भवतः, यह विद्रोह

कमज़ोर होता चला जायेगा; और सब कुछ, धीरे–धीरे, पहले जैसा हो जायेगा। यह उन लोगों की सबसे बड़ी प्रार्थनाएँ हैं जो इन्सानियत के दोस्त हैं। यह लोग सबसे पहले अंग्रेज़ों के शुभचिन्तक हैं, चूँकि, अंग्रेज़ यूरोपीय सभ्यता और ईसाइयत के प्रतिनिधि हैं। साथ ही, वह भारतीयों के भी शुभचिन्तक हैं, विद्रोह में उभरी उनकी अतिरेक क्रूरताओं के बावजूद भी। इसलिए भी क्योंकि वे हिन्दुओं की प्राचीन सभ्यता में यक़ीन रखते हैं और, चूँकि मुसलमान उस बृहद् ईसाई परिवार के सदस्य हैं जो ईसा में *कलिमात अल्लाह* (भगवान के वचन) देखते हैं, और पुराने और नये टेस्टामेंट में यक़ीन रखते हैं।

दिल्ली के बादशाह की उम्र 92 बरस नहीं है, जैसा कि कुछ अख़बार बताते हैं। बल्कि, वह 84 साल के हैं, क्योंकि 1837 में उनकी उम्र 64 साल थी[183]। कुछ वर्ष बाद, उनके बारे में बताया गया[184] कि अपने सुन्दर चेहरे, नफासत और ख़ास अदा के कारण वह सबके द्वारा पसन्द किये जाते हैं। वे अकबर शाह द्वितीय के बेटे हैं, जिन्हें 1806 में मराठों ने बादशाह बनाया था। अकबर शाह द्वितीय के बाद वर्तमान बादशाह 28 सितम्बर 1837 में गद्दी पर बैठे।

अपने पिता के जीते जी ही (जब वह सिर्फ़ शहज़ादे थे) उन्हें मिर्ज़ा अबू ज़फ़र ख़ान बहादुर कहा जाने लगा था। इन्हीं सब विशेषणों में से उन्होंने अपना तख़ल्लुस *ज़फ़र* चुना था। बादशाह बनने के पहले और बाद भी, उनका सुखन की तहज़ीब से तब तक नाता रहा जब तक वो अभागी बग़ावत उनके शान्त महल तक नहीं जा पहुँची।

ज़फ़र, बादशाह शाह आलम के पोते और शहज़ादे सुलेमान शिकोह के भतीजे हैं। इन दोनों ने, क्रमशः, 'आफ़ताब' (सूरज) और 'शिकोह' (ऊर्जा) के नाम से हिन्दुस्तानी शायरी को बढ़ाया। ज़फ़र ने बख़ूबी उनकी परम्परा को जारी रखा। काव्य में उनके शिक्षक शेख़ इब्राहिम ज़ौक़ थे, जो ख़ुद भी बहुत ऊँचे शायर थे; और इन्होंने ज़फ़र को अपनी रचनाओं के लिए हमेशा उपयोगी सुझाव दिये। जीवनीकार शेफ़्ता और करीम (जो ख़ुद भी शायर हैं), ज़फ़र की बौद्धिक और नैतिक ख़ूबियों की भूरि–भूरि प्रशंसा करते हैं। वह उन्हें समकालीन

शायरों की पहली क़तार में जगह देते हैं; क्योंकि ज़फ़र की लेखनी में मौलिकता और सुन्दर शिल्पदिखता है। ज़फ़र ने काव्य की सारी विधाओं को अज़माया है, और उसकी कई ग़ज़लें, गीत और ठुमरियाँ प्रसिद्ध हो चुकी हैं और जगह–जगह इनको गाया जाता है–सार्वजनिक स्थानों पर, और महिलाओं द्वारा घरों के अन्दर। अन्य रचनाओं के अलावा, वह एक भारी–भरकम दीवान ('दीवान–ए–ज़फ़र') के रचयिता हैं, जो दिल्ली में छपा था। शेफ़्ता और करीम ने इस दीवान से ढेर सारे उद्धरण दिये हैं। उसकी *'शर–ए–गुलिस्तां'* की एक समीक्षा भी छप चुकी है। वह एक कुशल कैलीग्राफ़र (calligrapher) भी हैं, और दिल्ली के मुख्य मस्जिद की सज्जा के लिए उन्होंने अपने हाथों से कुरआन के कुछ अंश लिखे हैं। उनकी देखा–देखी, उनके बेटे मिर्जा दारा बख्त बहादुर ने भी हिन्दुस्तानी ग़ज़लों का संकलन किया है, जिसे कासिम, सरवर और करीम जैसे आलोचकों ने अपने समय का बेहतरीन संकलन करार दिया है। हम पूरी उम्मीद करते हैं कि उनकी मृत्यु नहीं हुई हो, और चाहे अपना फ़क़ीरी चोला पहने ही सही, वह अपनी साहित्यिक रुचि पर फिर से कार्य कर सकें।

वह अभागा शहर दिल्ली, फ़िलहाल न जाने किस हालत में होगा! डर है कि शायद उसका कोई भी स्मारक न बच पाया हो। हालिया विद्रोह से पहले ही इस प्रसिद्ध शहर की कितनी इमारतें युद्धों और विद्रोहों की वजह से जर्जर अवस्था में थीं : इसके झरने और फ़व्वारे, जो वर्साय (Versailles, फ़्रांस का शहर : अनु.) के झरनों और फ़व्वारों की बराबरी करते थे–वह नष्ट हो चुके थे। साथ ही, कई अन्य पुरानी स्मारकें भी ध्वस्त हो गयी थीं। सौभाग्यवश, वे इमारतें भले न रही हों, लेकिन उनके वर्णन ज़रूर बच गये हैं। इन्हें मौलवी सैयद अहमद ने *अशआर–उस–नदीद* (बड़े लोगों के अवशेष) के नाम से प्रकाशित किया है। मैं जल्द ही इसका सम्पूर्ण अनुवाद प्रकाशित करना चाहता हूँ। साथ ही, मैं यह भी बता दूँ कि इस पुस्तक के टेक्स्ट के साथ कुछ लिथोग्राफ़िक प्लेट्स हैं। इन प्लेट्स पर जो आलेख छपे हैं, वह लगभग सभी फ़ारसी या अरबी में हैं, जो भारतीय मुसलमानों

की परिष्कृत भाषाएँ हैं। इन प्लेट्स पर संस्कृत में सिर्फ़ वह आलेख हैं, जिनमें अशोक के शिलालेख की जानकारी है। हिन्दुस्तानी में मात्र वह आलेख है जो आलमगीर द्वितीयने 1755 में सूफ़ी निज़ामुद्दीन औलिया की दरगाह पर ख़ुदवाए थे।

हाल के अंग्रेज़ी अख़बारों ने दिल्ली के दिलचस्प वर्णन दिये हैं। मैंने खुद अपनी पुस्तक *हिन्दुस्तानी साहित्य का इतिहास* में, *आराइश–ए–महफ़िल* के कुशल लेखक 'अफ़सोस' द्वारा किये एक ऐसे ही वर्णन को सविस्तार प्रकाशित किया है। मैं उनमें से कुछ अंश पेश कर रहा हूँ। अतिशयोक्ति प्राच्य लेखन की विशेषता है, और इस विशेषता की छाप दिल्ली के इस वर्णन में भी है। इस वजह से, फ़िलहाल दिल्ली की जो वीरान और अफ़सोसजनक हालत है, उसकी तुलना में यह अतिशयोक्तिपूर्ण वर्णन और भी विपरीत दृश्य प्रस्तुत करता है :

> "दिल्ली की बहुसंख्य इमारतें सुन्दर और सुखद हैं, और उसके बगीचे तो पूरी दुनिया में बेहतरीन हैं। लगभग हर जगह पानी की धाराएँ हैं, और वहाँ के तालाब तो मानो किसीमय के प्याले की तरह हैं...अगर रिज़वान वहाँ की ख़ूबसूरती देख लेता, तो फिर जन्नत की रखवाली की उसकी इच्छा नहीं रहती। उस बड़े शहर का एक–एक कोना सातों आबोहवाओं[185] से बड़ा है, और उसकी छोटी–से–छोटी गली, पूरे–के–पूरे शहर जितनी बड़ी है। हर दरवाज़े पर लोग जुटे हैं, और हर जगह देखने के लिए कुछ–न–कुछ ज़रूर है। कई शहरों और गाँवों के लोगों ने वहाँ अपना घर बसाया है और हरेक को वहाँ कुछ–न–कुछ अपने भले की चीज़ मिलती है। हर मात्रा में हर जगह की वस्तु और हर जगह के लोग बसे हैं। वहाँ कोई चीज़ न मिले ऐसा मुश्किल है। सारा बाज़ार ही अद्भुत है, लेकिन वहाँ की सबसे मुख्य सड़क तो पूरे शहर का सबसे सुन्दर पहलू है। हरेक दुकान अनन्य है। दुकानों पर जो सौदे रखे हैं वह किसी राजा के योग्य हैं।

बाज़ार तो इतना विशाल है कि उसे देखकर दिल भी विशाल हो जाता है : वह इतना साफ़–सुथरा है कि अगर वहाँ पका चावल गिर जाये तो उसे उठाकर खाया जा सकता है। सबसे छोटे बिसाती की दुकान पूरे कुस्तुंतुनिया की बिसाती से बड़ी है। एक–एक रकम बदलने वाला पूरे ईरान के समूचे रकम बदलने वालों से बड़ा है। हर दुकान में रुपये खनखनाते हैं। अगर किसी पूरे राज्य के लिए राशन मुहैया करना हो, तो एक ही दुकानदार तत्क्षण कर सकता है। अगर एक पूरी सेना गोला–बारूद ख़रीदना चाहे, तो एक दिन में ख़रीद सकती है। किसी मज़दूर को वहाँ काम की कोई कमी नहीं है और ख़रीद–फरोख़्त तो बराबर चलती ही रहती है। क़ीमती पत्थरों की सबसे छोटी दुकान पूरी–की–पूरी खान से कम नहीं है। पूरी दुनिया की सम्पत्ति को अगर वहाँ इकट्ठा कर लिया जाये तो सिर्फ़ एक साहूकार मौक़े पर काफ़ी रहेगा... हरेक दुकान ख़ूबसूरती के मामले में वसन्त की तस्वीर है। वहाँ किसी चीज़ की कमी नहीं हो सकती। हर जगह भीड़ है और हर जगह उल्लास है। इस शहर का हरेक भवन लाजवाब है और हर जगह सम्पन्नता है। मस्जिदों, मठों, कॉलेजों और विशाल व सुन्दर मकानों की भीड़ लगी है...''

भर्त्सना–योग्य क्रूरताओं का सबसे बड़ा दोषी नाना साहिब है। वह मराठा पेशवा बाजीराव का दत्तक पुत्र है, जिसका मुख्य निवास कानपुर के पास बिठूर में है। इस रक्त–पिपासु व्यक्ति के बारे में कहा जाता है कि वह बख़ूबी अंग्रेज़ी बोलता और लिखता है (दरअसल, यह पढ़े–लिखे भारतीयों में आम बात है) और उसने शेक्सपियर के 'हैमलेट' का अनुवाद भी किया है। लेकिन अगर कई भारतीयों ने इस विद्रोह में क्रूरताएँ की हैं, तो कितने ही दूसरे भारतीय हैं जो अपने विदेशी मालिकों के प्रति वफ़ादार रहे; कई भारतीयों ने अपनी और अपने परिवार की जान ख़तरे में डालकर ऐसे अंग्रेज़ों की जान भी बचाई है जो उनके लिए अपरिचित थे। जैसा कि लॉर्ड पामर्स्टन ने

मेयर की सालाना दावत में कहा है, "अगर दोषियों की संख्या हज़ारों में है, तो मासूम लोगों की संख्या लाखों में है।"

अख़बारों ने सराहनीय वफ़ादारी के कितने ही वाक़ये रिपोर्ट किये हैं। ज़्यादातर भारतीय राजाओं ने अंग्रेज़ों के लिए यथासम्भव प्रयास किया। उन्होंने अंग्रेज़ों को सेना, रसद और पैसा मुहैया कराया। अवध में भी अनेक राजाओं ने ख़ुद अपनी जान की बाजी लगाकर अंग्रेज़ों की मदद की और उनमें से कितनों की ही जानें बचाईं।

ग्वालियर के सिन्धिया राजा यूरोपीय सभ्यता की भरपूर सराहना करते रहे हैं। उनके राज्य में विद्रोह से पहले ही 31 स्कूल खोले गये थे, जिनमें 90 प्रोफ़ेसर, ढाई हज़ार से ज़्यादा बच्चों को अंग्रेज़ों के स्तर की शिक्षा प्रदान करते थे[186]। मुझे मालूम हुआ है कि सिन्धिया ने अपनी रैयत के लोगों की बड़ी संख्या के साथ मिलकर, अपने सेना के विद्रोहियों को घेर लिया और उन्हें ख़ुद से हथियार डालने का आदेश दिया, वरना उनसे जबरन ऐसा करवाया जाता। कोई चारा न देखते हुए विद्रोहियों ने आज्ञा का पालन किया और चुपचाप अपने घरों में वापस चले गये। मैं इन्दौर के मराठों के सरदार होल्कर को भी याद करना चाहूँगा, जो अंग्रेज़ों से वफ़ादार रहे और अपनी सेना के विद्रोहियों से कहा कि "किसी भी धर्म में औरतों और बच्चों को मारना गुनाह है।" अन्ततः, *एग्जामिनर* (Examiner) अख़बार ने बताया है कि कई अंग्रेज़, जिन्हें मृत समझा गया था, उन्हें दरअसल वफ़ादार भारतीयों ने शरण दी, और जब उन इलाक़ों में शान्ति बहाल हुई तब वे वहाँ से निकले।

वे भारतीय, जिन्होंने वफ़ादारी के ऐसे किसी वास्तविक काम को अंजाम नहीं दिया, उन्होंने पीड़ितों के साथ गहन सहानुभूति का मुखर रूप से परिचय दिया। उनमें से एक *सैयद अब्दुल्लाह* थे, जो अवध की विधवा मलिका और राजकुमारों के क़रीबी हैं। उन्हें सर हेनरी लॉरेंस की मौत की ख़बर मिली, जो विद्रोह के दौरान हुए एक मुठभेड़ में मरने वाले जनरलों में से थे। सैयद अब्दुल्लाह ने पंजाब में अंग्रेज़ी हुकूमत में अनुवादक और प्रशासनिक की भूमिका निभाई थी,

इसलिए विद्रोह को उसने नज़दीक से देखा था। उसने यह ख़बर सुन, भावुक होकर हिन्दुस्तानी में एक कविता (मसनवी) की रचना की और फिर स्वयं ही उसका अंग्रेज़ी में संक्षिप्त अनुवाद भी किया, जो उनकी इस भाषा पर पकड़ को दिखाता है। यहाँ सैयद की कुछ पंक्तियों का शाब्दिक अनुवाद, मूल टेक्स्ट के अनुसार, दिया जा रहा है :

> ''लॉरेंस भारत के बहुत बड़े मित्र थे, वह सदा इसकी चमक को उभारने में लगे रहते थे... उन्होंने हर सिर से दुःख की गर्द हटाई और हरेक गाल का आँसू पोंछा...लड़ाई वाले दिन उनका चेहरा गर्म लोहे की तरह लाल था, पर उनका दिल मोम से भी ज़्यादा नरम था...वह हमेशा दैवी कार्यों में समर्पित होते थे, वह सांसारिक चीज़ों से मतलब नहीं रखते थे, बल्कि उनकी एकमात्र कामना भगवान की प्रार्थना और हर एक दिल को ख़ुश करना थी...हाय, ख़ून की प्यासी एक बन्दूक़ की बर्बरता के सामने उनकी एक न चली!...चाहे उस बन्दे ने दुनिया को छोड़ दिया, पर अपनी ख्याति से वह आज भी ज़िन्दा है। वह मरे नहीं क्योंकि उनका नाम कयामत के दिन तक ज़िन्दा रहेगा। उनके सराहनीय गुण उस तरह रहेंगे जिस तरह पत्थर के साथ नक़्क़ाशी।''

इस कविता का अन्त एक नायाब पंक्ति के साथ होता है, जिसमें लॉरेंस की मृत्यु का वर्ष (ईसवी और हिज़री संवत् दोनों में) डबल क्रोनोग्राम के रूप में दिया गया है : "अच्छे ख़ानदान के हेनरी लॉरेंस चल बसे। उनका विशिष्ट नाम हमेशा याद रहेगा।" इस पंक्ति के पहले हेमिस्टिक (hemistich) के अक्षरों को जोड़ दें तो 1857 की संख्या मिलती है, वहीं अगर दूसरे हेमिस्टिक (hemistich) के अक्षरों को जोड़ दें तो 1274 की संख्या मिलती है।

हालाँकि, ऐसा नहीं है कि सिर्फ़ अंग्रेज़ सेना के बहादुर सैनिकों की क़तारों में ही अफ़सोसजनक मौतें हुई हैं। दिल्ली का क़त्ले–आम हो, या कानपुर का, या और कहीं का बीभत्स दृश्य, हर जगह, हर दर्ज़े के *नागरिक* मारे गये हैं। इनमें से मैं, मेरे दोस्त, श्रीमान फ्रांसिस

टेलर का नाम याद करना चाहूँगा, जिनका ज़िक्र मैंने अपने पिछले व्याख्यान में किया था। इन्होंने मुझे दिल्ली में हाल में प्रकाशित होने वाली किताबों की फ़ेहरिस्त भी उपलब्ध करवाई थी। टेलर महोदय भारत की बदक़िस्मत राजधानी के कॉलेज में प्राध्यापक थे, जिसके 300 छात्रों को गणित और खगोल पश्चिमी सिद्धान्तों के अनुसार पढ़ाया जाता था, लेकिन प्राच्य भाषाएँ और विज्ञान एशियाई पद्धति से पढ़ाये जाते थे। ये टेलर ही थे जिनकी सहायता से मुझे उत्तर–पश्चिम प्रान्त की साहित्यिक हलचलों की ख़बर मिलती रहती थी। वे ही मेरे सबसे मेहनती और मेहरबान संवाददाता थे। उन्हें हिन्दुस्तानी की बेहतरीन समझ थी, वह साहित्यिक भारतीयों से मिलते–जुलते थे और इनसे वह आसानी से वार्तालाप कर सकते थे। आप समझ सकते हैं कि साहित्यिक ख़बरों की जानकारी के लिए वे मेरे लिए कितने महत्त्वपूर्ण थे। स्थानीय लोगों से उनकी दोस्ती भी उन्हें दिल्ली के आम क़त्ले–आम से बचा नहीं सकी, जिसमें 10 मई को उनकी हत्या कर दी गयी। अपने पीछे वे उनकी जवान विधवा और बहुत छोटी उम्र के बच्चे छोड़ गये हैं। जिस हिन्दुस्तानी साहित्य से वे प्यार करते थे, और जिसकी उन्होंने बड़ी सेवा की, उसके लिए यह बहुत बड़ा नुक़सान है; चूँकि, वह दिल्ली कॉलेज के अपने होनहार पूर्ववर्ती प्रशासनिकों (श्रीमान बूतरो और श्रीमान स्प्रेंगर) के काम को आगे बढ़ा रहे थे। उन्होंने हिन्दुस्तानी (हिन्दी और उर्दू) रचनाओं के लेखन और प्रकाशन को प्रोत्साहित किया। इनमें मौलिक रचनाएँ भी हैं तथा फ़ारसी, अरबी, संस्कृत और अंग्रेज़ी से अनूदित रचनाएँ भी हैं।

प्राच्य साहित्य को भारी नुक़सान पहुँचाने में सिर्फ़ बगावत का ही हाथ नहीं है। अभी हाल ही में, तेहरान में, मिर्ज़ा मुहम्मद इब्राहिम की मृत्यु हो गयी। वह लम्बे समय से हैलीबरी के *ईस्ट–इंडिया कॉलेज* में प्रोफ़ेसर थे, जहाँ मैं 1837 में उनसे परिचित हुआ। यह कॉलेज छोड़कर वे ईरान के वर्तमान बादशाह के यहाँ बतौर गवर्नर सेवा में चले गये थे। वे धाराप्रवाह अंग्रेज़ी लिखते और बोलते थे और उन्हें उनकी हाज़िरजवाबी और आध्यात्मिक वार्तालाप के लिए जाना जाता था।

उनके योगदानों में से कुछेक निम्न हैं : एक बहुत विशिष्ट फ़ारसी व्याकरण; फ़ारसी साहित्य पर आकर्षक लेखों की शृंखला (जो 20 सालों पहले *अथेनियम* में प्रकाशित हुई थी); 'यशायाह (Isaïe) की किताब' का फ़ारसी अनुवाद; और 'रोम का इतिहास', जो उन्होंने अपने शिष्य, फ़ारस के बादशाह के लिए फ़ारसी में लिखी थी।

यूरोप में, विशिष्ट हिन्दुस्तानी प्राच्यवादी एम. एन. न्यूटन, इसी अप्रैल में कम उम्र में ही चल बसे। वे हर्टफोर्ड के प्रसिद्ध सम्पादक स्टीफन ऑस्टिन के साहित्यिक सहयोगी थे। मई में, श्रीमान कैप्टेन एडम गॉर्डोन भी अचानक ही अपने परिवार, मित्रों और विज्ञान को छोड़कर चल बसे; वह प्रसिद्ध चेलटेनहम कॉलेज में कई वर्षों से सफलतापूर्वक हिन्दुस्तानी पढ़ा रहे थे। उन्होंने यह भाषा भारत में सीखी थी।

अन्ततः, पेरिस में, 18 सितम्बर को श्रीमान कात्मैर (Quatremère) का निधन हो गया। उनकी मृत्यु सवेरे, ख़ुद के शयनकक्ष में हुई। फ़िलहाल वह पूरी तरह से स्वस्थ थे। वह सबसे विशिष्ट प्राच्यावादियों में से एक थे, और सम्भवतः हमारे समय के सबसे ज्ञानवान व्यक्ति थे। इस प्रसिद्ध विद्वान ने पेरिस में पच्चीस वर्षों तक फ़ारसी भाषा पढ़ाई और उन्होंने अपना जीवन ज्ञान को ही समर्पित कर दिया था। वह सदा संसार से अलग–थलग रहे व अपने अन्तिम समय तक शालीनता और सादेपन से जीवन व्यतीत करते रहे। 1782 में जन्मे इस विद्वान ने 26 वर्ष की आयु में ही मिस्र के साहित्य पर एक ग़ैर–मामूली किताब लिखकर ख्याति अर्जित कर ली थी। उन्होंने 33 की आयु में शिलालेख विभाग (l'Académie des inscriptions) में प्रवेश पाया और दस वर्ष पश्चात 'कॉलेज द फ़्रांस' में हिब्रू भाषा विभाग के अध्यक्ष बन गये। वहाँ उनका कार्य अध्यापन के साथ–साथ विभाग के अधिवेशनों में सक्रिय तौर पर विचार–विमर्श करना या विशद साहित्यिक विवेचना में भाग लेना भी था। ये सब कार्य उन्होंने लम्बी अवधि तक किया, जिसमें बैरन दास्ये के सेवा–निवृत्त होने पर सेक्रेटरी का अतिरिक्त कार्य भी शामिल था। उनका बाक़ी समय अपने विशेष अध्ययनों में व्यतीत होता था।

इन अध्ययनों में पारिवारिक ज़िम्मेदारियों की बाधा कभी उनके सामने नहीं आयी, क्यूँकि वह अविवाहित ही रहे।

इसी वजह से वह, एक के बाद एक यह निम्न रचनाएँ तैयार कर सकें : *'मिस्र के इतिहास और भूगोल पर रिपोर्टें'*, *नबाती लोगों पर रिपोर्ट* (जो कि काफ़ी प्रसिद्ध हुआ); *'मक़्रीज़ी के ममलूक सुल्तानों का इतिहास'* का अनुवाद; राशिउद्दीन के *'ईरान के मुग़लों का इतिहास'* और इब्न–खालदून की *'ऐतिहासिक प्रस्तावना'* के उनके अनुवाद काफ़ी सराहे गये, जो अभिलेख अकादमी से कई जिल्दों में प्रकाशित 'पांडुलिपि रिकार्ड्स' में शामिल किये गये। उन्होंने 'जर्नल दे सावों' (Journal des Savants : 'विद्वानों का जर्नल' : अनु.) नामक जर्नल में या अन्य संकलनों में अनेकानेक लेख प्रकाशित कराये। इस पूरे वक़्त के दौरान उन्होंने पाँच शब्दकोशों (अरबी, फ़ारसी, पूर्वी तुर्की, कॉप्टिक और सीरिआई शब्दकोश) पर कार्य को विश्राम नहीं दिया। इन सभी की पाण्डुलिपियाँ वह अपने पीछे छोड़ गये हैं। उनका अनोखा मनोरंजन सेकंड हैंड किताबों की दुकानों या पुरानी लाइब्रेरी के भण्डार में से दुर्लभ पुस्तकों और पुरानी पाण्डुलिपियों की खोज करना था। तथा उनकी सबसे बड़ी ख़ुशी अपनी परिवार और अपने थोड़े से दोस्तों से मिलना–जुलना थी। वे अपने आगन्तुकों का अत्यन्त सम्मान के साथ सत्कार करते थे; वह उन्हें अपने टेबल या अँगीठी (fire side) पर आमन्त्रित करते थे; इस तरीक़े से वह अपने ज्ञान का वितरण करते थे। वे गर्मजोशी से अपने मेहमानों का स्वागत करते थे। यह व्यक्ति दूसरों की परेशानियों में उदार था और अक्सर उसके बायें हाथ को मालूम नहीं पड़ता कि दायाँ हाथ क्या भलाई कर रहा है। किसी महिला[187] ने, उचित ही, उनके शिक्षाप्रद, आध्यात्मिक और मित्रतापूर्ण व्यवहार का इस प्रकार ज़िक्र किया था :

> L'homme du monde alors remplace le savant,
> Intéresse toujours, fait sourire souvent,
> Plaisante avec bon goût, sans pédantisme éclaire,
> Daigne même écouter l'objection vulgaire,

Ouvrant à l'anecdote un limpide courant,
Charme l'homme qui sait, amuse l'ignorant.
(सांसारिक व्यक्ति फिर ज्ञानी की जगह ले लेता है,
हमेशा औरों का मन लगाता है, और दूसरों को मुस्कुराहट देता है,
मधुर ढंग से हास्य करता है, बिना पाण्डित्य–भाव के जानकारी देता है,
यहाँ तक कि सामान्य कौतूहल सुनने के लिए भी तैयार हो जाता है,
स्पष्ट लहजे में बात कहता है, स्मृतियाँ साझा करता है,
ज्ञानी पुरुष को मोह लेता है, और अनभिज्ञ को खुश करता है : अनु.)

कहा जाता है कि माननीय कैथ्रमैर यांसेनिस्ट (Janséniste) थे। अगर इसका आशय यह है कि वे शास्त्रीय–परम्परा के विपरीत परमात्मा की कृपा की अनिवार्यता में यक़ीन करते हैं, तो इस हिसाब से वे यांसेनिस्ट नहीं थे, क्योंकि उनसे ज़्यादा बड़ा कैथोलिक कोई नहीं होगा। लेकिन अगर इसका मतलब किसी ऐसे ईसाई से है जो सादा आचार–विचार करता हो, नये तौर–तरीक़ों का विरोध करता हो, तथा चर्च के नियमों और फ़्रांसीसी रिवाजों का कठोर पालन करता हो तो कैथ्रमैर ज़रूर यांसेनिस्ट थे।

उनसे बड़ा निराकांक्षी कोई भी नहीं होगा। सिर्फ़ कुछ अकादमियों और विदेशी संस्थानों से वह जुड़े थे तथा उनके पास *लेजियों–दोऑनर के नाईट* के अलावा कोई उपाधि भी न थी। यह भी, बिना उनकी जानकारी के, उनके मित्रों के प्रयास से सम्भव हुआ; तब, जब वह 1829 में अभिलेखागार अकादमी के प्रेजिडेंट पद के लिए चुने गये थे–उस वक़्त उनकी उम्र 47 वर्ष हो चुकी थी और 14 साल से वह संस्थान के सदस्य थे।

अपने संस्थान के ऐसे बड़े शिक्षक को खोकर हमने उनके स्थान पर उनके सबसे मेधावी विद्यार्थियों में से एक श्रीमान शेफर को नियुक्त किया है। वह बेहतरीन साहित्यिक गतिविधियों से उपजे हैं और उनके

पास यह सहूलियत है कि उनकी यात्राओं और क्रियाकलापों की बदौलत वे उस भाषा से अच्छी तरह परिचित हैं जिसका प्रचार–प्रसार उन्हें अब करना है।

आप में से जो सज्जन मेरे हिन्दुस्तानी भाषा के विषय को पढ़ना चाहते हैं, वे फ़ारसी को भी पढ़ें, क्योंकि फ़ारसी हिन्दुस्तानी के मुस्लिम शाखा (उर्दू) से घनिष्ठता से जुड़ी है जिसे फ़ारसी के बग़ैर जानना काफ़ी मुश्किल है। दूसरी तरफ़ यह भी तय है कि फ़ारसी जानने की लिए उर्दू जानना बहुत लाभदायक है, ख़ासकर भारत की फ़ारसी के लिए, क्योंकि वहाँ के रोज़मर्रा के वाक्य ख़ास भारतीय लहजे में से निकले हैं। लेकिन अगर फ़ारसी उर्दू की कुंजी है, तो संस्कृत हिन्दी (जो हिन्दुस्तानी की हिन्दू शाखा है) की कुंजी है। इसलिए मैं आपसे अनुरोध करूँगा कि आप इस प्राचीन भाषा को भी सीखें, जो इसी वर्ष एक बड़े भाषाशास्त्री द्वारा पढ़ाई जायेगी। अन्य अवसरों पर मैं हिन्दुस्तानी की उपयोगिता के बारे में काफ़ी बोल चुका हूँ। इसकी अहमियत निश्चय ही और भी बढ़ जाती है, क्योंकि हम भारतीय भाषाएँ (और विशेषकर वह भाषा जो मैं सिखाता हूँ) सीखने की ज़रूरत को लगातार महसूस करते रहे हैं; और आने वाले समय में, निश्चय ही, नागरिक एवं सैनिक नौकरियों में इसकी आवश्यकता पर और भी बल दिया जायेगा।

एक कुशल अंग्रेज़ प्राच्यविद् श्रीमान डब्लू नासौ लीस (W. Nassau Lees) (जो पाण्डित्यपूर्ण और बहुमूल्य अरबी प्रकाशनों के लिए चर्चित हैं) ने एक विशेष ब्रोशर (पुस्तिका) में प्राच्य अध्ययन का बख़ूबी पक्ष लिया है। उसकी नज़र में प्राच्य अध्ययन को लार्ड मैकॉले के सुझाये सुधारों से ख़तरा है। इन सुझावों का हाल में *टाइम्स* ने भी समर्थन किया है। इनकी माँग है कि भारत में सिर्फ़ *लैटिन* लिपि इस्तेमाल होनी चाहिए, और कि अब से अंग्रेज़ी वहाँ की सरकारी भाषा होनी चाहिए। श्रीमान नासौ लीस के ब्रोशर का शीर्षक है 'Instruction in the oriental languages considered' ('प्राच्य भाषाओं में अध्यापन पर विचार' : अनु.), जो पुनः यह सिद्ध करता है कि भारत में सैनिक और

नागरिक सेवाओं के लिए एशिया की भाषाएँ और ख़ासकर हिन्दुस्तानी सीखना अपरिहार्य है। इसके अनुसार, यह मानना कि अंग्रेज़ी शीघ्र ही भारत में व्यापक तौर पर अपना ली जायेगी, जिससे कि योरोपीयों को एशियाई भाषाएँ सीखने की आवश्यकता नहीं रहेगी–यह केवल ख़ुद को छलावे में रखना है। वह इस बात पर खेद प्रकट करते हैं कि इस विषय पर भारतीय और अंग्रेज़ प्रशासन के सम्बद्ध अधिकारियों में मतैक्य नहीं रहा। अन्ततः, वे अंग्रेज़ी हुकूमत के सियासी फ़ायदे के लिए प्राच्य की सभी भाषाओं का पक्ष लेते हैं। वह सुझाव देते हैं कि ऑस्ट्रिया और रूस की तर्ज़ पर, प्राच्यभाषाओं के अध्ययन और अध्यापन हेतु एक ऐसा प्राच्य कॉलेज स्थापित किया जाये जो इस महान देश के उपयुक्त हो, जिस देश का शीर्षक *रेजिना मारिस* (Regina maris, यानी समुद्र की रानी : अनु.) है।

ऐसी सदिच्छा का समर्थन ही किया जा सकता है, ख़ासकर आजकल के सन्दर्भ में जिसमें इंग्लैंड को भारतीयों द्वारा एक बार फिर से स्वीकारे जाने की ज़रूरत है। सिर्फ़ शस्त्र–बल पर आप किसी ऐसे देश पर राज नहीं कर सकते जिसके तौर–तरीक़े और भाषा आपसे एकदम भिन्न हों। उनकी सहानुभूति की भी तलाश करनी होगी, और यह सिर्फ़ शासित देश को बेहतर समझकर ही सम्भव है। लुत्फुल्लाह[188] के उदाहरण के ज़रिये यही देखा गया था, जो कि, जब से वह अंग्रेज़ों के साथ वार्तालाप करने लगा, वह उनके पक्ष में शामिल हो गया।

लेकिन अगर अंग्रेज़ी सरकार प्राच्य भाषाओं के अध्ययन के लिए पर्याप्त प्रयास नहीं कर रही, तो भी हम ख़ुद अंग्रेज़ी जनता पर यही आरोप नहीं लगा सकते। इंग्लैंड में इतने सारे प्राच्य प्रकाशनों की चर्चा न भी करें, तो भी इस मुल्क के अलावे और कहाँ हम पा सकते हैं एक विशेष संस्था प्राच्य टेक्स्ट्स के प्रकाशन के लिए, और एक अन्य उनके अनुवाद के लिए? और क्या कलकत्ता में *बिब्लिओथिका इंडिका* प्रकाशित नहीं होती, जिसमें संस्कृत, फ़ारसी, अरबी के इतने सारे क्लासिक ग्रन्थ छपते हैं, जो पहले कभी प्रकाशित नहीं हुए; और जिसकी प्रतियों की संख्या, अभी से ही 139 पहुँच चुकी है?

वहीं, अपनी ओर से भारतीयों ने भी, बग़ावत के समय तक, पिछले वर्षों की तरह, भिन्न प्रकाशनों और सामयिक रचनाओं का प्रकाशन जारी रखा है। दिल्ली में बाग़ियों के प्रवेश से कुछ दिन पहले, वहाँ *आइन–ए–अकबरी* का एक हिन्दुस्तानी अनुवाद प्रकाशित हुआ था। यह महत्त्वपूर्ण रचना प्रसिद्ध अकबर के आदेश से लिखी गयी थी। इसमें मुग़ल साम्राज्य के सम्बन्ध में बहुत सटीक और जानकारीप्रद सांख्यिकीय विवरण मिलते हैं। हिन्दुस्तानी संस्करण की ख़ासियत यह है कि इसमें बढ़िया लिथोग्राफ़िक प्लेट्स हैं, जिन पर मुल्क के सर्वोत्तम कलाकारों द्वारा रची तस्वीरें हैं। इन तस्वीरों में इस किताब में वर्णित वस्तुओं को दर्शाया गया है, जैसे कि सिक्के, अस्त्र–शस्त्र, पौधे, फल, आदि। यह अनुवाद उसी विशिष्ट लेखक ने किया है, जिसने 'दिल्ली के स्मारकों का विवरण' तैयार किया था (जिसका ज़िक्र मैं पहले कर चुका हूँ)।

फ़िलहाल युद्ध ने भारत में सब कुछ अस्त–व्यस्त कर दिया है। लेकिन, हम यही उम्मीद करते हैं कि, जैसे ही शान्ति बहाल हो जायेगी, भारत के लोग, विद्रोह से पहले की तरह, मनबहलाव के लिए अपने महान आधुनिक शायरों के पाठ करेंगे (वाल्मीकि और व्यास के बाद भी जिनकी अवहेलना नहीं की जा सकती)। हम आशा करते हैं कि, ख़ासकर, वह अपने सबसे प्रिय शायर सौदा का पाठ करेंगे, और वली का भी, जिसने पहली दफ़े मुस्लिम शायरी की फ़ारसी शैली से उनका परिचय कराया था। वली ने हफ़ीज़ के बारे में कुछ वैसा ही कहा है, जैसा कि होरास (Horace) रोमन लोगों को अर्शिलोक (Archiloque) के बारे में बताता था :

> Hugo ego, non alio dictum prius ore, Latinis
> Vulgavi fidicen. Juvat immemorata ferentem
> Ingenuis oculisque legi, manibusque teneri.
>
> *Ep. l, xix,* 32-34.

(अनु. : मैं वो पहला प्रसिद्ध रोमन गीतकार हूँ, जिसकी प्रशंसा किसी और व्यक्ति ने नहीं की है। मुझे हर्ष होता है,

नयी रचनाएँ सामने लाकर, ताकि वह सच्चे लोगों के हाथों तक पहुँचें, ताकि वे उन्हें पढ़ सकें।)

यह भी आशा है कि अपने राष्ट्रीय शायरों का अनुकरण करते हुए, वे पुनः वह ग़ज़लें लिखेंगे, जिनमें प्रेम झलकता है–कभी पवित्र प्रेम, तो कभी सांसारिक; या फिर कभी दोनों ही तरह का प्रेम साथ–साथ। जैसे योरोप में हम भिन्न कलाकारों (minnesang, trouvères और troubadours[189]) के गीतों में पाते हैं। एवं जैसा दान्ते (Dante) की ट्रिपल कविता में (दान्ते की *डिवाइन कॉमेडी* तीन हिस्सों में विभाजित है : अनु.) और पेतरार्क (Petrarch) व शेक्सपियर के सॉनेट्स में पाये जाते हैं। वॉल्टर स्कॉट ने भी लिखा है (Lady of the last minstrel, canto III, stanza II) :

Love rules the court, the camp, the grove,
And men below and saints above;
For love is heaven and heaven is love.
(दरबार, लश्कर, या बाग़ में,
इस दुनिया के या उस दुनिया के लोगों पर,
प्यार का राज है, क्योंकि,
प्यार ही स्वर्ग है और स्वर्ग ही प्यार है। : अनु.)

नौवाँ व्याख्यान : 3 मई 1859

महोदय,

बिब्लिओथेक़ नास्योनाल (राष्ट्रीय पुस्तकालय : अनु.) के सौन्दर्यीकरण की वजह से हुए लम्बे व्यवधान के बाद आज अपनी कक्षा मैं पुनः शुरू कर रहा हूँ। मैं इस आश्वासन के साथ शुरू कर रहा हूँ कि भारत में शान्ति वापस आ गयी है। भारत अब तक 1857 के भयावह विद्रोह की वजह से हिंसक तरीक़े से हिल चुका था। इस विद्रोह ने ब्रिटेन से उसके ताज के सबसे ख़ूबसूरत फूल को छीनना चाहा था। उम्मीद करते हैं कि ब्रिटिश हुकूमत युद्ध के विध्वंसों की मरम्मत करने में ख़ुद को लगायेगी और भारत (दैव ने जिसका शासन ब्रिटेन को सौंपा है) के वाशिन्दे फिर से ख़ुशहाल होंगे। भारतीयों में बेशक कुछ कमियाँ हैं, लेकिन इनमें ज़बरदस्त ख़ूबियाँ भी हैं; इनमें से सर्वोपरि एक ऐसी है जो उन्हें अंग्रेज़ो के क़रीब लाती है—वह है अपने ख़ूबसूरत मुल्क के प्रति उनका उत्साह या उनका लगाव। उनकी रचनाओं को पढ़कर हम आसानी से यह देख सकते हैं। उदाहरण के लिए, अफ़सोस[190] को सुनें :

> "जबसे हिन्दुस्तान नामक धरती के विशाल भूभाग पर लोग बसे हैं, सैकड़ों; नहीं! हज़ारों शहर और गाँव यहाँ बस गये। इन आबादी वाली जगहों में से कुछ उदासीन हैं, कुछ ख़ुशहाल हैं; लेकिन एक बात पक्की है, कि हिन्दुस्तान अपने जैसा एकमात्र मुल्क है, अन्य मुल्कों से बिल्कुल अलग। इतना विशाल क्षेत्र कहीं नहीं, इतनी समृद्ध सल्तनत कहीं नहीं।

हर गाँव में अच्छी–ख़ासी आबादी है। बड़े और छोटे, सभी तरह के शहरों में सुन्दर और स्वच्छ ईंट के सराय हैं, जहाँ हर मौसम में यात्रियों के लिए बिस्तर, ओढ़ना और सन्तोषजनक भोजन पाये जाते हैं। इन शहरों में मस्जिद, मठ, कॉलेज, बाग़ीचे मौजूद हैं। दुखियारों, बेघरों और मुसाफ़िरों के लिए अलग इमारतें हैं। चाक–चौबन्द क़िले हैं–इतनी विशाल कि उनके अन्दर सैकड़ों गाँव समा जायें, और इतने ऊँचे कि बारिश लाने वाले बादल उनके कंगूरों से सटे रहते हैं। यहाँ हज़ार नदियाँ हैं, हज़ार नहरें हैं, हज़ार तालाब हैं, और हज़ार कुएँ जिनका पानी मीठा, ताज़ा, बढ़िया और अपार है। इस मुल्क की नदियों में नावें ही नावें हैं–गोंडोला और अन्य असंख्य डोंगियाँ हैं। कई जगहों पर, नदियों के ऊपर पुल बाँधे गये हैं और नहरें हैं, जो राजमार्गों के साथ–साथ चलती हैं। अधिकतर बड़ी सड़कों के दोनों ओर, शहरों से कई कोसों तक, घने पेड़ों के कतार हैं। हर कोस पर दूरी चिह्नित करने हेतु मीनार हैं। उनके इर्द–गिर्द ठेलों पर वह असबाब हैं जिनकी राहगीरों को आवश्यकता हो सकती है : हर कहीं सौदागरों की दुकानें हैं। राहगीर ख़ुशी–ख़ुशी खाते–पीते हैं, अपनी मर्ज़ी से उठते–बैठते हैं। दिन के समय वह चलते हैं, और शाम में उन्हें सरायों में आसानी से आराम करने की जगह मिल जाती है।"

हिन्दुस्तानी लेखक मक़बूल[191] भारत के बारे में इतना ही सुन्दर बोलता है, लेकिन अधिक अलंकृत शब्दों में :

"दुनिया की आबादी वाले चौथाई हिस्से[192] का पाँचवाँ हिस्सा भारत है; नहीं! दरअसल, यह ख़ुद अपने आप में ही एक पूरी दुनिया है। जहाँ तक बात है विशालता और विस्तार की, इसने दुनिया के सभी मुल्कों से उत्कृष्टता की गेंद (boule[193]) जीत ली है, और उसके आबोहवा की बेहिसाब ख़ूबियाँ अन्य जगहों से बिल्कुल अलग ही हैं।

जहाँ तक विज्ञान, कुशलता, बुद्धि, कला, भाषा, सूझ–बूझ और परख की बात है, यह देश मेहराब[194] है क्षितिजों की शोहरत का[195]। हालाँकि अगर ढंग से ढूँढ़ा जाये तो अन्य मुल्कों में भी यह खूबियाँ हैं, लेकिन भारत और अन्य मुल्कों का अन्तर सूरज और सप्तर्षि तारा मण्डल के धूमिल तारे के बीच का अन्तर है; यहाँ तक कि धरती और आसमान के बीच का अन्तर है। भारत में जो लोग दूसरे मुल्कों के लोगों की चीज़ों की नक़ल करना चाहते हैं, वे आविष्कारकों की तरह हैं, और वह सभी भाषाएँ इतने अच्छे से सीख लेते हैं कि उनमे अपनी ख़ुद की भाषा से भी अधिक पारंगत हो जाते हैं; जबकि, तुर्क, अरब, इथिओपियाई, फ़ारसी, योरोपीय, जो कि इतने वर्षों से भारत में हैं, यहाँ की भाषा आसानी से नहीं सीख पाते और ईर्ष्या की अग्नि में जलते हैं।"

1857 की भयानक हिन्दू–मुस्लिम खलबली ने अंग्रेज़ों को हतोत्साहित नहीं किया है : उनकी विजय हुई है, और व्यवस्था लगभग पूरे मुल्क में दुबारा कायम हो गयी है :

Where the rage of the vulture, the love of the turtle,
Now melt into sorrow, now madden to crime.[196]

अब से भारत सीधे ब्रिटिश राजशाही से जुड़ा हुआ है। भारत की कम्पनी[197] की जगह दयालु महारानी ने ले ली है, जिसके समक्ष निस्सन्देह भारतीय ज़्यादा स्वेच्छा से समर्पित होंगे, बजाय आदरणीय कम्पनी बहादुर (honourable Company bahâdur) के। यह उनके लिए एक ऐसा जीव था जिसे कई भारतीय एक दूर के मुल्क में रहने वाला और अपने एजेंटों के ज़रिये शासन करने वाला अविनाशी बुजुर्ग मानते थे।

इस बदलाव की घोषणा करने वाला फ़रमान[198], ब्रिटिश भारत की राजधानी कलकत्ता में और भारत के मुख्य शहरों में पिछले पहले नवम्बर को समारोह में पढ़ा गया था। इसने वहाँ अत्यन्त सकारात्मक प्रभाव पैदा किया, जैसा कि, इस फ़रमान से प्रेरित कई लेखों और कविताओं से पता चलता है।

मेरी नज़रों के सामने, आगरा में लिथोग्राफ़ की हुई[199] इनमें से एक कविता है। यह एक *कसीदा* है, जिसका शीर्षक है *तनह्यात जुलूस*, (राज्याभिषेक की बधाई) और जिसका श्रेय मिर्ज़ा हातिम अली को जाता है (जो भारत के साहित्यिक तबके में *मिह्र* के शायराना उपनाम से चर्चित है)। यह विद्वान मुसलमान, योरोपीय सभ्यता का मित्र है। वह 1857 के विद्रोह से पहले, चनार में *मुंसिफ* (जज) के पद पर था; जिनमें इसे सात योरोपीय पुरुष और कई योरोपीय बच्चों को बचाने का सुख प्राप्त हुआ (जैसा कि उसकी कविता के साथ के मूल ख़त से पता चलता है)। हालाँकि उसके पद्यों को दिल्ली के एक मशहूर समकालीन शायर, मिर्ज़ा असदुल्लाह खान मुज्तर्र की तारीफ़ मिल चुकी है, लेकिन मैं यह कहने को बाध्य हूँ कि मुझे इनमें कुछ भी विशेष नहीं नज़र आया।[200] लेखक शुरुआत में पूछता है कि उसकी नज़रों के सामने चल रही इन तैयारियों का क्या मतलब है। वह जवाब देता है कि यह शाही फ़रमान की औपचारिक प्रस्तुति हेतु है। इसके बाद एक विशुद्ध प्राच्य प्रशस्ति है *'लन्दन की मलिका'* के नाम, "चमकदार वीनस ग्रह जिसके सुन्दर चेहरे की प्रतिछाया है।" लार्ड कैनिंग की प्रशस्ति इसके तुरन्त बाद आती है; फिर उसके बाद अन्य बड़े अफ़सरों की, जैसे कि मिस्टर एडमंडस्टोन और विद्वान, आदरणीय श्रीमान मुइर (W. Muir) की, "जो कि हर विज्ञान और कला में पारंगत हैं, और जो धरती के सभी राजाओं की कहानी, कायुमुर से लेकर अभी तक, से वाक़िफ़ हैं।"

इस फ़रमान में विक्टोरिया को ब्रिटेन के उपनिवेशों (योरोप, एशिया, अफ्रीका, अमेरिका और ऑस्ट्रेलिया में) और सम्भावी परिसम्पत्तियों (dependencies) की महारानी की उपाधि दी गयी है; और यह लार्ड कैनिंग को ब्रिटिश–भारत का पहला वायसराय और गवर्नर जनरल नियुक्त करता है। कैनिंग भारत के सेक्रेटरी ऑफ़ स्टेट लार्ड स्टैनले की मदद से प्रशासन करेंगे, जिन्हें ख़ुद एक समिति के द्वारा मदद मिलेगी; इस समिति में निम्न लोगों को पाकर भारत के हितैषियों को ख़ुशी है : सर हेनरी राव्लिंसन, एम.एच.पी. प्रिन्सेप (प्रसिद्ध विद्वान

स्वर्गीय जेम्स प्रिन्सेप का भाई) और एम.डब्लू.जे. ईस्टविक (महान प्राच्यवादी एडवर्ड बी. ईस्टविक का भाई, जो की वर्तमान में ईस्ट इंडिया हाउस के ख़ुफ़िया विभाग के सह–सेक्रेटरी हैं)।

पंजाब एक नयी प्रेसीडेंसी होगी और सर जॉन लॉरेंस (अभागे सर हेनरी के भाई) उसके शासन को सँभालेंगे, जिसे तात्कालिक तौर पर आदरणीय रोबर्ट मोंटगोमेरी को सौंपा गया है।

लेकिन यही एकमात्र बदलाव नहीं हैं। हैलेयबुरी (Haileybury) के *ईस्ट इंडिया कॉलेज* को अन्ततः सोमवार, 14 दिसम्बर 1857 को बन्द कर दिया गया। पुरस्कार वितरण के एक ख़ास सम्मलेन के दौरान इसे अंज़ाम दिया गया। इसकी अध्यक्षता कॉलेज के प्रिंसिपल श्रीमान रेवरंड मेलविल (Melvill) के द्वारा की गयी थी। इस कॉलेज (जो आधी सदी से अस्तित्व में था) ने दो हज़ार पचपन छात्रों[201] को तैयार किया, जिनमे से कुछ ऐसे व्यक्ति हैं जिन्हें योरोपव्यापी ख्याति प्राप्त हुई। इसके प्रोफ़ेसरों में से रहे हैं : मैकिन्टोश, माल्थस, एम्प्सन् जेरेमी (Mackintosh, Malthus, Empson, Jeremie); और प्राच्य भाषाओं के अध्यापन हेतु हाउटन, स्टीवर्ट, जॉन्सन, ईस्टविक (Haughton, Stewart, Johnson, Eastwick)। अतः आश्चर्य नहीं कि ऐसे प्रोफ़ेसरों ने कुशल छात्रों को गढ़ा।

अभी से ही हमें प्राच्य अध्ययन के लिए हैलेयबुरी के कॉलेज की कमी खलने लगी है। हम उम्मीद करते हैं कि भारत की समिति, भारतीय सिविल सेवा के इच्छुक नौजवानों के एक नये कॉलेज की स्थापना करेगी। चूँकि, इन्होंने मिलिट्री सेवा के लिए एडिसकॉम्ब (Addiscombe) के "रॉयल मिलिट्री कॉलेज" को बरक़रार रखा है (उसमें सुधारों को लाकर, जिसके तहत कक्षाओं में हिन्दुस्तानी को ब्रिटिश–भारत की आम भाषा के तौर पर जारी रखा गया है)। हिन्दुस्तान की भाषा सैंडहर्स्ट (Sandshurst) के "रॉयल मिलिट्री कॉलेज" में भी पढ़ाई जायेगी, जो कि 1860 में अपने दरवाज़े खोलेगा। इस कॉलेज के दरवाज़े, बिना ओहदे के भेद–भाव के, हर अभ्यर्थी के लिए खुले होंगे–जो भी इस संस्थान में दाख़िले की शर्तों पर खरे उतरते हों।

अन्ततः यह निर्णय किया गया कि ऑक्सफ़ोर्ड यूनिवर्सिटी में हिन्दुस्तानी पढ़ाई जायेगी, जो कि ब्रिटेन में ऐसी पहली यूनिवर्सिटी होगी, और इसके लिए वहाँ एक विशेष टीचरशिप स्थापित की जायेगी।

महोदय, भारत की वर्तमान स्थिति से आप आसानी से समझ सकते हैं, कि मेरे पास बताने लायक कोई भी साहित्यिक जानकारी और कोई भी महत्त्वपूर्ण प्रकाशन इस दफे नहीं है। विद्रोह ने पिछले कुछ सालों में भारतीयों में महसूस किये जा रहे साहित्यिक उड़ान को बाधित किया है। उन्होंने अपने धार्मिक विश्वासों को खोने के भय के बावजूद, राष्ट्रीय संस्थाओं के अभाव में, अपने बच्चों को एंग्लो–इंडियन स्कूलों में भेजना शुरू किया था; चूँकि, विद्रोह के समय क्रिश्चियन मिशन की सोसाइटियों द्वारा संचालित कई हज़ार विद्यालय थे और सत्तर हज़ार छात्र इनमें पढ़ने जाते थे। अंग्रेज़ी आमतौर पर हिन्दुस्तानी के माध्यम से पढाई जाती थी।[202]

व्यर्थ में ही एक अरबी शायर[203] ने सिसेरो (Cicéron) के शब्दों का रूपान्तरण कर कहा था : Cedant arma tog, concedat laurea lingu, यानी, "ईश्वर का यही फ़ैसला है : जब से क़लम को बनाया गया, उसकी गुलाम है तलवार, जब से इसे धार दी गयी"। युद्ध ने क़लम को निष्क्रिय कर दिया, और गंगा के म्युज़ (muse) (अनु. : साहित्य, विज्ञान और कलाओं को प्रेरित करने वाली देवियाँ) ने दो वर्षों से चुप्पी साध ली। बहरहाल, मुझे पता चला है कि साहित्यिक गतिविधियाँ, जो युद्ध की वजह से बाधित थीं, वह पुनर्जीवित हो रही हैं। कविताओं, कहानियों और हालिया बवाल से सम्बद्ध निबन्धों के रूप में साहित्य की पहली कोपलें फूटी हैं। जैसे कि (जिस कसीदे का मैंने ज़िक्र किया उसके अलावे) एक मुसलमान द्वारा लिखित, आगरा में छपा एक आलेख–शीर्षक है *हक़ीक़त उल्जिहाद*, (*जिहाद* का असली अर्थ), यानी कि *जिहाद* (धर्म–युद्ध) और फ़साद (बगावत) में फ़र्क़। यह हालिया विद्रोह के सन्दर्भ में लिखी गयी है। एवं अंग्रेज़ों के द्वारा दिल्ली के क़ब्ज़े पर एक हिन्दुस्तानी कविता, जिसका शीर्षक है *फतह दिल्ली*। यह 'राहत' के द्वारा लिखी गयी है,

जो कि अन्य रचनाओं का लेखक भी रह चुका है। मुझे यह भी पता चला है कि श्रीमान द लातूर (E. de Lautour) ने किसी 'नोट बुक ऑफ़ ज्युडीसियल प्रिंसिपल्स' ("Note Book of judicial Principles") का एक उर्दू अनुवाद छपवाया है। साथ ही, महान संस्कृतविद् बाबू राजेन्द्र लाल मित्र के पिता का एक नया हिन्दुस्तानी *तज़किरा* (जीवनी और बिब्लियोग्राफ़ी) कलकत्ता में प्रेस में है।

इसके अलावे *बाम्दाद* या "सहर" नामक एक जर्नल बम्बई में इसी साल प्रकाशित हुआ है। यह योरोपीय विचारों का हिमायती है; चूँकि, एक हालिया अंक में, इसने उन पाठकों को ब्रिटेन भेजने का ज़िम्मा लिया था, जो कि कुछ समय निकाल सकते हैं और बिना तकलीफ़ के 3000 रूपये (7500 फ्रैंक) ख़र्च कर सकते हैं। यह आगे जोड़ता है : "आप में से कुछ यह आपत्ति करेंगे कि उन्हें अपना धर्म ख़तरे में डालने का डर है, और यहाँ तक कि पूरी तरह से उसे खोने का भी। लेकिन यह कैसा धर्म है कि जिसे आप अपने साथ धरती के छोरों तक नहीं ले जा सकते?"[204]

मैंने पहले जिन हिन्दुस्तानी अख़बारों के अस्तित्व का ज़िक्र किया था, उनमें से अधिकांश 1857 के मई महीने में विद्रोह के साथ लुप्त हो गये हैं। अतः, मिर्ज़ापुर का अख़बार, *ख़ैर ख़ाह ए हिन्द*, जो कि 1837 से मौजूद था, और जो कि साथ–साथ फ़ारसी और लैटिन लिपियों में प्रकाशित होता था, अब अस्तित्व में नहीं है। यह अख़बार 17 सालों से लन्दन के 'मिशन संस्थान' (Sociétés des missions) के रेवरेंड (पादरियों की उपाधि : अनु.) मिस्टरमाथर (Mather) के द्वारा संचालित हो रहा था। वह हिन्दुस्तानी में लिखी कई धार्मिक रचनाओं का लेखक है, और फ़िलहाल तीन हज़ार प्रतियों के साथ लन्दन में प्रकाशित एक रोमनाइज्ड (romanised) हिन्दुस्तानी बाइबिल का सम्पादक भी, जिसमें हाशिये में समानान्तर टेक्स्ट मौजूद[205] है (सम्भवतः इस संस्करण में मूल पाठ हाशिये में छपा हुआ है : अनु.)। सिर्फ़ अमरीकी मिशनरी ही यह जर्नल नहीं छापते थे, जैसा कि मैंने 1853 के अपने व्याख्यान में बताया है। बल्कि, इसमें उदारता से हर

प्रकार के प्रोटोस्टेंट मिशनरियों द्वारा आलेख स्वीकार किये जाते थे। धर्म–परिवर्तन इस अख़बार का उतना बड़ा उद्देश्य नहीं था, जितना कि भारतीयों के मध्य उपयोगी ज्ञान का प्रसार करना। उम्मीद करते हैं कि *दिल्ली का ग़ज़ट* की तरह यह फिर शुरू हो जायेगा। *दिल्ली का ग़ज़ट* का सम्पादक (एक वर्ष के अन्तराल के पश्चात) अपना बर्बाद घर फिर से निर्मित कर और अपना प्रेस फिर से व्यवस्थित कर, प्रकाशन पुनः शुरू कर सका। फिर उसे इतनी सफलता मिली जो पहले कभी नहीं मिली थी।

विद्रोह से दूर रहने की वजह से पंजाब प्रान्त में साहित्यिक प्रकाशन बाधित नहीं हुआ था। अतः, मेरे मित्र सैयद अब्दुल्लाह ने मुझे लगभग दो सौ भिन्न प्रकाशनों की अभी एक लिस्ट भेजी है; यह सभी लाहौर से हाल में छपी हुई हैं। इनमें दो नये दीवान हैं; तफ्ता के द्वारा गुलिस्तान के पद्यों की एक काव्यात्मक विवेचना (*तज्मीन*) है; अमानत के द्वारा एक शोक–गीत (*मर्सिया*) है; और अन्ततः तुलसी राम के द्वारा *मख्ज़ां उलीश* (प्रेम की पत्रिका), और *गुंचा–ए आरजू* है–इन रचनाओं को मैं केवल शीर्षक से जानता हूँ, और यह सम्भवतः पद्य में उपन्यास हैं। दूसरी तरफ़, लाहौर का अर्द्ध साप्ताहिक अख़बार *कोह–इ–नूर*, जो कि प्रकाशित होते–होते अपने दसवें वॉल्यूम तक पहुँच गया। मेरी नज़रों के सामने 17 जनवरी 1859 का अंक है, जो सोलह छोटे in-folio फॉर्मेट पन्नों की पुस्तिका के रूप में, दो कॉलमों में छपा है, लेकिन जिसमें कुछ विशेष रोचक नहीं है।

मेरे लिए यह बताना सम्भव नहीं कि दिल्ली का बूढ़ा बादशाह (जिस विद्रोह का उसे मुखिया माना गया उसके अति दुर्भाग्यशाली अन्त के बावजूद भी) अभी भी पद्य–रचनाएँ करता है या नहीं। जो भी हो, अपने अति–लघु शासन काल में वह पद्य रच रहा था, और यह रहे उनमें से तीन शेर जो अंग्रेज़ी अख़बारों के ज़रिये हमारी जानकारी में आये हैं :

> "मैं इन्साफ़ की ताक़त की सराहना करता हूँ! ईसाई अपनी सेनाओं के द्वारा ही धराशायी हुए!"

"न रूस से, न तुर्की से हमें सहायता मिली; वह अंग्रेज़ों के अपने कारतूस थे जिन्होंने उनका ख़ात्मा किया।"

"हमारी सेनाओं ने उनको घेर लिया : उनके लिए न अब नींद थी, न आराम था। उनकी मौत निश्चित थी : या सवेरे, या शाम, वह कभी भी आ सकती थी।"[206]

यह पद्य जून या जुलाई 1857 में लिखे गये थे; चूँकि, अगस्त के महीने में सिराजुद्दीन (इस बादशाह का पूरा नाम था मिर्ज़ा अबू ज़फ़र सिराजुद्दीन मुहम्मद बहादुर शाह ज़फ़र : अनु.) बिल्कुल हतोत्साहित हो चुका था, और वह झाझर (Jhajhar) के नवाब[207] को सामान्य गद्य में लिख रहा था : "मैं मक्के के लिए रवाना होना चाहता हूँ : मैं वृद्ध और बीमार हूँ। दुनिया बिल्कुल अस्त–व्यस्त हो गयी है; हर कहीं अराजकता है; किसी व्यवस्था की कोई क़द्र नहीं है, इसलिए मैंने तीर्थ यात्री बनने का फ़ैसला किया है।"[208] फ़िलहाल वह तीर्थयात्री नहीं, राज्य का बन्दी है, और दिल्ली के ग़ज़ट[209] ने उसकी विदाई के बारे में सूचित किया है। उसके महल के "लाहौर" नामक गेट से उसके रंगून निर्वासन के बारे में बताया गया है। वह कलकत्ते से पिछले 4 दिसम्बर को जहाज़ लेने के उपरान्त रंगून पहुँचा। इस दुखदायी यात्रा में उसके साथ थी रानी बेगम *जीनत उल्महल* और उसकी पत्नियों में से एक अन्य, बेगम *ताज उल्महल,* उसके पुत्र जवांबख्त और शाह अब्बास, शाही परिवार के कुछ और सदस्य, और कई अन्य लोग।

हिन्दुस्तान की भाषा के अध्ययन से सम्बद्ध कुछ अन्य रचनाएँ भी इस दौरान छपी थीं। यथा, बम्बई में, गुलाम मोहम्मद ने कुछ डायलॉग प्रकाशित कराये हैं। कलकत्ता में, अजमेर के श्रीमान फालों[210] (S.W. Fallon) ने क़ानून और व्यापार की शब्दावली का एक अंग्रेज़ी–हिन्दुस्तानी शब्दकोश[211] प्रकाशित किया था, जो कि एक अति–उपयोगी रचना है। इस रचना के पहले एक शोध–प्रबन्ध है, जो कि अंग्रेज़ी के साथ हिन्दुस्तानी की, मुख्यतः ऐतिहासिक और भाषाई (philologic) तुलना करता है। लन्दन में, रेवरंड श्रीमान स्माल (Small) ने श्रीमान ईस्टविच (Eastwich) के हिन्दुस्तानी व्याकरण का एक नया

संस्करण दिया है, उपयोगी परिशिष्टों के साथ।[212] पेरिस में, श्रीमान येबोट बेरत्रा (AbbotBertrand; एबोट ईसाई मठाधीश को कहते हैं : अनु.) ने हमारे विद्यालय के छात्रों के फ़ायदे के लिए 'एडवेंचर्स ऑफ़ कामरूप' ("Aventures de Kamrup") के मेरे संस्करण के लिए एक शब्दावली छपवाई है।

महोदय, जहाँ तक उन अन्य रचनाओं की बात है जिनका मैं आपसे ज़िक्र करूँगा, वह सभी रोमन अक्षरों में हैं (या लैटिन में, जैसा हम आमतौर पर उन्हें बुलाते हैं)। प्रसिद्ध डॉक्टर गिलक्रिस्ट हिन्दुस्तानी व्याकरण के पिता थे। उन्हें सदी की शुरुआत में, सर्वप्रथम, लैटिन अक्षरों में हिन्दुस्तानी लिखने का विचार आया। स्वरों के लिए उन्होंने अंग्रेज़ी भाषा की ख़ास वर्तनी अपनायी, जो कि अंग्रेज़ों के लिए तो उत्कृष्ट है, लेकिन योरोप महादेश के मुल्कों के लिए नहीं। दरअसल, हमने कई दफे कहा है कि u वहाँ लघु a का प्रतिनिधित्व करता है, कि दो e वहाँ दीर्घ i का पतिनिधित्व करता है, और दो o दीर्घ u का प्रतिनिधित्व करता है (जिसका उच्चारण है ou); फिर भी हम फ़्रांसीसी में इस प्रकार लिखने पर ज़ोर डालते हैं : sutee, pundeet, Tippoo आदि, (क्रमशः sati, pandit, Tippû लिखने के बजाय)। मगर, फ़्रांसीसी में प्राच्य शब्दों के लिए अंग्रेज़ी वर्तनी इस्तेमाल की जाये, इससे अजीब कुछ भी नहीं हो सकता। उदाहरण के लिए, निम्न लैटिन वाक्य को लेते हैं : Amicus Socrates, amicus Plato, sed major veritas (अनु. : लैटिन उक्ति, जिसका अर्थ है–'सुकरात मेरा मित्र है, प्लेटो मेरा मित्र है, लेकिन सत्य मेरा इनसे बड़ा मित्र है'।) अगर हम इस वाक्य को अंग्रेज़ी उच्चारण के हिसाब से, phonetically (ध्वन्यात्मक रूप से : अनु.) लिखना चाहें, तो वह ऐसा बन पड़ेगा : "I may cuss (curse) Socrates, I may cuss (curse) Plato, said major Veritas," फिर, जिसका मतलब होगाः "मैं सुकरात को गलियाना चाहता हूँ, मैं प्लेटो को गलियाना चाहता हूँ, ऐसा मेजर वेरिटास (Veritas) ने कहा।"

सौभाग्यवश, इंग्लैंड में इस वर्तनी को त्यागकर सर विलियम जोंस की वर्तनी को स्वीकार किया गया है। यानी कि लैटिन वर्तनी

को अपनाया गया है, जैसा कि योरोपीय महाद्वीप के चलन के अधिक अनुरूप है और एशिया के लोगों के लिए अधिक सरल भी। अतः, भारतीय स्वरों और dipht+hongs (सन्धिस्वर) को, गिलक्रिस्ट की तर्ज़ पर, u, a; i, ee; oo, o o; e, ue; o, uo के ज़रिये बताने के बजाय, वर्तमान में उन्हें क्रमशः a, â; i,î; u, û[213] ;e, ai; o, au से बताया जाता है। हालाँकि, यह स्वीकार करना होगा कि अंग्रेज़ों को इसका अध्ययन करने की ज़रूरत पड़ेगी, चूँकि उन्हें इस वर्तनी की आदत नहीं है। साथ ही, उन भारतीयों को भी इसका अध्ययन करना पड़ेगा, जो अंग्रेज़ी जानते हैं तथा, जिनमें से अधिकतर ने गिलक्रिस्ट की वर्णमाला को पहले ही स्वीकार कर लिया था। इस नये सिस्टम में एक और दिक़्क़त यह है कि इसमें दीर्घ स्वरों के लिए एक परिपाटी (sign of convention) है। यह परिपाटी आमतौर पर एक दीर्घ एक्सेंट[214] इस्तेमाल करती है, जिसकी पुराने सिस्टम को ज़रूरत नहीं थी। इन दो वर्तनियों में रेट्रोफ्लेक्स (retroflex) और गट्टरल (guttural) व्यंजन, (जो कि लैटिन वर्णमाला में उपस्थित नहीं हैं), अपने समरूपों, जिनके ऊपर एक बिन्दु होती है, के द्वारा निर्दिष्ट होते हैं। अरबी भाषा का *आइन*, मात्र उस स्वर के द्वारा दर्शाया जाता है जो उसका उच्चारण करने में मदद करता है और ख़ुद जिसके ऊपर भी एक बिन्दु होता है; *शिन* अंग्रेज़ी वर्तनी sh को बरकरार रखता है, और अनुनासिक n एक बिन्दु और एक bar (दण्ड : अनु.) से चिह्नित होता है।

इंग्लैंड का वर्चस्व हिन्दुस्तानी साहित्य पर निश्चय ही भारी प्रभाव डालेगा। हिन्दुस्तानी साहित्य रूपान्तरित होगा और एक हाइब्रिड साहित्य बन जायेगा–आधा भारतीय और आधा अंग्रेज़। अंग्रेज़ी से अनुवाद और अनुकरण बहुलता से पाये जायेंगे। कई भारतीय ईसाई बन जायेंगे, और एक विशेष इंडो–क्रिश्चियन साहित्य बनेगा। इससे लैटिन वर्णमाला तरक़्क़ी करेगी और शायद उन दो अन्य वर्णमालाओं (सम्भवतः, यहाँ संकेत देवनागरी और फ़ारसी लिपियों की ओर है : अनु.) की जगह ले लेगी। जो भी हो, ऐसा लगता है कि हिन्दुस्तानी को भारत की आम भाषा का जो रुतबा मिला है, वह अधिकाधिक सही

साबित होगा और हिन्दुस्तानी भाषा भिन्न प्रान्तों के स्थानीय डायलेक्टो में से कम–से–कम एक हिस्से को सोंख लेगी।

पिछले 20 मई को, लन्दन में हुए एक मीटिंग में, सलिस्बरी के काउंट की अध्यक्षता में, Christian Vernacular Education Society of India नाम से एक सोसाइटी स्थापित करने का फ़ैसला किया गया। यह मुख्य भारतीय शहरों में संस्थान स्थापित करेगी, जिनमें भारतीय भाषा में ईसाई धर्म के सिद्धान्त पढ़ाये जायेंगे और इस भाषा में ईसाई स्पिरिट में लिखे किताबों को उपलब्ध किया जायेगा। इसके नियमित ग्राहकों में से हैं महाराजा दलीप सिंह (ईसाई धर्म में परिवर्तित लाहौर के भूतपूर्व राजा), लार्ड जॉन रस्सेल, सर चार्ल्स ट्रेवेल्यान, मद्रास प्रेसीडेंसी के वर्तमान गवर्नर, और कई अन्य गण्यमान्य व्यक्ति।

योरोपियों ने अपनी वर्णमाला सिर्फ़ भारत में ही नहीं चलायी है। लैटिन अक्षरों का उपयोग मलायी भाषा लिखने के लिए जावा, आम्बोन और पड़ोसी द्वीपों के ईसाइयों ने किया था (जिनका हॉलैंड के मिशनरियों के द्वारा धर्म–परिवर्तन किया गया था[215])। ऐसा लगता है कि मेडागास्कर के लोगों ने (जिन्होंने पहले–पहल अरबी अक्षरों का उपयोग किया था), निश्चित तौर पर लैटिन वर्णमाला अपनायी थी। इसके अलावा, इस दिशा में योरोपियों से पहले प्राच्य लोगों ने ही पहल की थी। अतः अरबियों ने स्पेनिश भाषा अरबी अक्षरों में लिखी; सीरियाई अक्सर सिरियाक अक्षरों में अरबी लिखते हैं; अर्मीनियाई और ग्रीक तुर्की लिखने के लिए अपनी वर्णमाला इस्तेमाल करते हैं। ऐसे यहूदी भी हैं, जो अरबी, जर्मन और स्पेनिश भाषाएँ हिब्रू अक्षरों में लिखते हैं।

चार्ल्स ट्रेवेल्यन को लिखे एक खत में (और Papers On the Application of the Roman Letters to the Languages of India नामक एक ब्रोशर में), मिर्ज़ापुर के रेवेरंड श्रीमान माथर (Mather) हमें जानकारी देते हैं कि लैटिन अक्षर भारत में इतने चलन में हैं कि वह न सिर्फ़ उत्तर–पश्चिम प्रान्तों के लोगों द्वारा पसन्द किया जाता है (जिन्होंने अंग्रेज़ी सीख ली है), बल्कि आमतौर पर उन सभी के द्वारा जिनका मिशनरियों से नाता है। यह अंग्रेज़ी बिल्कुल नहीं जानते और इस

वर्णमाला को *उत्तर–पश्चिम के प्रान्तों की क्रिश्चियन वर्णमाला* मानते है। यह भारतीयों के कई विद्यालयों में स्वीकार किया गया, और विद्रोह के पहले यह छह हज़ार युवा भारतीयों द्वारा उपयोग किया जाता था। अन्य जगहों के अलावा दिल्ली कॉलेज में भी इसका उपयोग होता था, जहाँ पर 260 छात्र अपनी भाषा इस योरोपीय परिपाटी के हिसाब से पढ़ने और लिखने के आदी हो चुके थे।

इन अक्षरों में नये टेस्टामेंट और सम्पूर्ण बाइबिल के[216] कई संस्करण रचे गये हैं। इस सिस्टम के हिसाब से प्रकाशित रचनाओं में विशेष हैं, रेवरेंड (Réverand) श्रीमान बाउली (Bowley) के द्वारा Pilgrim's Progress (प्रसिद्ध धार्मिक नीति–कथा का संक्षेपण); इसी रचना का बाबू हरी द्वारा एक बृहद् अनुवाद। बाबू हरी एक हिन्दू लेखक हैं, जो अनेक साहित्यिक कृतियों और कुछ अन्य क्रिश्चियन प्रकाशनों के लिए पहले से ही चर्चित है।[217]

इन रचनाओं में सबसे उपयोगी होगा नये टेस्टामेंट और धर्मगीतों (Psalms) का एक संस्करण जो इस वक़्त लन्दन का बिब्लिकल सोसाइटी प्रकाशित कर रहा है। इसे दो कॉलमों में (एक हिन्दुस्तानी में और दूसरा अंग्रेज़ी में), बीस हज़ार प्रतियों में छपा जायेगा। इसके साथ हिन्दुस्तानी टेक्स्ट के सभी शब्दों का शब्दकोश[218] है, जिसे कॉटन मैथर ने तैयार किया है। वह एडिसकोंब (Addiscombe) में हिन्दुस्तानी का सहायक प्रोफ़ेसर और एक मिशनरी का पुत्र है।

कैथोलिक मिशनरियों ने भी लैटिन वर्णमाला स्वीकार की थी, और मेरे हाथों में 1852 में बम्बई में प्रकाशित एक ईसाई धर्म–पत्र (catechism) है। इसे पटना के एपोस्टोलिक विकार (apostolic vicar) के आदेश पर, उत्कृष्ट हिन्दुस्तानी शैली मेंतैयार किया गया है। लेकिन दुर्भाग्यवश इसमें यह त्रुटि है कि वह विशिष्ट क्रिश्चियन विचारों को लैटिन शब्दों में ज़ाहिर करता है, जो कि भारतीयों के लिए पूर्णतः अपरिचित[219] हैं। जबकि अरबी भाषा से उधार लिए शब्द इस्तेमाल की वजह से स्थापित हो चुके हैं, और पूरे प्राच्य में इन विषयों के सन्दर्भ में प्रयोग होते हैं।

लैटिन अक्षरों में हिन्दुस्तानी रचनाएँ आमतौर पर मिशनरियों द्वारा, उनके विद्यालयों और इंडो–क्रिश्चियन सम्मेलनों के लिए रची गयी थी। हालाँकि, इनमें से कुछ ग़ैर–धार्मिक–साहित्य से सम्बद्ध रचनाएँ भी हैं। जैसे कि, उदाहरण के लिए, *बाग़–ओ–बहार* और *गुलिस्तान* के उर्दू में रोमनाइज़्ड (romanised) संस्करण।[220] इसके अलावा, *बाग़–ओ–बहार* का एक नया रोमनीकृत संस्करण (श्रीमान मोनिएर विल्लिअम्स द्वारा समीक्षित) फ़िलहाल प्रेस में है। साथ ही, भारतीय रचनाओं में मास्टरपीस, *प्रेम–सागर* का एक रोमनीकृत संस्करण है जिसकी रचना श्रीमान ईस्टविक (Ed. B. Eastwick) ने की है। इस व्यक्ति ने इसी पुस्तक का देवनागरी अक्षरों में एक संस्करण और एक उत्कृष्ट अनुवाद भी तैयार किया है। अन्ततः, मेरे ज्ञानी छात्र, एबो बेरत्रो (Abbot Bertrand) ने भी *कामरूप* के टेक्स्ट का एक रोमनीकृत संस्करण तैयार किया है। यह रचना उन लोगों की सहायता करेगी, जो भारतीय लिपि सीखने की ज़हमत उठाये बिना मेरी कक्षा करना चाहते हैं। इस रचना से वह इस कविता की व्याख्या समझ सकते हैं।

रोमनीकृत परिपाटी के लिहाज़ से लिखित प्रारम्भिक रचनाएँ भी प्रकाशित हुई हैं। इस श्रेणी में मैं सबसे पहले ज़िक्र करूँगा Easy introduction to the study of the hindustani नामक रचना का। विल्लिअम्स और माथेर इसके लेखक हैं। इस पुस्तक में व्याकरण के अलावा कुछ चुने हुए पद्यांश हैं, एक शब्दकोश और वार्तालाप[221] भी हैं। हमारे पास पहले से मौजूद हैं निम्न रचनाएँ : लैटिन अक्षरों में, रोसारियो, थोम्प्सन और नथानियेल ब्रिस के शब्दकोश; व कई प्रारम्भिक रचनाएँ, जैसे Student's Assistant, Hindustani Reader, आदि। अन्ततः, प्रोफ़ेसर डी. फोर्ब्स के शब्दकोश का एक रोमनीकृत संस्करण तैयार किया जा रहा था; एवं इसी शब्दकोश का एक रोमनीकृत संक्षेपण भी। यह भी घोषणा की गयी है कि इंगलिस्तान की महारानी ने मेडलों के ऊपर, और दूसरे अभिलेखों में फ़ारसी लिपि के परोक्ष प्रयोग पर पाबन्दी लगा दी है।[222] इसके अलावा, बनारस ज़िले के भूतपूर्व कमिश्नर श्रीमान टकर,

जो एक विचारवान व्यक्ति हैं, और फ़िलहाल Christian vernacular Education Society के सेक्रेटरी के पद पर है (जिसका मैंने पहले ज़िक्र किया है), वह लार्ड स्टैनले के समान ही, आग्रह करते हैं कि सरकारी ग़ज़ट और नियम–क़ानून फ़ारसी अक्षरों के बजाय लैटिन अक्षरों में छपवाये जायें। साथ ही, भारतीयों को अदालतों और सरकारी दफ़्तरों में अपने पेटीशन और अन्य दस्तावेज़ हिन्दुस्तानी भाषा में (लेकिन रोमन अक्षरों में), पेश कर सकने का मौक़ा दिया जाये।

जैसा कि आप देख रहे हैं, भारतीय वर्णमाला त्यागने की यह प्रवृत्ति काफ़ी सुस्पष्ट है। नये सिस्टम में निस्सन्देह असुविधाएँ हैं, लेकिन इसमें लाभ भी हैं। मेरे अनुसार, इसे स्वीकारने के पक्ष में वह एक बात जो सबसे अधिक जाती है, वह यह है कि हिन्दुस्तानी लिखने के लिए एक समान (uniform) वर्णमाला नहीं है; चूँकि वह लोगों के स्थान और अभिरुचि के अनुसार (फ़ारसी, शास्तरिस या देवनागरी अक्षरों के भिन्न रूपों में) लिखी जाती है। वैसे, फ़ारसी अक्षर भारतीय भाषा के लिए उतने ही विदेशी हैं जितने लैटिन अक्षर, और भारतीय अक्षर फ़ारसी या अरबी मूल के शब्दों को हमारे अक्षरों से बेहतर नहीं ज़ाहिर कर पाते।

भारत और इंगलिस्तान में जो रोमनीकरण (romanisant) आन्दोलन प्रकट हुआ उसका फ़्रांस में भी प्रभाव दिखा। कला और विज्ञान में निपुण एक व्यक्ति ने, जो साथ ही साथ कवि और विद्वान भी है Fleurs de l'Inde ('भारत के फूल') शीर्षक से, रामायण के एक एपिसोड का (और अन्य हिस्सों का) सुन्दर अनुवाद फ़्रांसीसी पद्यों में किया है। उसने अपने अनुवाद के साथ, बहुत ही सटीक ट्रांसक्रिप्शन सिस्टम के अनुसार, लैटिन अक्षरों में मूल पाठ भी उपलब्ध किया है। इस प्रकाशन के द्वारा, तथा अपने "Orientalisme rendu classique" (क्लासिक प्राच्यवाद : अनु.) के ज़रिये, उसका प्रशंसनीय उद्देश्य है कि फ़्रांस में प्राच्य भाषाओं (विशेषकर संस्कृत) के अध्ययन को बढ़ावा दिया जाये। ताकि, न सिर्फ़ पेरिस में इस प्रकार का अध्ययन हो, लेकिन प्रान्तों के मुख्य शहरों में भी; जैसे कि लोरेन की पुरानी राजधानी (उसका पैतृक शहर) में। इसकी प्रेरणा से एक उत्कृष्ट कार्य

सामने आया है–फ़िलहाल वहाँ रोमन अक्षरों में एक संस्कृत व्याकरण प्रकाशित की जा रही है, जिसके बाद जल्द ही इन्हीं अक्षरों में एक संस्कृत शब्दकोश भी प्रकाशित होगा।

सदी के शुरुआत से प्राच्य साहित्य को सिंचित करने वाले एक अति–विशिष्ट विद्वान की हाल में मृत्यु हुई है। वह हिन्दुस्तान की भाषा को लिखने के लिए लैटिन वर्णमाला अपनाने के बिल्कुल विरुद्ध थे। मैं जॉन शेक्सपियर की बात करना चाहता हूँ; वह मेरे हिन्दुस्तानी के शिक्षक थे, जैसे अरबी और फ़ारसी के लिए मेरे शिक्षक प्रसिद्ध सिल्वेस्त्र द सासी थे।

जॉन शेक्सपियर का जन्म 14 अगस्त 1774 में, लिसेस्टर काउंटी के Staunton-Herald में हुआ था, जहाँ उसके पैतृक पूर्वज कई सदियों से रहते आये थे। उनका यह पारम्परिक विश्वास था कि वह इसी नाम के महान अंग्रेज़ कवि (विलियम शेक्सपियर : अनु.) के परिवार से थे, लेकिन जिसका जन्म, जैसा कि हम जानते हैं, हार्विकशायर के निकटवर्ती काउंटी Stratford on Avon में हुआ था। इसलिए, वह विलियम शेक्सपियर के वंशज नहीं थे, और वह उसके नाम के आख़िरी वारिस कतई नहीं थे, जैसा कि कुछ अख़बारों ने कहा है (चूँकि इस प्रसिद्ध ट्रेजेडी लेखक ने कोई पुरुष सन्तान अपने पीछे नहीं छोड़ी)।

जॉन शेक्सपियर ने काफ़ी समय प्राच्य भाषाओं और विशेषकर, अरबी, फ़ारसी और हिन्दुस्तानी के अध्ययन में लगाया। 1805 में, वह नौसेना मिलिट्री कॉलेज के प्रोफ़ेसर नामित हुए। यह पद समाप्त किये जाने पर वह एडिसकोंब (Addiscombe) के ईस्ट इंडिया कम्पनी के मिलिट्री कॉलेज के प्रोफ़ेसर नियुक्त हुए। यह पदभार उन्होंने 1832 तक सँभाला। तदुपरान्त, उनकी जगह सँभाली रिचर्ड हॉटन ने (जो इस विद्यालय के छात्र और हमारे संस्थान के सदस्य सर ग्रेव्स के भाई हैं)। तत्पश्चात, उसकी बहन के पुत्र, श्रीमान बाउल्स ने यह जगह ली, और अन्ततः कर्नल रोलैंडसन ने यह पद सँभाला। वह वर्तमान में इस चेयर पर नियुक्त है। रॉयल एशियाटिक सोसाइटी की स्थापना के समय उन्हें पुस्तकालयाध्यक्ष बनाया गया; इस पद का निर्वहन उन्होंने अपनी मृत्यु पर्यन्त किया।

वह 1829 में पेरिस पहुँचे और इस वर्ष जाड़े की मेरी कक्षा के आरम्भ में मौजूद थे। मुझे श्रीमान सिल्वेस्त्र द सासी से उनका व्यक्तिगत परिचय करवाने का सन्तोष प्राप्त हुआ। श्रीमान सासी उन्हें उनकी रचनाओं द्वारा पहले से ही जानते थे, और उसकी विद्वत्ता की प्रशंसा करते थे। हम साथ में उनके एकमात्र भाई की क़ब्र पर आर्जोंती (Argenteuil) शहर के क़ब्रगाह गये। वह ब्रिटिश सेनाओं के *डिप्टी असिस्टेंट कमिसरी जनरल* थे, जो घोड़े से गिरने की दुर्घटना में 20 सितम्बर 1815 को मृत्यु को प्राप्त हुए (जैसा कि संगमरमर की स्मारक पर खुदे अंग्रेज़ी शिलालेख में हम पढ़ सकते हैं)। जे. शेक्सपियर सिर्फ़ इस एक दफे ही पेरिस आये थे, और मुख्यतः इंग्लैंड में ही मैं उनसे मौखिक चर्चाएँ करता था।

उनका पहला प्रकाशन स्पेनी अरबों का (अरबी से अनूदित) एक इतिहास था। यह रचना 1816 में, "The arabian Antiquities of Spain" में, जे.सी. मर्फी के द्वारा लन्दन से, in-4° फॉर्मेट में प्रकाशित हुई। फिर उन्होंने निम्न रचनाएँ प्रकाशित कीं : अपने व्याकरण के भिन्न संस्करण; अपने Hindustani selections के कई संस्करण; अपने शब्दकोश और Introduction à l'étude de l'hindustani ('हिन्दुस्तानी के अध्ययन का परिचय' : अनु.) के भी संस्करण। वह अविवाहित थे; Langley Priory, Ashby de la Zouche नामक स्थान में (जिस भूखण्ड को कुछ वर्षों पहले ही उन्होंने ख़रीदा था) उनकी मृत्यु 10 जून 1858 को चौरासी साल की आयु में हुई। जैसा कि बताते हैं, उन्होंने अपने पीछे लगभग 250,000 पौंड (6,250,000 फ्रैंक) की सम्पत्ति छोड़ी है। यह जानना भी रोचक है कि उन्होंने अपने वसीयत में से 2,500 पौंड (62,500 फ्रैंक) की रकम Stratfort onAvon के उस मकान के पुनरुद्धार और रखरखाव के लिए रखी है, जिसमे महान शेक्सपियर का जन्म हुआ था। अपने जीवनकाल में ही वह, इसी उद्देश्य के लिए, इतनी ही रकम दे चुके थे। इस दफे वह स्पष्ट रूप से निर्देश देते हैं, कि उनकी वसीयत को अमल में लाने वाले व्यक्तिगण, एवन के इस कवि (विलियम शेक्सपियर) के मकान के संचालकों से मिलकर,

वहाँ "शेक्सपियर म्यूज़ियम" का निर्माण करें। साथ ही, उन्होंने 60 पौंड (1,500 फ्रैंक) का सालाना भुगतान मकान–प्रभारी के मेहनताने तथा एक एल्बम के लिए रखा है (आगन्तुक जिसमें, छन्द या गद्य में, सन्देश के साथ अपना नाम लिख सकते हैं)।

जो अकूत सम्पत्ति इस विद्वान प्राच्यवादी ने छोड़ी है, वह मुख्यतः उनके हिन्दुस्तान की भाषा पर आरम्भिक रचनाओं और मुख्यतः उनके शब्दकोश (जिसके कई हज़ार प्रतियों में चार संस्करण छपे) की अद्भुत सफलता की वजह से है। यह हिन्दुस्तानी के बढ़ते महत्त्व और स्वीकृति का सबूत है, और इंग्लैंड व भारत में इसके अध्ययन में ली जा रही रुचि का भी; चूँकि, जे. शेक्सपियर की रचनाएँ, बहुत महँगी होने के अलावा, अपनी श्रेणी में एकमात्र नहीं हैं। इसी क़िस्म की अन्य रचनाएँ भी हैं जिन्हें भी शेक्सपियर की रचनाओं के साथ–साथ अपार सफलता मिली है।

इसलिए, आइये हम भारत की सुन्दर आधुनिक भाषा का अध्ययन करते हैं। शेक्सपियर ने अपने व्याकरण के एपिग्राफ़ में, हसन के जो दो छन्द दिये हैं, उसे याद करते हैं। हमारे सन्दर्भ में इसका विशेष अर्थ यह रहा :

> "वह समझदार युवाजन जो भारत की तरफ़ रुख़ कर रहे हैं, उन्हें यह भाषा सीखनी चाहिए; इस तरह वह ज़्यादा आसानी से प्रगति कर सकते हैं और नाम कमा सकते हैं। जो लोग सार्वजनिक मामलों में संलग्न हैं, वह इस जानकारी को बहुत महत्त्व देते हैं; चूँकि यह उन्हें एक सम्मानजनक पद सुनिश्चित करता है।"[223]

भारत में महिला कवि : 1854

भारत में कई महिला–कवि हो चुकी हैं, और वर्तमान समय में भी वे मौजूद हैं–न सिर्फ़ हिन्दुओं में, बल्कि मुसलमानों में भी। प्राचीन भारत या संस्कृत भारत की चर्चा न भी करें, तो भी हम आधुनिक भारत में अति–अद्भुत प्रतिभा वाली कुछ महिला कवि पाते हैं जिनका अपने देशवासियों में बहुत रुतबा रहा है–उस आधुनिक भारत में जिसकी सबसे आम भाषा को ठीक–ठीक तौर पर *भारतीय* (indienne) बुलाया जाता है। वास्तव में, अनेक *बेगमों* ने अपने *ज़नाने* के अन्दर से या अपने *हरम* से जनता के बीच मोहक पद्य प्रस्तुत किये हैं, जिन्हें लोगों ने दुहराया है और जो सार्वजनिक स्थलों में तथा बाज़ारों में गाये गये हैं।

मीराबाई आधुनिक समय के सबसे पुराने भारतीय महिला कवियों में से एक है और निस्सन्देह वह महिला कवियों की इस श्रेणी में प्रमुख है। वह एक राजा की पुत्री और एक राजा की पत्नी थी तथा उसने एक हिन्दू सम्प्रदाय की शुरुआत की, जो आज भी अस्तित्व में है और जो उसी के नाम से जाना जाता है। *भक्तमाल*, या "हिन्दू सन्तों का जीवन" हमें उसकी कथा का विवरण देता है, जिसमें सिर्फ़ एक निश्चित तारीख़ की कमी है। उसकी कविताएँ ऐसे भजन हैं जिनका बल उनकी भक्ति में है, जिनमे कठिन तप की बात नहीं की गयी है, और यह भजन उसके विचारों को मानने वाले गाते हैं।

एक प्रसिद्ध गीत बताता है कि "कृष्ण–भक्ति में समर्पित होने हेतु मीरा ने हर सांसारिक वस्तु और सभी पारिवारिक रिश्तों का त्याग कर दिया।

हालाँकि वह कलयुग में रहती थी, तथापि उसने कृष्ण के लिए गोपियों जैसे सच्चे प्रेम का परिचय दिया। बिना किसी प्रोत्साहन के, वह आध्यात्मिक स्वतन्त्रता से अपने प्रभु की कीर्ति गाती थी। दुष्टों ने उसके ख़िलाफ़ षड्यन्त्र रचा, वह उसे मारना चाहते थेय लेकिन उनके प्रयास व्यर्थ हुए : जो ज़हर उसने पीया वह अमृत में बदल गया।"

मीरा की प्रसिद्ध जीवनी इस लोकप्रिय गीत का विस्तार ही है। इस गीत से हमें पता चलता है कि अपने बचपन से ही मीरा, अपने माँ के घर में कृष्ण की मूरत के सामने अपनी विशेष पूजा करती थी; कृष्ण के प्रति उसने अपने प्रेम को स्वीकार किया। जब उसका विवाह करा दिया गया और अपने पति का साथ निभाने के लिए उसने अपना पैतृक निवास त्यागा, तब वह अपनी प्यारी मूर्ति साथ ले जाना चाहती थी। उसकी माँ इसके लिए राजी हो गयी और उसकी डोली में उसके बक्से के साथ मूर्ति को रख दिया गया। उसकी सास संगीत वाद्यों की धुन पर गाती उसके स्वागत को आयी, और वह मीरा को देवी दुर्गा के मन्दिर में पूजा करने के लिए ले गयी; पर मीरा ने प्रार्थना से इनकार कर दिया, यह कहकर कि वह कृष्ण के सिवाय किसी के समक्ष सर नहीं झुकायेगी। इस मौक़े पर जो पद्य उसने कहे उनका भावार्थ यह रहा :

> "जो कृष्ण का नाम मैं कम लूँ, मेरी जिह्वा उखाड़ लेना; क्यूँकि मेरे ज्ञान का स्रोत वही हैं। प्रेम में लीन हृदय प्रभु के चरणों में अन्ततः मनोवांछित फल पाता है।"

अपनी सास के अनुनय–विनय के बावजूद, मीरा ने पूजा नहीं की। उसका पति राजा रुष्ट हो गया और उसे अपने महल में प्रवेश नहीं दिया, बल्कि उसे एक विशेष निवास में रखा। मीरा सन्तुष्ट थी तथा अधिक मनोयोग से कृष्ण–भक्ति में ख़ुद को उसने रमा लिया। यह भक्ति जो उसके द्वारा अपनाये *साध* (पवित्र) मत के नये सिद्धान्तों के अनुरूप थी। उसकी ननद उसे सलाह देने आयी। उसने कहा, "बहन, अगर तुम साधों के पास जाती रही तो तुम्हारे दोनों परिवार अपमानित होंगे। संसार तुम्हारे ससुर और पिता दोनों का मज़ाक़ बनायेगा।"

मीरा ने उत्तर दिया, "मैं अब ख़ुद को साधों से दूर नहीं कर सकती; वह मेरे जीवन से जुड़े हुए हैं।" इस उत्तर से क्रोधित राजा ने एक कड़े विष का प्याला उसे भिजवाया। मीरा बिना आपत्ति के वह पी गयी, और विष उसका कुछ ना बिगाड़ सका। इस विषय पर भारतीय कथावाचक एक दोहे का ज़िक्र करता है, जिसका अनुवाद यह रहा : "विष सदा विष नहीं होता और अमृत सदा अमृत नहीं होता। ईश्वर की इच्छा से, कभी–कभी विष अमृत बन जाता है और अमृत विष।"

असफल राजा ने उस पर कड़ा पहरा बिठा दिया। एक दिन जब कृष्ण मीरा के समक्ष प्रस्तुत हुए, तब उसकी ताक में लगे गुप्तचर ने राजा तक यह ख़बर पहुँचा दी। राजा भागा–भागा पहुँचा। अपनी तलवार निकाल उसने दरवाज़ा तोड़ा और अन्दर प्रवेश कर गया, मगर उसने मीरा को अकेला ही पाया। वह बुरी तरह चकरा गया, फिर अपने महल में लौट आया।

मीरा ने अन्ततः स्वयं को राजा से बिल्कुल अलग कर लिया, और यहाँ तक कि राज्य भी छोड़ दिया। वह द्वारिका में रहने लगी, जहाँ वह सदा कृष्ण के मन्दिर में रहती थी, और जहाँ वह कई पद्य–छन्द गाती थी; इनमें से निम्न का ही मैं ज़िक्र करूँगा :

> "हे मित्र, चूँकि आप मेरे प्रेम से परिचित हैं, तो उसे स्वीकार करें। मुझे आपके ख़ुद के अलावे कोई अनुग्रह न दें; मुझे बस इसी की कामना है। दिन की भूख और रात्रि की अनिंद्रा की वजह से मेरा शरीर दिन प्रतिदिन कमज़ोर होता जाता है। हे मनोहर कृष्ण, जब आपने ही मुझे स्वयं के पास बुलाया, फिर मेरा परित्याग न करें।"

अन्ततः, अजमेर के मेड़ता के राजा, यानी मीरा के पति का हृदय–परिवर्तन हुआ, और इस अद्भुत महिला के प्रति उसे अपनी ग़लतियों का अहसास हुआ।

एक और महिला कवि जो मीराबाई के समान ही धार्मिक थी, वह है जनाबाई; वह मूलतः दासी थी और वह प्रसिद्ध हिन्दू सन्त नामदेव से सम्बद्ध थी। नामदेव ने ही जनाबाई का काव्य से और

साधों के नये सिद्धान्तों से परिचय कराया; और उसके ही मार्गदर्शन में जनाबाई ने भजन और अन्य धार्मिक गीत रचे। नामदेव के बारे में कई अद्‌भुत कथाएँ कही जाती हैं। उसका जन्म चमत्कारिक था : उसके बुजुर्गों ने उसकी माता को, जो कि बहुत छोटी आयु में ही विधवा हो गयी थी, विष्णु की सेवा में लगाया, और वह प्रभु की इच्छा से गर्भवती हो गयी। जब नामदेव बालक था तभी अपने मित्रों के साथ पूजा और अन्य धार्मिक कार्यों की नक़ल कर अपना मनबहलाव करता था। वह चाहता था कि उसके दादा, जो कि एक मन्दिर में पुजारी थे अपनी ज़िम्मेदारी उसे सौंप दें। एक बार जब दादा जी तीन दिन अनुपस्थित रहने को बाध्य हो गये, तब अपने पोते के अनुनयों को मानकर उन्होंने उसे निर्देश दिया कि प्रत्येक सन्ध्या मूर्ति को मीठा दूध पिलाये–यानी कि उन्हें मीठा दूध प्रस्तुत करे। बच्चे ने इस निर्देश को शब्दशः लिया। पहले और दूसरे दिवस मूर्ती ने दूध नहीं पिया, और बच्चे को इससे आश्चर्य हुआ। लेकिन जब तीसरा दिन आ चुका और मूर्ति फिर भी दूध नहीं पीती थी, तब उसे लगा कि यह उसकी वजह से हो रहा है, और वह अपना चाकू निकाल अपनी गर्दन काटने जा ही रहा था कि विष्णु ने अपने हाथों से वह प्याला लेकर दूध पी लिया। दादा ने लौटने पर नामदेव से पूछा कि उसने प्रभु की सेवा कैसे निभायी। बालक ने भोलेपन से जवाब दिया : "दादा जी, आप मूर्ति को यह बताना भूल गये थे कि उन्हें दूध मैं प्रस्तुत करूँगा; इसलिए उन्होंने मुझे पहचाना नहीं, और तीसरे दिन जाकर ही, जब हताश होकर मैं ख़ुद को समाप्त करने जा रहा था तब वह दूध पीने को तैयार हुए।"

नामदेव से जुड़े अनेक चमत्कारों में से मैं सिर्फ़ इसी की चर्चा करूँगा, जिससे कि सांसारिक वस्तुओं से उनका निर्मोह साबित होता है। बीजापुर के राजा ने उनके चमत्कारों के बारे में सुनकर उन्हें अपने पास बुलाया और चमत्कार करने का आदेश दिया। नामदेव ने उत्तर दिया कि "अगर मेरे पास यह शक्ति होती तो मैं ख़ुद को यहाँ लाये जाने से रोक लेता।" राजा क्रुद्ध हुआ और उसे शान्त करने के लिए

सन्त को एक गाय पुनर्जीवित करनी पड़ी। चमत्कृत राजा ने उन्हें अनेक गाँव और काफ़ी ज़मीन दी। नामदेव ने यह सब अस्वीकार कर दिया, लेकिन अन्त में जवाहरातों से सजी एक छोटी शय्या स्वीकार की। हालाँकि, अपने घर लौटते वक़्त उन्होंने इसे एक नदी में फेंक दिया। राजा को यह पता चला और उसने इच्छा ज़ाहिर की कि सन्त उसे वह वापस लौटा दें; तब नामदेव ने नदी से इस प्रकार की कई वस्तुएँ निकालीं और उन्हें किनारे पर रखते हुए पूछा कि इनमें से जो उसकी हो वह ढूँढ़ ले। यह देखकर राजा सन्त के चरणों में गिर पड़ा और उनसे कहा कि वो जो भी चाहते हैं वह उन्हें देने को तैयार है। "मैं तुमसे यही चाहता हूँ कि मुझे अब अपने पास मत बुलाना और साधों को अब परेशान मत करना।"

एक और उल्लेखनीय महिला है जो अपनी काव्यात्मक प्रतिभा और भक्ति दोनों के लिए मीराबाई के समतुल्य है–वह है कर्माबाई। उसके भजन सिखों के बृहद् प्रामाणिक संकलन, *संभु–ग्रन्थ* का हिस्सा हैं। अन्ततः, उसी काल से एक और महिला–कवि हैं रत्नावती। वह एक हिन्दू राजा की प्रिय पत्नी थी, जिसे शेरशाह ने हराया था व जिसके आदेश पर उसकी हत्या कर दी गयी थी। इस वीर राजा ने अपने खेमे में ख़ुद को घिरा हुआ पाया, और यह समझ गया कि उसकी हत्या कर दी जायेगी। तब वह अपनी सुन्दर और आध्यात्मिक सहचरी की, आत्मसमर्पण करने से पहले, ईर्ष्यावश हत्या कर देता है। लेकिन क्रुद्ध शेरशाह सिर्फ़ उसे ख़त्म करके सन्तुष्ट नहीं होता, वह आदेश देता है कि उसके तीनों पुत्रों को हिजड़ा बना दिया जाये और उसकी बेटी नटों को सौंप दी जाये। यह सब साल 1528 के आसपास घटित हुआ।

आधुनिक काल में मुख्यतः मुसलमान महिलाओं ने ही भारतीय काव्य को सिंचित किया है। प्रसंगवश यह ज़िक्र करना उचित ही होगा कि अगर हम यह मानकर चलें कि मुसलमान महिलाएँ सिर्फ़ अपने रूप के प्रति ही व्यस्त हैं, कि वह मात्र अपने पति को दैहिक सुख देने में ही प्रयासरत हैं, और अपने सौन्दर्य को निखारने में ही

लगी रहती हैं तो उनकी काफ़ी ग़लत छवि हमारे दिमाग़ में बनेगी : जैसा कि लेडी मोंतागु (Montagu) के वर्णन से प्रतीत होता है।[224] निस्सन्देह इनमें से कुछेक की जीवन शैली ऐसी है; लेकिन, हम उनमें कई ऐसी महिलाएँ भी पाते हैं जो अपना बौद्धिक विकास करती हैं और जो न सिर्फ़ संगीत बल्कि साहित्य को भी सिंचित करती हैं। यह नहीं भूलना चाहिए कि मुस्लिम भारत में कई मल्लिकाएँ ऐसी हुई हैं जो अपनी योग्यता के लिए वहाँ के कई प्रसिद्ध बादशाहों के समान चर्चित रही हैं। वास्तव में, भारत की मुसलमान स्त्रियों को ज्ञानार्जन करने के लिहाज़ से मुस्लिम प्राच्य की कई अन्य स्त्रियों से अधिक सुविधा है। उनके पास अरबियों और फ़ारसियों की धार्मिक और ग़ैर–धार्मिक साहित्य की मुख्य रचनाओं के अनुवाद उपलब्ध हैं। अख़बार तक आजकल उनके ज़नाना–कक्ष के अन्दर तक पहुँचते हैं; चूँकि भारत में आम भाषा में लिखित अनेक सामयिक पत्र हैं, और इनके रचनाकार उनको मिली आज़ादी का इस्तेमाल सरकार की आलोचना करने के लिए कम (हालाँकि, ऐसी आलोचना वह, कभी–कभी करते भी हैं) और भारतीय जनता में उपयोगी जानकारी के प्रसार के लिए ज़्यादा करते हैं। वह पुराने भारतीय पूर्वाग्रहों के ख़िलाफ़, महिलाओं की शिक्षा और पुरुषों की शिक्षा की भी वकालत करने के लिए इस आज़ादी का अधिक उपयोग करते हैं। इस तरह वह भारत को क्रिश्चियनाइज़ कर रहे हैं (इस शब्द के सही अर्थों में), बिना उसे क्रिश्चियन बनाये।

भारतीय मुस्लिम महिलाएँ कुरआन पढ़ सकती हैं क्योंकि उनकी प्रचलित भाषा में इसके कई अनुवाद हुए हैं। तुर्की की महिलाएँ इस सुविधा से वंचित हैं, चूँकि वह कुरआन को सिर्फ़ अरबी में पढ़ सकती हैं, जो कि वह विरले ही जानती हैं। भारतीय मुस्लिम महिलाएँ अपनी धार्मिक भावनाओं को प्रोत्साहित करने के लिए और काव्य के लिए अपनी अभिरुचि विकसित करने के लिए भी अपने हरम के अन्दर ही एक विशेष उत्सव आयोजित करती हैं। यह हुसैन का उत्सव है, जो कि दस दिनों तक चलता है, जिसके दौरान लोग मुहम्मद के पोते की

शहादत की कहानी सुनने और उनके सम्मान में *मर्सिया* या शोक–गीत गाने के लिए इकट्ठे होते हैं। इन धर्म–गीतों के आम भाषा में अनेक संकलन हैं; महिलाएँ स्वयं ही इनकी रचना करती हैं और हमेशा ही चाव से इन्हें गाती हैं। इनमें से एक प्रसिद्ध शोक–गीत यह है :

> "तुम्हारी मौत पर ज़मीन और आसमान रोये; मन और हृदय टूट गये; ख़ुद आत्मा ने आसूँ बहाये।"
>
> "हे हुसैन, अली के पुत्र! तुम्हारी गहन प्यास की याद में पहाड़ों का सीना फट पड़ा और उससे अपार जल–प्रवाह हुआ।"
>
> "इस रहस्यमय शब्द : *कुन फाया कुन*, से बनी दुनिया, एक शरीर के भाँति है, तुम जिसकी आत्मा हो; इसलिए यह तुम्हारे दुःख की याद में आँसुओं में पिघलता है।"
>
> "आह! हम धरती के वाशिन्दे कैसे न ग़मगीन हो जब फ़रिश्ते रिज़वान ने अपना माथा पीटा और जन्नत का बाग़ आँसुओं में भीग गया।"
>
> "हमारी आँखों से सिर्फ़ आँसू ही नहीं, बल्कि हमारे दिल का लहू बह रहा है, इस दुख की याद में, जिसने आसमान के वाशिन्दों को भी मुश्किल में डाल दिया।"
>
> "आदम, नोए, अब्राहम (ईश्वर का मित्र), मोसेस, जीसस, सभी दुखी हुए; नश्वर जीवन के रहस्यों के रखवाले गेब्रियल ने भी आँसू बहाये।"
>
> "मुहम्मद के परिवार के सदस्यों ने इस कदर दुख की आहें भरी कि पत्थर भी पिघल गये और सभी प्राणी रो पड़े।"
>
> "मुहम्मद के महान परिवार के शोक के बारे में क्या कहें! जिन रेगिस्तानों की ज़मीन को जलता सूरज सुखा चुका है, वह भी आँसुओं से भीग रहे हैं; सबसे ऊँचे पहाड़ भी आँसुओं में डूब रहे हैं।"

लेकिन मुस्लिम महिलाएँ केवल शोक–गीत गाकर या उनकी रचना करने से ही सन्तुष्ट नहीं हैं, वह कभी–कभी पूरी तरह से काव्य के मैदान में आ जाती हैं; वह ग़ज़ल और अन्य काव्य रचती हैं,

और इन्हें जनता के समक्ष लाती हैं। इनमें से मैं निम्न महिलाओं का ज़िक्र कर सकता हूँ :

दुल्हन–बेगम, जो अवध के प्रसिद्ध नवाब आसफुद्दौला की पत्नी है। यह नवाब अपनी पत्नी के समान ही बख़ूबी हिन्दुस्तानी काव्य को सिंचित करता है। दुल्हन–बेगम मुख्यतः शोक–गीतों की शैली को समर्पित है जो कि उसकी तबियत के अनुरूप है। उसके कुछ पद्यों का अनुवाद देखिये :

> "मैं दुनिया के बाग़ का गहना हूँ; लेकिन ट्यूलिप फूल की तरह मैं अपने सीने में एक जख़्म छुपाये हूँ, जिसके दाग़ गहरे हैं।"
>
> "ख़ून और पानी भर आया मेरी आँखों में, जहाँ से वह अपार आँसुओं में बहता है।"
>
> "मेरे सन्तप्त शरीर की ख़बर मुझसे क्या पूछते हो? मेरे हरेक नस में ग़म का नश्तर लगा है, मुझे पता भी नहीं कैसे और क्यूँ।"
>
> "ज़िन्दगी मेरे दिल से इस तरह जुदा होती है जैसे अँधेरे में इक कारवां चलता हो।"

एक अन्य महिला लेखिका है गन्ना–बेगम, जो कि अहमद शाह के एक वज़ीर की पत्नी है। वह जितनी ख़ूबसूरत है उतने ही उसके ख़याल भी सुन्दर हैं, जो उसने मुख्यतः अपनी चतुर व्यंग्य–उक्तियों में इस्तेमाल किये हैं। वह न सिर्फ़ अपने ख़यालों से विशिष्ट है, बल्कि अपने बृहद् अध्ययन और असामान्य क्षमता से भी। उसने शायरी की शिक्षा अपने समय में दिल्ली में रहने वाले बेहतरीन शायरों से प्राप्त की, जैसे : सौदा, सोज़ और मिन्नत। उसकी शायरी इन शायरों की शायरी से मिलती–जुलती है और भारतीयों के द्वारा बहुत सम्मानित है।

दिलबर, जिसका उपनाम *छोटी बेगम* है, ने समकालीन शायरों में अच्छा नाम कमाया है। एक भारतीय जीवनी में उसकी चर्चा इन शब्दों में की गयी है : "वह सुन्दर, ख़ुशमिज़ाज, बहुत मनोहर है; उसका व्यवहार प्यारा है, मेसी (Messie) की साँसों के समान जिसकी ख़ुशबू ग़म दूर कर देती है। उसका चेहरा सूरज के समान तेजोमय

और चाँद के समान शीतल है, उसका बदन चाँदी के समान गोरा है। कहते हैं कि उसकी ठोड़ी नाज़ुक है। उसका पहनावा आलीशान है, उसकी चाल सुन्दर है, और उसकी बोली सुरीली। इसका अलावे मैं क्या कहूँ? उसकी विशिष्ट सुन्दरता और उसकी अद्‌भुत वाक्–कला, इन दोनों का अधिक वर्णन करना सम्भव नहीं।"

चन्दा, जिसे *माह–लिसा* (चन्द्रमुखी) भी कहते हैं, हैदराबाद की एक मलिका है।[225] इसकी रूमानी शायरी साफो (प्राचीन ग्रीस की महिला कवि Sappho : अनु.) की शायरी की याद दिलाती है। उसकी शायरी को हम निम्न उदाहरणों से परख सकते हैं :

> "किसी दिलकश नज़र के जाम में अपने दिल को डुबोकर,
> मैं भटकती हूँ, ख़ुद से बेगानी, जैसे कोई शराबी।"
>
> "तुम्हारी सुलगती नज़रें सब कुछ जला देती हैं; तुम्हारे शोले से रोशन चेहरे ने मेरे दिल को राख कर दिया..."
>
> "तुम्हारे चेहरे पर नज़र पड़ते ही मेरी रूह मचल जाती है,
> मेरा दिल ज़ोर से धड़कने लगता है।"
>
> "चन्दा की यही तमन्ना है कि दोनों ज़हान में तुम उसे अपने साथ रखो, उसका दिल इतना नाज़ुक है।"

अन्ततः, भारत की महिला कवियों में कुछ सामान्य नर्तकियाँ भी हैं, जैसे दिल्ली की मोती, जो कि मकतुल की प्रेयसी है। मकतुल विशिष्ट हिन्दुस्तानी शायर है और ख़ुद भी सुन्दर और रूहानी ग़ज़लों का लेखक है। फ़र्रुख़ाबाद से है जान या *जान–साहिब*। मौलिक जीवनीकार बताते हैं कि वह बचपन से ही संगीत और साहित्य में लगी हुई थी। उसने फ़ारसी सीखी और अन्य रचनाओं के अलावा *गुलिस्तान, बोस्तान* और *बहार–दानिश* पढ़ा। उसने 1847 में, छब्बीस से सत्ताईस साल की उम्र में, एक दीवान या अपनी शायरी का संकलन छपवाया, जो कि भारत के समकालीन बुद्धिजीवियों के बीच तेज़ी से लोकप्रिय हुआ, ख़ासतौर से लखनऊ में जहाँ वह फ़िलहाल रहती है। उसकी शायरी की विशिष्टता उसकी नज़ाकत है और उसके व्यंग्य की चतुराई और सूक्ष्मता।

लेकिन महिला–कवियों की इस आख़िरी श्रेणी में सबसे विशिष्ट है दिल्ली की ज़ीनत। वह अपनी काव्यात्मक प्रतिभा के लिए भी उतनी ही प्रसिद्ध है जितनी मीर मुस्तहसन खलिक के साथ उसके प्रेम के लिए। खलिक आधुनिक भारत के सबसे विशिष्ट शायरों में से एक मीर हसन का पुत्र है, जो कि *सिहर उल्बयान* का लेखक है। मुख्यतः उसके एक ग़ज़ल का उद्धरण लिया जाता है जिसमें वह अपने प्रेमी से उस वक़्त मुख़ातिब है, जब वह फ़ौज में जाने के लिए उससे जुदा हो रहा है। इसका अनुवाद यह रहा :

> "प्रेमी अपनी प्रेयसी की गली से दूर नहीं जाते, लेकिन जब लोग मुझे चाहते हैं और प्यार करते हैं, तब, तुम ही, इतनी नाइंसाफ़ी से मुझसे पेश आते हो।"
>
> "अगर तुम मुझे एक पल भी छोड़ के जाते हो, जैसा कि तुम्हें करना पड़ेगा, क्या तब मैं तुम्हारी वफ़ा पर शुबहा कर सकती हूँ?"
>
> "मेरी दर्दभरी आहें आसमान तक उठती हैं; लेकिन वह मगरूर अमीर जिसने मेरा दिल चुराया क्या वह इन्हें सुन सकेगा?"
>
> "जब साकी मेरा प्याला सुर्ख़ शराब से भरता है, और हवा का झोंका माहौल को ताज़ा कर देता है, नशा मेरी नज़रों को जल्द ढक लेता है।"
>
> "मेरा हाल देखकर गुलाब, घबराकर पूछता है कि क्यों, जबकि मैं पूरे होश में हूँ, मैं दोष देती हूँ उस हलकी थकान को जो मुझे मेरी मदहोशी की याद दिलाती है।"
>
> "इन गालों के गड्ढे मेरे लिए मौत का सन्देश वाहक हैं; लेकिन जो प्यार के लिए जान की बाजी लगाने को तैयार है वह क्या मौत से डरेगा?"
>
> "अफ़सोस! वह फिर नहीं लौटेगा! फिर राह पर क्यूँ नज़रें टिकाये रहूँ? बेकार ही मैं उसका इन्तज़ार करती हूँ।"
>
> "यह वही आमिर है जिसने, मनमोहक महिलाओं की महफ़िल में से मुझे ढूँढ़कर कहा था कि अब वह मुझसे कभी जुदा नहीं होगा।"

"फिर मैं यह सोचते हुए उठी कि अगर मैं किसी और से बात करूँ तो वह जलन से मर जायेगा।"

"और अब उसे ढूँढ़ने के लिए एक लम्बे सफ़र पर निकलने के सिवाय मेरे पास कोई उपाय नहीं; लेकिन मेरे इश्क़–ए–जुनून के बावजूद इस अधीर सफ़र पर निकलने की मेरी हिम्मत नहीं।"

'ओरिएंट, अल्जीरिया और कॉलोनियों का रिव्यू', मई 1854 से।

(La Revue de l'Orient, de l'Algérie et des Colonies, numéro de Mai 1854)

सन्दर्भ-सूची

1. दरअसल तासी जिसे अपने ग्रन्थ का हिन्दुस्तानी अनुवाद समझ रहे हैं वह वास्तव में उनके ग्रन्थ पर आधारित एक अलग ही रचना है, जैसा कि हम इसी प्रस्तावना में आगे चर्चा करेंगे।
2. भारत के 1857 के विद्रोह की वजह से 1858 में तासी का व्याख्यान नहीं हो पाया था।
3. जर्नल "l'Institut", अक्टूबर 1855 का अंक (शीर्षक का शाब्दिक अनुवाद : "भारतीय भाषा या हिन्दुस्तानी में लिखने वाले लेखकों की मौलिक जीवनियों पर नोट")।
4. अनु. : यहाँ तासी का प्रायोजन उन प्रान्तों से है जो कि कलकत्ता (तत्कालीन ब्रिटिश भारत की राजधानी) के उत्तर–पश्चिम में स्थित हैं, जैसा कि तासी स्वयं आगे बताते हैं।
5. मुहम्मद सदिदुद्दीन (Muhommad sadiduddin) की रचना 'तारीख़–आगरा'।
6. क्षयार्षा या ज़रक्सीज (Xerxes I of Persia; जीवन काल 519 ईसा पूर्व से 465 ईसा पूर्व) फारस नरेश दारयवौष (दारा प्रथम) का पुत्र और उत्तराधिकारी था। वह फ़ारस का चौथा राजाधिराज (King of Kings) था : अनु.।
7. अनु. : लुदोविचो आरीओस्तो (LudovicoAriosto) द्वारा रचित एक इतालवी महाकाव्य (1516)।
8. यानी कि पंजाब की *पाँच नदियाँ* तथा सिन्धु और सरस्वती : ये कुल मिलाकर सात नदियाँ हुईं।

9. नाटकों से पहले, बौद्धों की किताबें और अशोक के शिलालेख एक क़िस्म के प्राकृत में लिखी हैं, जो कि उस समय की प्रचलित डायलेक्ट थी।

10. *बाग़–ओ–बहार* और *असर उस्सनदिद* की मूल प्रस्तावना, जो कि आगे उद्धृत है।

11. अरबी लेखक इसका उपवाद हैं जिन्होंने बोलचाल की भाषा को लिखित भाषा से गड्डमड्ड किया है। मैं पहले ही कहीं ज़िक्र कर चुका हूँ कि लैटिन भाषा के साथ भी यही मामला है, जिसे कभी रोमांस भाषा की संज्ञा नहीं दी गयी, जबकि यह नामकरण पुरानी फ़्रांसीसी को दिया गया था। यह पुरानी फ़्रांसीसी मध्य युग में गॉलों की प्राचीन भाषा के अवशेषों से समृद्ध सरलीकृत लैटिन से निर्मित हुई थी।

12. इस वजह से भारतीयों ने दिल्ली के महान मुस्लिम सल्तनत को *मुग़ल सल्तनत* का नाम दिया और हम उसके शासक को *महान मुग़ल* कहते हैं। इसके अलावे, भारत में उत्तर से आये सभी मुसलमानों को *मुग़ल नाम* देते हैं, चाहे वह फ़ारसी या तातार (tartare) मूल के हों।

13. जो मैं यहाँ कह रहा हूँ वह अरबी से सम्बन्धित है, क्योंकि ख़ास फ़ारसी शब्द भारतीय परिवार में शामिल हैं।

14. फ़्रांसीसी भाषा के दो मध्ययुगीन रुप। मोटे तौर पर Oil फ़्रांस के उत्तरी हिस्सों में और Oc/Occitan इसके दक्षिणी हिस्सों में इस्तेमाल होती थी : अनु.।

15. मतलब *ज़बान–ए–उर्दू*, "कैम्प की भाषा", जैसा कि हम बाद में देखेंगे।

16. श्रीमान बीम्स (M.J. Beames) की पुस्तक 'आउटलाइन्स ऑफ़ इंडियन फिलोलोजी' (Outlines of indian philology) से मुझे यह पता चला कि एक हालिया आधिकारिक गणना के मुताबिक़ सात करोड़ से अधिक भारतीयों की मातृभाषा हिन्दुस्तानी है।

जो कि साथ–ही–साथ पूरे भारत में और पड़ोस के देशों में भी समझी जाती है। बम्बई की एशियाटिक सोसाइटी के अध्यक्ष माननीय सर एर्सकीन पेरी (Sir Erskine Perry) ने इस सोसाइटी के जर्नल के जनवरी 1853 के अंक में एक रोचक लेख भारत की मुख्य भाषाओं के भौगोलिक वितरण पर लिखा था, जिसके साथ एक मानचित्र भी है, जो नज़रों के सामने इसे प्रस्तुत करता है।

17. 'The Seasons, Autumn' नामक रचना से। *'बाग़–ओ–बहार'* में उद्धृत एक हिन्दुस्तानी शेर इसी विचार को और भी मनोहारी ढंग से प्रस्तुत करता है : "जिसे ईश्वर ने सुन्दरता का गहना दिया है उसे किसी और आभूषण की ज़रूरत नहीं। देखो चाँद कितना ख़ूबसूरत दिखता है जब वह बादलों के बिना नज़र आता है।"
18. अपने 'इस्त्वार द ला लितेरात्युर हिन्दुस्तानी' (*Histoire de la littérature hindoustanie*) के लिए मैंने इन शब्दों को एपिग्राफ़ (epigraphe) के तौर पर लिया है।
19. पृष्ठ 104, अध्याय 111।
20. संस्कृत धर्म ग्रन्थों में जिन्हें कायस्थ बुलाया जाता है उनको हिन्दुस्तानी में कायथ नाम से सम्बोधित किया जाता है–यह नाम लेखक/लिपिकार की उस उपजाति को दिया जाता है जिनकी प्रवाही (cursive) नागरी लेखनी को, उनके नाम के अनुसार, *कैथी–नागरी* कहा जाता है।
21. आगे चलकर इन शब्दों की व्याख्या दी गयी है।
22. *उर्दू मुअल्ला* का अर्थ है "विशाल कैम्प"; लेकिन इन शब्दों को "विशाल बाज़ार" का अर्थ भी दिया जाता है। मूल लेखक कहते हैं कि इसी बाज़ार में मुस्लिम सैनिकों के भारतीयों के साथ मेलजोल से उस भाषाई मिश्रण की शुरुआत हुई जिसकी हम चर्चा कर रहे हैं।

23. मीर अपनी *निकत उस्शुआरा* की प्रस्तावना में इसी ओर इंगित कर रहे हैं, जब वह कहते हैं : *रेख्ता अज दक्खन अस्त,* यानी "रेख्ता का स्रोत दक्खन से है"।

24. यह शब्द यहाँ *हिन्दी* के समानार्थी के तौर पर प्रयुक्त है; *हिन्दी* का सामान्य तौर पर आशय है भारतीय भाषा। सही मायने में हिन्दुई पुरानी भारतीय भाषा है, बिना अरबी या फ़ारसी के मिश्रण के, जो कि देवनागरी लिपि में लिखी जाती है; हिन्दी सबसे आधुनिक हिन्दू डायलेक्ट है।

25. *'बाग़–ओ–बहार'* की प्रस्तावना।

26. मूल जीवनियों में कहा गया है कि सादी 103 वर्ष जिये (1193 में पैदा हुए और 1296 में मर गये, और उन्होंने तीस साल अध्ययन में बिताये, तीस साल यात्रा करने में और तीस साल रिटायरमेंट में)। तो उनके बचपन के तेरह साल को तीस साल के अध्ययन के साथ जोड़ने पर 43 साल होते हैं। अतः 1250 से 1280 के बीच में उन्होंने यात्राएँ कीं और वे रेख्ता शायरियाँ लिखीं जिनका श्रेय उन्हें दिया जाता है।

27. गिफ्फोर्ड (Gifford)।

28. 1845 के पहले छह महीनों की रिपोर्ट, जो सोसाइटी "for the promotion of vernacular education" (वर्नाकुलर शिक्षा के प्रोत्साहन के लिए बनी समिति : अनु.) के सेक्रेटरी, डॉक्टर स्प्रेंगर (Sprenger) के द्वारा द्वारा तैयार की गयी थी।

29. *इबहम* यानी "अस्पष्टता"। इसका आशय है 'पुरानी स्टाइल', जो कि काफ़ी क्लिष्ट थी–अरबी और फ़ारसी के शब्दों से पटी हुई। सैयिद अहमद के उद्धरण में इसका ज़िक्र किया गया है।

30. यह एक मेटाफोर–वाक्यरीति (metaphorical expression) है, जिसका तात्पर्य है 'दुनिया की चरम सीमाओं तक, ऊपर से नीचे तक'।

31. मतलब "दुनिया का विजेता", औरंगज़ेब नाम से अधिक लोकप्रिय सुल्तान का उपनाम।

32. यानी कि इस राजवंश के राजा।

33. यानी कि "दिन और रात–पहर दिन और रात का चौथाई में विभाजन है।"

34. भारतीय लोग ताज़े पानी से धुआँ गुज़ार कर उसे तरोताज़ा करते हैं। ऐसा प्रतीत होता है कि तना इस भोगवादी निरर्थकता से सन्तुष्ट नहीं होते थे।

35. इस पानी के बारे में, *'Oiseaux et les fleurs'* (पंछी और फूल : अनु.) नामक रचना में मेरा नोट देखिये; नोट संख्या 144।

36. कट्टर मुसलमान व्यक्ति कपड़ों में हर प्रकार के विलास से बचते हैं और खान–पान में हर ऐश्वर्य से भी। वह चाय और तम्बाकू से खुद को दूर रखते हैं, और सबसे ऊपर उन भोग–विलास से बचते हैं जिसका उपभोग तनाशाह करते थे।

37. कविता/शायरी के पहले छन्द को यही नाम दिया जाता है।

38. *'गुलज़ार–ए–इब्राहिम'* के जीवनी लेखक।

39. मस्जिदों में प्रार्थना करने हेतु जिस स्थान की तरफ़ श्रद्धालु मुड़ते हैं।

40. देखिये ऊपर इस विषय में क्या कहा गया था।

41. शाब्दिक अर्थ में : "बखूबी संरचित," *मरबूत*। (2) II. Ep. II।

42. इस शब्द का सही अर्थ है "यादगार"। मुस्लिम प्राच्य के शायरों की संकलनात्मक जीवनियों को यह नाम दिया जाता है; फ़ारस और भारत दोनों के ही फ़ारसी शायरों की जीवनियाँ (तज़किरें), काफ़ी संख्या में मौजूद हैं। स्वर्गीय ब्लांड (Nath. Bland) ने लन्दन के रॉयल एशियाटिक सोसाइटी के जर्नल (Vol. IX, p.111 और आगे) में इनमें से 46 की जानकारी दी थीरू औली के तज़किरे (जो कि सबसे पुराना है और जो उसके थीसिस का मुख्य विषय भी है) से लेकर अहमद अली के समकालीन तजकिरे तक। ब्लांड यहाँ उन रचनाओं को नहीं शामिल कर रहा जो उसकी जानकारी में नहीं आयीं, जिससे कि उनकी

संख्या साठ से अधिक हो जाती है। यह रचनाएँ उन रचनाओं के अलावे हैं जिनमें बिब्लिओग्राफ़िक जानकारियाँ हैं।

43. Epistles, II. II. 106।

(अनु. : Those who write poor verses are a jest; yet they rejoice in the writing and revere themselves; and, should you say nothing, they themselves praise whatever they have produced - happy souls !) (https://archive.org/stream/satiresepistlesa00horauoft/satiresepistlesa00horauoft_djvu.txt; accessed : 15/11/17)

44. मुस्लिम प्राच्य की भाषाओं में, गद्य को नस्र कहा जाता है, जिसका शाब्दिक अर्थ है "बहाव, फैलाव"; यह काव्य के उलट है, जिसे *नज़्म* यानी "संकीर्णन या व्यवस्थापन" कहा जाता है।

45. इस सन्दर्भ में अधिक जानकारी के लिए देखिये मेरी रचना *Rhét. des nat. musul.* सेक्शन XII।

46. मेरी रचना *Mémoire sur les noms et titres musulmans* (मुस्लिम नामों और शीर्षकोंपर शोध–ग्रन्थ : अनु.)

47. यह आख़िरी तीन नाम कृष्ण के नाम हैं।

48. यह नाम, जो कि भारत के एक व्यक्तित्व का है, का सही अर्थ है "अली के बन्दे"; *मरदां* बहुवचन है *मर्द* शब्द का; लेकिन बहुवचन भारत में कई बार एकवचन की जगह चल जाता है, जैसा कि मैंने अपनी *Mémoire sur les noms et titres musulmans* (मुस्लिम नामों और शीर्षकों पर शोध–ग्रन्थ : अनु.) पुस्तक में बताया है।

49. मुसलमान अपने चिकित्सकों को *हकीम* कहते हैं।

50. हिन्दुस्तानी कवियों में एक *भाई* गुरदास है और एक *भाई* नन्द लाल।

51. फ़ारसी में, 'मिर्ज़ा' उपाधि (जिसका अर्थ है "आमिर का बेटा") जब नाम के बाद इस्तेमाल होती है तो तात्पर्य होता है राजकुमार; लेकिन नाम के आगे यह एक सामान्य उपाधि है जो अन्य लोगों के अलावा शिक्षित व्यक्तियों को दिया जाता है।

52. इस सन्दर्भ में, मुसलमान *हज़रत* शब्द प्रयोग करते हैं। वह इस प्रकार कहते हैं : *हज़रत दिल्ली, हज़रत आगरा*।

53. गॉल (Gaulle) पश्चिमी यूरोप का एक ऐतिहासिक और भौगोलिक विशेषण है जो फ़्रांस और उसके इर्द–गिर्द के प्रदेशों को कहा जाता है : अनु.।

54. divus (विशेषण, स्त्रीलिंग diva), आमतौर पर "दिव्य" के अर्थ में अनुवाद किया जाता है; divus (संज्ञा) एक देवात्वारोपितनश्वर के लिए प्रयोग होता है : अनु.।

55. ड्रुइड दूसरी सदी ईसापूर्व के लेकर तीसरी सदी तक रोमन पूर्व ब्रिटेन के वासी थे। इनको विशेष रूप से वेदी, पूजन, ज्ञान और पत्तियों के औषधीय इस्तेमाल के लिए जाना जाता है। ये मानव और पशुओं की बलि देते थे : अनु.।

56. हालाँकि, भक्त माल (*Histoire de la littérature hindoustanie*, vol. II, p.58) एक मुसलमान के हिन्दू धर्म में परिवर्तन के बारे में बताता है।

57. अनु. : यहाँ हमें यह ध्यान रखना चाहिए कि तासी यह विचार एक धार्मिक ईसाई के नज़रिये से रख रहे हैं। चूँकि, ईसाइयत एकेश्वरवाद और भावी जीवन (क़यामत का दिन और उसके उपरान्त) में यक़ीन करता है, इसलिए इन विचारों की समानता की वजह से इस्लाम तासी को ईसाइयत के समीप लगता है. यहाँ हम यह भी जोड़ सकते हैं कि हिन्दू धर्म की कुछ धाराओं में भी एकेश्वरवाद पर ज़ोर दिया गया है।

58. करीम।

59. यह उपाधि, जो कि सयिदी का अफ़्रीकी उच्चारण है, भारत में सिर्फ़ नीग्रो (nègre) मूल के मुसलमानों को दी जाती है।

60. स्प्रेंगर (Sprenger) इशकी (Ischqui) के हवाले से यह जानकारी देते हैं। (Cat., vol. I, p.215)

61. मैं उनमें से एक हूँ जिन्होंने यह तुलना की है। यह तुलना मैंने कुरआन के एक अज्ञात अध्याय पर मेरे आलेख (*Mémoire*) में की है। एशियाटिक जर्नल (*Journal Asiat.*) 1842।

62. वह 1168 (1754–55) में मरा। जहाँ तक उसके आडम्बरपूर्ण उपाधि 'खान' की बात है, भारत में यह सभी पठानों या अफ़गानों को दी जाती है, और, दरअसल, हमारा शायर अफ़गान था।
63. हम ऊपर देख चुके हैं कि इस शब्द का मतलब दिल्ली का बड़ा बाज़ार समझना चाहिए।
64. हिन्दुस्तानी कक्षा–आरम्भ का 1851 का व्याख्यान।
65. *"Les femmes poëtes de l'Inde"* (भारत की महिला शायराएँ : अनु.), *Revue de l'Orient* का मई 1854 का अंक।
66. यह एक अरबी शब्द है और इसका मतलब है "माता की बहन"। यह *खाल*, यानी "माता का भाई, ममेरा चाचा" का स्त्रीलिंग है।
67. इशकी, स्प्रेंगर के द्वारा उद्धृत।
68. सबसे प्राचीन हिन्दी कवि जब जीवित थे उस काल का सटीक निर्धारण करना सम्भव नहीं। फिर भी, मैं ज़िक्र कर सकता हूँ शंकराचार्य का, वह संस्कृत कवि जो *अमर सतक* की वजह से विख्यात है, जो नौवीं सदी में जीवित थे और जिसने, ऐसा प्रतीत होता है, हिन्दी पद्य रचे थे। देखिये मेरी *Histoire de la littérature hindoustanie, vol. II, p. 43,* और आगे।
69. 1080 के क़रीब।
70. 1250 के क़रीब।
71. इस रचना के बारे में, देखिए कबीर पर लेख, मेरी किताब *Histoire de la littérature hindoustanie, vol. I* में।
72. मेरी *'Rudiments de la langue hîndouï'* (हिन्दुई भाषा का बुनियादी पाठ्य) की प्रस्तावना देखिये, p. 5।
73. मेरी *Histoirede la littérature hindoustanie* और *Rudiments de la langue hîndouï* की प्रस्तावना में।
74. विभिन्न व्यक्तियों पर, वही रचनाएँ देखिये।
75. इस उद्धरण का टेक्स्ट देखिये, मेरी *Rudiments de la langue hîndouï* के पृष्ठ 8 पर।
76. यह दो नाम, वस्तुतः, एक ही लेखक से सम्बद्ध लगते हैं।

77. मेरी *Histoire de la littérature hindoustanie* का दूसरा वॉल्यूम।
78. *Histoirede la littérature hindoustanie* और *Rudiments de la langue hîndouï* की प्रस्तावना में।
79. देखिये मेरी *Histoirede la littérature hindoustanie* का Vol. I, पृष्ठ 475, और *Rudiments de la langue hîndouï,* पृष्ठ 5।
80. सौदा को तो विशेष तौर पर "हिन्दुस्तानी शायरों का बादशाह" यानी मलिक *शुआरा–ए रेख्ता* भी कहा गया है।
81. हेमिस्टिक फ्रेंच और अंग्रेज़ी काव्यशास्त्र में काव्य–पंक्ति के आधा हिस्से को कहते हैं : अनु.।
82. *तोहफ़ा लिस्सिबियाँ,* "बच्चों के लिए तोहफ़ा"।
83. *Histoirede la littérature hindoustanie*, vol. I, p. 161।
84. हमारे यहाँ (लेखक का आशय है फ़्रांस में : अनु.) सॉनेट (sonnet) और कातरैन (quatrain) में भी यही मामला है।
85. मस्नैव पद्य लियोनीन (Leonine) पद्यों (फ़्रांसीसी काव्यशास्त्र से सम्बद्ध शब्दावली) का प्रतिनिधित्व करते हैं।
86. लखनऊ में 1239 (1843–44) में प्रकाशित इस दीवान में यह भी ख़ास बात है कि इसमें हर ग़ज़ल के शुरुआत में उस मीटर का नाम बताया गया है जिस पर उसकी रचना की गयी है, जिस वजह से यह अरबी मेट्रिक (métrique) के अध्ययन के लिए बेशक़ीमती है।
87. मैं यहाँ अश्लील शायरी, जिसे इसी रूप में लिया जाता है, की बात नहीं कर रहा : उदाहरण के लिए चिरकिन की शायरी, जिसका नाम ही (इस नाम का अर्थ है *अश्लील*) पर्याप्त इशारा है कि हम इससे क्या अपेक्षा कर सकते हैं।
88. *Revue contemporaine,* vol. XV, p. 562।
89. Hudibras, गीत iv।
90. प्रस्तावना।
91. इनमें से एक कविता मख्जां उलअसरार, स्वर्गीय ब्लांड (N. Bland) के द्वारा प्रकाशित की गयी थी, Oriental text fund के तत्वावधान में।

92. इनमे से दो कविताएँ, *तुह्फत उलअहरार और सलमान ओ अब्साल,* प्रकाशित की गयी थी विद्वान और विनम्र स्वर्गीय फल्कोनेर (F. Falconer) के द्वारा *Oriental text fund* के ही तत्वावधान में।

93. 'शाहनामा' का नायक। साथ ही, अन्य रचनाओं के अलावा *नौ'इ–जदा–अताई* नामक एक तुर्की पद्यात्मक उपन्यास का भी नायक। इसके संस्करण का शीर्षक है *हफ्त कुन,* यानी "सात लड़ाइयाँ"।

94. इस लेखक का यही सही नाम है, जैसा कि मैंने *एशियाटिक जरनल* के अपने एक लेख में बताया है; श्रीमान मोर्ले (M. Morley) के द्वारा, *Journal Asiatique* 1854।

95. जिसका मैंने एक अध्याय प्रकाशित किया था, मेरे *Rudiments de la langue hîndouï* के बाद, और जिसके कई हिस्सों का अनुवाद मैंने अपनी *Histoirede la littérature hindoustanie* के पहले वॉल्यूम में किया था।

96. यह जानकारी कासिम के द्वारा दी गयी है। इसके अलावा इस शायर के बारे में देखिये मेरी *Histoirede la littérature hindoustanie* का पहला वॉल्यूम, पृष्ठ 502।

97. मीर फ़तेह अली, जिसने उसकी आलोचना करने हेतु अपनी कविता लिखी (शीर्षक : *Histoire du Hibou et du Fruitier* (*क़िस्सा–ए बम ओ बकुल*) जिसमें फिदवी के पिता के रोज़गार की तरफ इशारा किया गया है। देखिये मेरी *Histoirede la littérature hindoustanie* का पहला वॉल्यूम, p. 175।

98. उसका लेख देखिये, मेरी *Histoirede la littérature hindoustanie* का पहला वॉल्यूम।

99. उसके कैटलॉग में, *दीवान–ए–हवस* पर लेख, पहला वॉल्यूम, p. 612।

100. देखिये पहला वॉल्यूम, *Histoirede la littérature hindoustanie,* p. 209।

101. मेरे *Histoirede la littérature hindoustanie* का vol. I, p. 75 और आगे।

102. इस व्यक्तित्व के सम्बन्ध में देखें, *इब्न कल्लिकां,* श्रीमान स्लेन *(G. de Slane)* का अनुवाद, vol. II, p. 574।

103. *Ibid.*, p. 87।

104. *Ibid.*, p. 471।

105. *Ibid.*, p. 511।

106. ओरिएण्टल रिव्यू (*Revue orientale*), 1852।

107. मेरी *Histoirede la littérature hindoustanie* का vol. I, p. 209 देखिये।

108. श्रीमान बेर्त्रां (Monsieur Bertrand) के द्वारा, 1850 में।

109. बोमनजी दोसाब्जी, जिसकी चर्चा ऊपर की गयी थी।

110. *Krishna et sa doctrine* (कृष्ण और उनके उपदेश : अनु.) पावी (Th. Pavie) के द्वारा।

111. मैंने इसका टेक्स्ट और अनुवाद प्रकाशित किया था।

112. एशियाटिक जर्नल (*Journal As*., 1836), और *Doctrine de l'amour* (1858) (प्रेम का डॉक्ट्रिन : अनु.) के शीर्षक से।

113. पद्य या गद्य में लिखावट, जिसके अक्षर संख्याओं से सम्बद्ध होते हैं, जिनसे किसी घटना की तारीख़ पता चलती है : अनु.।

114. Catalogue, आदि, vol. I, p. 633।

115. यह नाम याद दिलाता है हीरो (Héro) का, जो लिआन्द्र (Léandre) की प्रेमिका थी।

116. *Revue de l'Orient et de l'Algérie,* sept. 1857।

117. *इन्दरजीत मुंशी, जोंत–प्रकाश,* आदि।

118. मैंने 1860 में नेमचन्द के संस्करण का अनुवाद किया था, *Revue orientale et américaine* में।

119. मेरी *Histoirede la littérature hindoustanie* का vol. I, p. 43 देखिये।

120. काफ़ी हद तक सम्भव है कि यह आख़िरी किताब नेमचन्द वाली ही रचना हो।

121. मेरी *Histoirede la littérature hindoustanie* का vol. I, p. 85 देखिये।

122. आशिक़ की रचना के अलावे, जिसका विश्लेषण मैंने मेरी *Histoirede la littérature hindoustanievol.* II, p. 550 में किया था, हम पाते हैं रस्मी की रचना, जिसकी एक अद्‌भुत प्रति, *नस्खिस (naskhis)* अक्षरों में, अनेक रोचक रंगीन चित्रों से सजी, ईस्ट इंडिया हाउस के पुस्तकालय के पास है।

123. मेरी *Histoirede la littérature hindoustanie* का vol. II, p. 573 और आगे।

124. अखी की लेखनी के अलावे, जो मेरी *Chrestomathie hindoustanie* में छपी थी, (उर्दू और दखनी में 'सलीह' की रचना है जो अधिक पुरानी है; यह 1133 (1720–21) में लिखी गयी।)

125. उसी Chrest में।

126. मुक़ीम की एक रचना, जिसकी एक प्रति लखनऊ के तोपखाने में थी, और एक जिसकी चर्चा मैंने *Histoirede la littérature hindoustanie*, vol. I, p. 205 में की है।

127. कामरूप का अनुवाद, 'बकावली का गुलाब' ('la Rose de Bakawali') का अनुवाद, आदि।

128. इसका अनुवाद देखिये *Histoirede la littérature hindoustanie,* vol. II, p. 532 और आगे।

129. देखिये "Analyse d'un monologue dramatique indien." (एक भारतीय एकल नाट्यांश का विश्लेषण) (एशियाटिक जर्नल; *Journal As.* 1850.)

130. अन्य के अलावा 'जवान' द्वारा *बारहमासा*। देखिये *Histoirede la littérature hindoustanie,* vol. II, p. 473, और आगे।

131. मुसद्देसी के द्वारा, *les Oiseaux et les Fleurs* ('पक्षी और फूल' : अनु.) के शीर्षक से प्रकाशित।

132. *Le langage des oiseaux* ('पक्षियों की भाषा' : अनु.), फरीदुद्दीन अत्तर के द्वारा, जिसका मैंने टेक्स्ट और अनुवाद प्रकाशित किया।

133. मैं यहाँ सिर्फ़ इस रचना के रूपकात्मक (allegoric) हिस्से की बात कर रहा हूँ, जिसके सन्दर्भ में देख सकते हैं 'पाण्डुलिपियों के नोटिस और उद्धरण' (*Notices et Extraits des manuscrits*) का Vol.IX, p.397; ***Journal des savants*** 1817, **p.685** और *Journal de la Société asiatique de Calcutta*,जून और अगस्त 1848 के अंक।

134. मैंने इसे फ़्रांसीसी में पुनर्रचित किया था les Animaux (पशु : अनु.) शीर्षक से।

135. 'द शेफर्ड एंड द फिलोसोफर' ('The Shepherd and the Philosopher')।

136. श्रीमान ग्रोट (M.A. Grote) का विशेष ख़त; ग्रोट बंगाल के एशियाटिक सोसाइटी के प्रेसिडेंट हैं।

137. *इंशा–ए–फ़ैज़,* कानपुर से 1850 में प्रकाशित।

138. *इंशा–ए–उर्दू* के शीर्षक से।

139. टॉड (Tod) के द्वारा सामने लाया गया, « Annals of Rajasthan » में।

140. Tod, « Annals of Rajasthan », में इसका ज़िक्र है।

141. *Ibid*।

142. *Ibid*।

143. *Ibid*।

144. *Ibid*।

145. देखिये मेरी *Histoirede la littérature hindoustanie*, vol. I, p. 218.

146. यह है *असर उस्सानादीद;* कई दफे उद्धृत।

147. *History of Agra*.

148. टॉड (Tod), *Travels*, p. 321।

149. *रिसाला–ए–मोती,* हैदराबाद में 1251 (1835–36) में लिथोग्राफ़ी की गयी।

150. यह रचना बनारस में, 1852 में छपी थी, एक विद्वान भारतविद् बलान्तीन (Ballantyne) के प्रयास से। यह व्यक्ति मेरे मित्र कप्तान जे. माइकल का भतीजा **है**। इस **वॉल्यूम** में साथ ही साथ संस्कृत टेक्स्ट, हिन्दी रूपान्**तरण और एक** अंग्रेज़ी अनुवाद भी हैं।

151. इसी लेखक को श्रेय जाता है *बकावली* **की दन्त–कथा** पर आधारित एक कविता का।

152. अनु: यह तकनीकी शब्द पुस्तक के फॉर्मेट का वर्णन करता है। Octavo, एक लैटिन शब्द है, जिसका अर्थ है 'आठवीं में' या 'आठवीं बार', इसी शब्द को संक्षिप्त में 8vo, 8°, या In–8 लिखा जाता है।

153. अनुवाद देखिये, लेन (Lane) के द्वारा, *अलिफ़ लैला,* vol. I, p. 487, और आगे में।

154. *खुसरवान–ए आज़म,* "फारस का बादशाह" के शीर्षक से।

155. करीम के अनुसार एक सम्पूर्ण अनुवाद उपलब्ध है, जिसका श्रेय जाता है निशात को, और एक अन्य संक्षिप्त अनुवाद है, शाह मुस्तान के द्वारा, जो कलकत्ता में 1845 में छपा। यह दोनों ही पद्य में हैं।

156. यह रचना ग्वालियर के राजा मानसिंह के आदेश पर संकलित की गयी और निस्सन्देह यह रागों का एक काव्यात्मक विवरण है, न कि भारतीय संगीत पर कोई पेशेवर निबन्ध। इसे फ़ारसी में फकिरुल्लाह ने अनूदित किया था। श्रीमान ऊसले (W. Ouseley), Oriental collection, vol. III, p.75।

157. यह श्रीलाल की रचना **है**; यह लेखक जीवित है और कई अन्य रचनाओं का लेखक है।

158. 'जियोलॉजी पर निबन्ध' (**Treatise** on Geology), आदि।

159. इन दो शहरों के लिथोग्राफ़ियों **और** उनके प्रकाशनों को मैं साथ में इसलिए रख रहा हूँ क्यूँकि 1849 में लखनऊ में कुछ भी प्रकाशित करने पर पाबन्दी लग गयी थी। यह किसी ऐसी

रचना के प्रकाशन के उपरान्त हुआ जिसने अवध के राजा को नाराज़ कर दिया था। प्रकाशकों ने तब अपने प्रेस कानपुर पहुँचा दिये थे, और इसलिए इन दो शहरों के बीच एक क़िस्म का टाइपोग्राफ़िक समुदाय है। Sprenger, A. Cat. p. vi।

160. Wilson, Athen 23 दिसम्बर 1848।

161. 1846 में।

162. *मुम्बई का हरकारा (Mambaï ka harkara)* "बॉम्बे का कुरिअर", *अख़बार दफ़्ताव जा–जरा–ए बॉम्बे*, "बॉम्बे द्वीप के समाचारों की डायरी", *ताज़ा बकर*, "ताजा वसन्त", आदि।

163. मिरत *उलअख़बार*, "समाचारों का आइना", *कसीद–ए–मद्रास*, "मद्रास का कुरिअर", आदि।

164. Report of the Society for the promotion of vernacular education, 45, by Dr. A. Sprenger.

165. इन अख़बारों का statistical table देखें, "Friend of India", मार्च 1853 के अंक में।

166. अनु. : स्पार्टन और हेलोट्स के सन्दर्भ में प्लूटार्क की रचना *The Life of Lycurgus* का यह अंश देखिये : "[...] और अन्य तरीक़ों में भी वे (स्पार्टन) हेलोट्स के प्रति कठोर और क्रूर थे। उदाहरण के लिए, वे उन्हें बहुत ज़्यादा कड़ी शराब पीने के लिए मज़बूर करते थे और फिर उन्हें उनके सार्वजनिक जलसों में प्रदर्शित करते थे, अपने युवाओं को यह दिखाने के लिए कि शराब का नशा कितनी बुरी चीज़ है। वह हेलोट्स को क्षुद्र और हास्यास्पद नाच–गाना करने के लिए भी मजबूर करते थे। (*http://penelope.uchicago.edu/Thayer/E/Roman/Texts/Plutarch/Lives/Lycurgus*.html*, accessed: 26/05/16.)

167. "एक सच्चे अनुवादक के तौर पर आप शब्दशः अनुवाद नहीं करने का ख़याल रखेंगे" : अनु. http://www.latin-dictionary.org/

168. 1853 का कक्षा–आरम्भ का व्याख्यान, आख़िरी पैराग्राफ़।

169. मैक्स म्युलर, *Suggestions in learning the languages,* etc., p.6।

170. *H.S. Reid, Report*, आगरा, 1853, p. 69 और 70।

171. *Allen's Indian Mail*, 16 अगस्त 1836 का अंक।

172. *Ibid.*, 31 जुलाई 1856 का अंक।

173. H.H. Wilson, *Glossary of Indian Terms*, प्रस्तावना, p.20।

174. **Φιλοσοφώτερον καὶ σπουδαιότερον ποίησις ἱστορίας ἐστίν.**

175. श्री नाम, वैसे भी ज़ाहिर तौर पर Cérès (सिरीस) के नाम की याद दिलाता है।

176. Les auteurs hindoustanis et leurs ouvrages, (हिन्दुस्तानी लेखक और उनकी रचनाएँ : अनु.) p.20; और वर्तमान वॉल्यूम ('हिन्दुस्तानी भाषा और साहित्य, 1850 से 1868 तक : हिन्दुस्तानी कक्षा–आरम्भ के व्याख्यान'; "La langue et la littérature hindoustanies de 1850 à 1869 : Discours d'ouverture du cours d'hindoustanie') का पृष्ठ 59।

177. इसका एक उदाहरण पाया जा सकता है *असर उस्सनादीद* पर मेरे लेख में। (*Journal asiatique*, नवम्बर का अंक)।

178. जर्नल "l'Institut", अक्टूबर 1855 का अंक।

179. जिसकी तुलना तासी St. Bartholomew के नरसंहार और Sicilian Vespers नामक विद्रोह से करता है : अनु.।

180. कर्नल साइक्स (Sikes) के हवाले से; *Times* में उद्धृत।

181. मैं यहाँ, न गोवा के आर्चबिशप की बात कर रहा हूँ, न ही पांडिचेरी के अपोस्टोलिक विकार की; चूँकि यह दो शहर, क्रमशः, पुर्तगाल और फ्रांस के अधीन हैं। देखिये, '*Notizie per l'anno* 1856, Roma, tipografia della Rev. Cam. Apostolica' (सम्भवतः पुर्तगाली भाषा की रचना : अनु.)।

182. यानी कि 'द्वितीय'। इसी नाम के पहले मुग़ल बादशाह ने 1707 से 1712 तक शासन किया था। यह 'शाह आलम' (अर्थात, दुनिया का शासक) की आदरसूचक उपाधि से अधिक प्रचलित है।

183. *Bengal and Agra Guide and Gazetteer*, 1841, वॉल्यूम II, p.288।

184. *Asiatic Journal*, संख्या 5, वॉल्यूम XVIII, 1842, p.14।

185. प्राचीन ज्योतिविद् क्लाडियस टॉलमी ने दुनिया को सात आबोहवाओं (या 'sept climats') यानी 'seven climates' में विभाजित किया था : अनु.।

186. *Allen's Indian Mail,* 1 सितम्बर 1857 का अंक।

187. मदाम ला मारकीज़ द साफ्रय के द्वारा श्रीमान कात्रमेर के लिए काव्य–पत्र।

188. *Autobiography of Luft ullah.* देखिये *Journal des Débats,* 10 अक्टूबर 1857 का अंक।

189. यह मध्ययुगीन यूरोप में लोक गीतकारों–गायकों के भिन्न प्रकार हैं; minnesang जर्मनी में तथा trouvères और troubadours फ़्रांस में पाये जाते थे : अनु.।

190. आराइश ए महफ़िल, p.6 और 7।

191. हीर ओ रांझा, p.4 और 5।

192. यह विचार Young के द्वारा बख़ूबी विकसित किया गया है; पहली Nuit, पद्य 287 और आगे :

A part how small of the terraqueous globe
Is tenanted by man! The rest a waste,
Rocks, deserts, frozen seas and burning sands;
Wild haunts of monsters, poisons, stings and death.

193. फ़्रांसीसी खेल Jeu du mail की ओर इशारा (mallet game; एक मध्ययुगीन फ़्रांसीसी खेल, जो एक क़िस्म का ज़मीनी बिलियर्ड्स हुआ करता था और जिसे एक या अनेक गेंदों और एक छड़ी से खेलते थे : अनु.)।

194. यानी कि सबसे विशिष्ट स्थान। प्राच्य घरों में, दीवार में, एक या अनेक खाने या ताक़ (shelf : अनु.) होते हैं, जहाँ ऐश्वर्य की चीज़ें रखी जाती हैं, जैसे हमारे यहाँ चिमनियों (fireplaces : अनु.) के ऊपर। हमारे गिरजाघरों के वेदिका (altar : अनु.) की जगह मस्जिदों में ताक़ होता है : वहाँ चिराग रखे जाते हैं और प्रार्थना के लिए उस दिशा में चेहरा किया जाता है।

195. इस अलंकार (क्षितिजों) का अर्थ संसार के भिन्न देशों से लेना चाहिए।

196. लार्ड बायरन, *Bride of Abydos*, प्रथम अध्याय।

197. 1601 में महारानी एलिज़ाबेथ ने सौदागरों की एक समिति को पूर्वी भारत के साथ व्यापार करने का अधिकार दिया था।

198. कुछ अच्छे मित्रों की बदौलत, मेरे पास शाही फ़रमान के दो हिन्दुस्तानी संस्करणों की एक प्रति है। यह संस्करण दो लिपियों में हैं—फ़ारसी में, मुसलमानों के लिए, और *शास्तरिस* (schâstaris) (या जैसे उसे आम तौर पर बुलाया जाता है, *देवनागरी*) में, हिन्दुओं के लिए। यह संस्करण, मेरी समझ में, आम लोगों के लिए लिखे गये हैं; अतः, इन्हें अति सरलरूप में लिखा गया है। बहरहाल, जो संस्करण मेरी नज़रों के समक्ष है, वह इलाहाबाद से है तथा खेदजनक लापरवाही से इसे लिथोग्राफ़ किया गया है।

199. इसी श्रेणी की कई अन्य कविताएँ बेशक सामने आयी हैं। उदाहरण के लिए, राजा काली कृष्ण बहादुर ने ऐसी एक कविता प्रकाशित करवाई थी जिसका ज़िक्र मैं सिर्फ़ स्मृति में रखने के लिए ही कर रहा हूँ; चूँकि, यह संस्कृत में है—जो कि हिन्दुओं का लैटिन है, जिसे इस राजा ने शिष्टाचारवश इस्तेमाल करना ज़रूरी समझा।

200. लेखक निस्सन्देह अपनी कविता में, यहाँ—वहाँ कुछ अंग्रेज़ी शब्द डालकर, अपने योरोपीय पाठकों को प्रसन्न करना चाहता है; इन शब्दों का प्रयोग उसकी कला की बहुत अच्छी छवि नहीं प्रस्तुत करता।

201. "*Allen's Indian Mail*", दिसम्बर 1857।

202. यह सम्भव है कि कमरउद्दीन तयब्जी ने इन स्कूलों से पढ़ाई पूरी की थी। इसने योरोप में अपनी शिक्षा समाप्त करने के बाद बम्बई लौटकर आधिकारिक तौर से बैरिस्टर का पेशा अपनाया।

203. अब्दुल कादिर की पुस्तक देखिये, श्रीमान G. Dugat द्वारा अनूदित, p.118।

204. *Allen's Indian Mail* 1852, p. 869। इसी जर्नल (1858, p.944) में घोषणा की गयी है कि अजमेर के सबसे विशिष्ट विद्यार्थियों ने निर्णय किया है कि वह दो कॉलम में प्रकाशित एक जर्नल निकालेंगे (उर्दू और हिन्दी में). अन्ततः, मैं बम्बई के एक जर्नल को उद्धृत पाता हूँ, जिसका नाम है *रस्त गुफ़्तार* (यानी, ईमानदार आवाज़)। इसके अस्तित्व से मैं अभी तक अनभिज्ञ था, और इसमें पारसी दोसाभाई फ्रामजी ने अन्य आलेखों के अलावा, लन्दन के सेंट पॉल कैथेड्रल का विवरण दिया है।

205. मेरी नज़रों के समक्ष इस संस्करण के कुछ पन्ने हैं (जो काफ़ी सावधानी से प्रकाशित किये गये लगते हैं); बढ़िया हिन्दुस्तानी स्टाइल में छपा यह संस्करण भारतीयों के लिए काफ़ी बोधगम्य है।

206. यह रहा इनका टेक्स्ट (उन सुधारों के साथ, जो लय और अर्थ के लिहाज़ से मुझे उचित लगे) :

"दिला, कुवाही हक पा कर तो नज़र;
नासर की जूती नासर का सर,
कुछ काम इ रूमीने न किया और न रूसिने;
अँगरेज़ को तबाह किया कारतूस ने।
फ़ौज ने आकर घेरा है, नींद गयी आराम गया;
जीका जाना तहारा सुभ ए क्या या शम ए क्या।"

(रोमन लिपि में लिखे टेक्स्ट का मैंने ट्रांसक्रिप्शन किया है : अनु.)

यह पद्य तीन अलग–अलग लय पर हैं। पहला, *मुतकारिब* मीटर पर है, और इसमें तीन 'amphibrach' और एक 'iamb' होते हैं; दूसरा मुज़री मीटर में होता है, और इसमें एक 'antibacchius' और एक दुहरा 'trochée', एक 'antipaste' और एक 'amphimacre' होता है; तीसरा *रम्ल* मीटर में होता है, और इसमें तीन 'épitrites seconds' और एक 'amphimacre' होते हैं। (तासी यहाँ योरोपीय छन्द–शास्त्र के प्रचलित शब्दों

के ज़रिये, इस पद्य की विवेचना कर रहे हैं; यथासम्भव इनके अंग्रेज़ी समरूप शब्द दे रहा हूँ : अनु.)

207. अनु. : सम्भवतः झज्जर के नवाब की ओर संकेत है, जिसने 1857 के विद्रोह में हिस्सा भी लिया था।

208. "*Allen's Indian Mail*", 1858, p.256।

209. Ibid., p.931।

210. यही वह प्राच्यवादी है जिसने करीमुद्दीन के सहयोग से मेरी "इस्त्वार द लालितेरात्युर हिन्दुस्तानी" का अनुवाद किया था। (अनु. : वास्तव में जिसे तासी अपने ग्रन्थ का अनुवाद समझ रहे हैं वह केवल उनके ग्रन्थ के कुछ हिस्सों का उपयोग कर लिखी गयी एक स्वतन्त्र रचना है। इस विषय पर सविस्तार चर्चा के लिए प्रस्तुत पुस्तक की 'प्रस्तावना' देखिये।)

211. An english-hindustani law and commercial Dictionary, etc. Calcutta. 1858, gr. in-8°।

212. देखिये इस रचना पर मेरे द्वारा लिखा एक लेख, *Journal asiatique*, दिसम्बर 1858 का अंक।

213. अगर बेहतर तरीक़े से कहा जाये तो, लघुस्वरों के लिए a, i, u, का प्रयोग करते हैं; और दीर्घ स्वरों के लिए, इन्हीं अक्षरों का प्रयोग, दीर्घ एक्सेंट (accentaigu) के साथ किया जाता है; जैसा कि नीचे बताया गया है।

214. फ्रेंच में इसे '*accent aigu*'; अंग्रेज़ी में acute accent और हिन्दी में मोटे तौर पर तीव्र अधिगमन कह सकते हैं : अनु।

215. डॉक्टर Carey बताते हैं कि सिर्फ़ आम्बोन द्वीप में ही, वहाँ के बीस हज़ार निवासी लैटिन अक्षरों में बाइबिल पढ़ते हैं। देखिये "Papers on the application of the roman letters to the languages of India," p. 17।

216. इससे पहले भी, और साथ–साथ भी, नये टेस्टामेंट और सम्पूर्ण बाइबिल के कई संस्करण फ़ारसी और देवनागरी अक्षरों में रचे जा चुके थे; और इस वक़्त भी, लन्दन की बाइबिल सोसाइटी, इस राजधानी में (*रोमनीकृत* संस्करण के साथ, फ़ारसी अक्षरों में),

हिन्दुस्तानी बाइबिल का एक संस्करण तैयार कर रही है। इस संस्करण की ज़िम्मेदारी Church missionary Society के श्रीमान Hoerne को सौंपी गयी थी, जिन्हें आगरा से इसी काम के लिए रवाना किया गया था। यह पिछला अनुवाद, और वह भी जिसे प्रकाशित करने की ज़िम्मेदारी श्रीमान Mather को सौंपी गयी, लैटिन अक्षरों में हैं। यह दोनों ही नये हैं, और इसलिए उन्हें पिछले संस्करणों के बनिस्बत, साथ ही साथ, अधिक सटीक और अधिक भारतीय बनाया जा सका।

217. इसकी सूची पायी जा सकती है निम्न रचना में : "Papers on the application of the roman letters to the languages of India," 1858. p. 55 और आगे।

218. 'Clavis hindustani and english to the New Testament and Psalms' नामक रचना।

219. उदाहरणार्थ *Catholic Eklesia, Episcop, Sacrament, Baptisma, Paska, Altar, Hosti, Indulgens, Sacrilej, Miss, Yukarist,* और कई अन्य रचनाओं के शब्द।

220. ऐसा प्रतीत होता है कि *कुरान का एक भारतीय संस्करण रोमनीकृत* हिन्दुस्तानी में, नोट्स के साथ, मौजूद है।

221. देखिये *Journal asiatique,* दिसम्बर 1858 का अंक।

222. श्रीमान C. Mather का विशेष ख़त।

223. सुख़न के तलबगार हैं अक्लमन्द
सुख़न से हैं नाम–ए–निकायाँ बुलन्द
सुख़न की करें क़द्र मरदान–ए कर
सुख़न नाम उन का रखे बर करार।

224. (अनु.) Lady Mary Wortley Montagu, *The Turkish Embassy Letters* (1763) *http://www.pureinsideout.com/hamam-victorian-view.htmlconsulted: 01/06/2016* ।

225. सम्भवतः मह लकां चन्दा की ओर इशारा है : https://rekhta.org/poets/mah-laqa-chanda/?lang=Hi: अनु. ।

❑❑